本书为唐鸣总主编的华中师范大学政治与国际关系学院"双一流"学科建设成果丛书之一

INTERNATIONAL LAW

# 安理会授权使用武力的国际法问题研究

戴 轶 著

中国社会科学出版社

# 图书在版编目(CIP)数据

安理会授权使用武力的国际法问题研究／戴轶著. —北京：中国社会科学出版社，2019.9
ISBN 978-7-5203-5367-0

Ⅰ.①安…　Ⅱ.①戴…　Ⅲ.①联合国安全理事会—委托(法律)—国际法—研究　Ⅳ.①D813.4②D99

中国版本图书馆 CIP 数据核字(2019)第 291979 号

| | |
|---|---|
| 出 版 人 | 赵剑英 |
| 责任编辑 | 姜阿平 |
| 责任校对 | 韩海超 |
| 责任印制 | 张雪娇 |

| | |
|---|---|
| 出　　版 | 中国社会科学出版社 |
| 社　　址 | 北京鼓楼西大街甲 158 号 |
| 邮　　编 | 100720 |
| 网　　址 | http://www.csspw.cn |
| 发 行 部 | 010-84083685 |
| 门 市 部 | 010-84029450 |
| 经　　销 | 新华书店及其他书店 |

| | |
|---|---|
| 印刷装订 | 环球东方(北京)印务有限公司 |
| 版　　次 | 2019 年 9 月第 1 版 |
| 印　　次 | 2019 年 9 月第 1 次印刷 |

| | |
|---|---|
| 开　　本 | 710×1000　1/16 |
| 印　　张 | 18.75 |
| 插　　页 | 2 |
| 字　　数 | 270 千字 |
| 定　　价 | 108.00 元 |

凡购买中国社会科学出版社图书，如有质量问题请与本社营销中心联系调换
电话：010-84083683
版权所有　侵权必究

# 目 录

绪　论 ································································ (1)
  一　安理会授权使用武力的概念界定 ······················· (1)
  二　安理会授权使用武力的研究价值 ······················· (8)
  三　安理会授权使用武力的研究现状 ······················ (15)
  四　安理会授权使用武力研究的国际法视角 ············ (24)

**第一章　安理会授权使用武力实践的历史性回顾** ········ (35)
  第一节　安理会授权使用武力机制的形成过程 ········ (36)
    一　安理会授权使用武力机制的发轫 ···················· (36)
    二　安理会授权使用武力模式的形成 ···················· (37)
  第二节　安理会授权使用武力机制的扩大适用 ········ (39)
    一　空间适用范围从国际扩大到国内 ···················· (39)
    二　对象适用范围从国家扩大到非国家行为体 ······· (60)

**第二章　安理会授权使用武力方式的合法性问题** ········ (73)
  第一节　安理会授权使用武力方式的合法性基础：现实性
        需要 ································································ (74)
    一　替代性措施是安理会授权使用武力的发生原因 ··· (74)
    二　派生性机制是安理会授权使用武力的存在形式 ··· (78)
    三　会员国自愿参与是安理会授权使用武力的实施
       方式 ······························································ (83)

第二节 安理会授权使用武力方式的合法性疑问：合宪性审查 ……………………………………………………………………… (85)
　一 安理会授权使用武力是否具有《联合国宪章》依据？ …………………………………………………………… (85)
　二 安理会授权使用武力是否契合联合国集体安全机制？ …………………………………………………………… (89)
第三节 安理会授权使用武力机制的合法性争议：典型性案例 …………………………………………………………………… (95)
　一 对传统安全问题适用授权使用武力的合法性争议 …… (95)
　二 扩大适用授权武力使用范围的合法性争议 …………… (100)
第四节 安理会授权使用武力方式的合法性判断：合法性不足 ……………………………………………………………………… (104)
　一 "暗含权力说"解释了授权使用武力的法律依据问题 ……………………………………………………………… (104)
　二 "暗含权力说"揭示了授权使用武力合法性存在的问题 ………………………………………………………… (108)

## 第三章 安理会授权使用武力决议的规范性问题 ……………… (114)
第一节 安理会授权使用武力决议的文本模式 ………………… (114)
　一 授权使用武力决议文本模式的形成 …………………… (114)
　二 授权使用武力决议文本的用语模式 …………………… (119)
第二节 安理会授权使用武力决议的"伪本"分析
　　　——以第2249号决议为例 ……………………………… (125)
　一 第2249号决议不能认定为安理会授权使用武力 …… (125)
　二 授权使用武力不宜单独适用于打击国际恐怖主义…… (130)
　三 第2249号决议不能作为武力反恐的法律依据 ……… (131)
第三节 安理会授权决议文本的规范性分析 …………………… (136)
　一 授权决议用语模糊 ……………………………………… (136)
　二 武力方式措辞失当 ……………………………………… (138)

三　授权权限过于宽泛 …………………………………（142）

**第四章　安理会授权使用武力实施的规制性问题**…………（148）
　第一节　理论上对安理会授权使用武力实施的定性研究……（149）
　　一　委托代理是安理会授权使用武力行动的实施方式……（149）
　　二　美国与安理会相互"委托—代理关系"的构成
　　　　形式 ……………………………………………………（153）
　　三　美国与安理会相互"委托—代理关系"形成的
　　　　原因 ……………………………………………………（156）
　第二节　联合国对授权使用武力实施的监督控制……………（160）
　　一　指挥职权的丧失……………………………………（160）
　　二　监督措施的不足……………………………………（167）
　第三节　会员国对授权使用武力行动的代理执行
　　　　——以美国为例 ………………………………………（173）
　　一　美国在执行授权决议过程中的代理懈怠…………（173）
　　二　美国与安理会相互"委托—代理关系"作用的内在
　　　　机理 ……………………………………………………（177）

**第五章　安理会授权使用武力行动的有效性问题**…………（182）
　第一节　安理会授权使用武力行动有效性的理论分析………（183）
　　一　安理会授权使用武力行动有效性理论的引入………（183）
　　二　安理会授权使用武力行动有效性的评估释义………（185）
　　三　安理会授权使用武力行动有效性的影响因素………（190）
　第二节　安理会授权使用武力行动有效性的综合评估………（193）
　　一　"问题解决"层面上的有效性评估……………………（193）
　　二　"目标获得"层面上的有效性评估 …………………（198）
　第三节　安理会授权使用武力行动有效性的内在机理………（201）
　　一　合法性不足与有效性不足的相互削弱………………（201）
　　二　授权参与国对制度化不足的刻意利用………………（206）

## 第六章 安理会授权使用武力机制的制度化问题 …………… (212)
### 第一节 安理会授权使用武力机制制度化的理论路径……… (213)
　　一 制度化的理性主义分析 ………………………………… (213)
　　二 制度化的规范主义路径 ………………………………… (217)
### 第二节 安理会授权使用武力情势认定法律依据的完善…… (220)
　　一 情势认定的法律困境 …………………………………… (220)
　　二 完善情势认定法律依据的必要性 ……………………… (226)
　　三 完善情势认定法律依据的主要问题 …………………… (229)
### 第三节 安理会授权使用武力机制制度化的主要内容 ……… (232)
　　一 改革授权决策机制 ……………………………………… (232)
　　二 规范授权决议文本 ……………………………………… (236)
　　三 完善行动监督机制 ……………………………………… (241)
　　四 建立效果评估机制 ……………………………………… (243)
### 第四节 安理会授权使用武力扩大适用的法律控制………… (245)
　　一 对人道主义危机授权使用武力的法律控制 …………… (245)
　　二 对国际恐怖主义授权使用武力的法律控制 …………… (257)

## 结　语 ………………………………………………………………… (264)

## 附录：英文摘要 …………………………………………………… (269)

## 参考文献 …………………………………………………………… (277)

# 绪　　论

## 一　安理会授权使用武力的概念界定

"安理会授权使用武力"（The UN Security Council's Authorization to Use Force，或称 The Use of Force Authorized by the UN Security Council）在1991年的海湾战争后成为一个广为传播的专有名词。根据《联合国宪章》的规定，只有安理会依据第四十二条规定采取的武力强制措施和会员国依据第五十一条规定采取的自卫行动才是合法的武力使用形式，安理会授权使用武力在此之外又创造了一种合法使用武力的可能性，这个专有名词是对这种新型武力使用方式的概括性表述。由于《联合国宪章》并没有这个概念，也由于安理会授权使用武力处在不断的发展变动之中，研究者从来源、形式、适用范围、作用等不同方面给予了解释。

西方国家学者很早就从不同的视角对安理会授权使用武力开展了研究，对这个概念的理解也是多角度、多样化。例如，伯恩斯·H.韦斯顿从授权行动的法律依据角度指出："授权是安理会在海湾战争中根据《联合国宪章》第七章第四十二条的不明确、不清晰的边缘性权力所创造的一种崭新先例。"[①] 大卫·D.卡洛从用途方面认为授

---

[①] Burns H. Weston, "Security Council Resolution 678 and Persian Gulf Decision Making: Precarious Legitimacy", *The American Journal of International Law*, Vol. 85, No. 3, Jul 1991, p. 522.

权是安理会创造的"用以强制执行经济制裁的一种新方法"。① 朱尔斯·洛贝尔和迈克尔·拉特纳认为:"授权行为是对《联合国宪章》第四十三条所构想的武装部队的补充,本质上是特许会员国代表联合国采取行动。"② 这一观点深刻解释了授权行动产生的原因及其存在形式,得到了西蒙·切斯特曼的赞同:"授权是安理会根据《联合国宪章》第七章批准会员国采取的执行行动,它出现在朝鲜战争中,但在苏联回归安理会终止,而后又随着"冷战"终结而再度兴起。"③ 还有学者注意到了授权行动是一种"委派的执行行动"和"合同外包模式"(contracting out mode) 的武力使用方式,是在会员国单边武力与联合国集体安全机制之间的折中方案。④ 揭示了授权行动实施方式与《联合国宪章》第四十二条规定的武力强制措施的差异。笔者认为,当前最全面的定义是克里斯丁·亨德森提出的:"授权是联合国安理会为履行维持国际和平与安全的义务,在大国权力的基础上,通过对《联合国宪章》条款进行功能性解释所创设的一种授权国家或者国家联盟使用武力强制措施的办法。"⑤

中国学者对安理会授权使用武力的关注主要是从海湾战争后开始的。国际政治学者一般都是笼统地将安理会授权使用武力纳入联合国集体安全机制的研究之中,显然,这是将其定性为联合国集体

---

① David D. Caron, "The Legitimacy of the Collective Authority of the Security Council", *The American Journal of International Law*, Vol. 87, No. 4, 1993, p. 553.

② Jules Lobel & Michael Ratner, "Bypassing the Security Council: Ambiguous Authorizations to Use Force, Cease-Fires and the Iraqi Inspection Regime", *The American Journal of International Law*, Vol. 93, No. 1, Jan 1999, pp. 124 – 154.

③ Simon Chesterman, "Legality Versus Legitimacy: Humanitarian Intervention, the Security Council, and the Rule of Law", *Security Dialogue*, Vol. 33, No. 3, September 2002, pp. 293 – 307.

④ Neils Blokker, "Is the Authorization Authorized: Powers and Practice of the UN Security Council to Authorize the Use of Force by 'Coalitions of the Able and Willing'", *European Journal of international Law*, Vol. 11, No. 3, 2000, pp. 541 – 568.

⑤ Christian Henderson, "Authority without Accountability? The UN Security Council's Authorization Method and Institutional Mechanisms of Accountability", *Journal of Conflict & Security Law*, Vol. 19, No. 3, 2014, p. 489.

安全机制的一种强制措施。国际法学者则从国际组织法的角度，认为虽然安全理事会是联合国系统中唯一一个能够做出具有法律约束力的决议的机构，决议具有"命令"性质，但是《联合国宪章》并没有规定会员国有接受授权的必然性义务。所以，授权使用武力是安理会为恢复国际和平与安全而建议会员国采取的行动，会员国则自愿决定是否接受、参与。[①] 这一理解从法律性质上将授权定位为安理会的"建议"，始于李鸣教授，被后来者接受、沿用，如刘鹏先生就将授权使用武力行动定义为"安理会根据《联合国宪章》所做出的一种建议性行动"。[②]

联合国官方也没有对"安理会授权使用武力"概念做出明确的界定，甚至连使用的名称都不统一。在联合国发布的调查研究报告和提案中，"安理会授权使用武力"名称使用较多，截至目前，这类文件主要有：1994年秘书长加利起草的《和平议程》，1995年秘书长加利提出的《〈和平纲领〉补编：秘书长在联合国50周年提出的立场文件》，2000年秘书长安南发表的《联合国秘书长千年报告》，2001年干预和国家主权委员会发表的《保护的责任》，2004年威胁、挑战和改革问题高级别小组发表的《一个更安全的世界：我们共同的责任》，2005年安南发表的秘书长报告《大自由：实现人人共享的发展、安全和人权》，2008年安理会特别调查报告等。这些报告对于安理会授权使用武力的界定是从不同的角度进行的，既相似也相异。其中论述得最全面的是《一个更安全的世界：我们共同的责任》，这个专门为研究联合国改革而成立的"威胁、挑战和改革问题高级别小组"（名人小组）所提出的报告认为，授权使用武力是安理会根据《联合国宪章》第七章为处理各国关注的各种安全威胁而批准采取的

---

[①] 李鸣：《联合国安理会授权使用武力问题探究》，《法学评论》2002年第3期。
[②] 刘鹏：《浅析打击索马里海盗授权对国际法的冲击》，《现代国际关系》2009年第4期。

军事行动。① 这一解读在次年的联合国大会上被安南秘书长的报告《大自由：实现人人共享的发展、安全和人权》所采用。

联合国官方网站使用的名称则是"授权采取军事行动"。"强制措施"栏目解释道："如调解努力宣告失败，安理会可以依据《联合国宪章》第七章的规定授权成员国采取更加强有力的行动。安理会曾授权由成员国组成的联盟采取'一切必要的手段'以解决冲突，其中包括军事行动。"在列举数起行动案例后，② 又补充解释道："以上这些行动尽管获得了安理会的批准，却是由有关的参加国全面控制的。因此，它们不是联合国维持和平行动。只有那些由安全理事会设立并由秘书长监督指导的行动才是联合国的维持和平行动。"③ 这是特意将授权使用武力行动与联合国维持和平行动进行了区分。在解释安理会职权时又指出："安理会有权断定和平的威胁、对和平的破坏或侵略行为三种安全情势的存在，并采取武力行动，"也列举了"安全理事会曾授权使用军事武力"的大部分案例。④

总结联合国的官方阐释，安理会授权使用武力具有以下基本特征：（1）安理会授权使用武力的依据是《联合国宪章》第七章，是安理会的职权行为。（2）安理会授权使用武力中的"武力"（force）属于《联合国宪章》第七章强制措施的范畴；从其列举的案例来看，授权使用武力就是"授权采取军事行动"，和第四十二条一样同属非和平性质的暴力行动，而不是联合国维持和平行动性质的警察行动。（3）安理会授权使用武力是以联合国的名义进行的，因为行动"得

---

① 高级别小组报告：《一个更安全的世界：我们共同的责任》（http：//www.un.org/chinese/secureworld/ch9.htm）。

② 此处列举的案例有，安理会曾在科威特遭伊拉克入侵之后帮助科威特恢复主权（1991）；在索马里为人道主义救济行动创造了一个安全的环境（1992）；在卢旺达促进了对处境危险的平民的保护（1994）；帮助海地恢复了民选政府（1994）；在阿尔巴尼亚保护了人道主义行动（1997）；帮助东帝汶恢复了和平与安全（1999）。

③ 联合国官方网站：《联合国和平与安全简介》（http：//www.un.org/chinese/peace/issue/enforcement.htm）。

④ 联合国官方网站：安全理事会页面（http：//www.un.org/zh/sc/about/faq.shtml#7）。

到安理会的批准"；但却并不是由联合国自身实施的，而是由"参加国全面控制的"。这是安理会授权使用武力与第四十二条的不同之处，按照《联合国宪章》的构想，第四十二条的执行行动应该由依据第四十三条组建的"联合国军"来实施。

总结学界的研究和联合国自身的阐述，我们可以将安理会授权使用武力初步界定为：联合国会员国在安理会批准下对某一安全情势采取武力强制措施的行为。显然，这一界定在很大程度上仍然是对形式和表象的描述。定义必须抓住事物的最基本属性和最本质特征，所以安理会授权使用武力的定义还需要深入思考：为什么要授权？授权行为的基本特征是什么？按照《联合国宪章》的构想，安理会是集国际安全情势的判断权、决策权、执行权于一身的，武力强制措施应由安理会自己实施。但是由于第四十三条构想的"联合国军"未能建立，安理会只能采取授权会员国的方式来实现第四十二条规定的武力强制措施。所以，安理会授权使用武力可以进一步定义为：安理会将其武力行动的执行权以授权的方式交由会员国代为实施的行为。

需要指出的是，联合国官网列举的案例里有两种授权使用武力行动，一种是授权会员国，另一种是授权区域组织。这两者在法律依据、性质、对象、形式、权限、适用范围等多方面都是不一样的（后文详解），很多研究者将其混为一谈。出现这种误读的原因可能有二：一是《联合国宪章》第八章"区域办法"第五十三（1）条规定："如无安全理事会之授权，不得依区域办法或由区域机关采取任何执行行动。"此处"授权"之措辞使一些研究者望文生义地联系到安理会授权使用武力，而未辨别两种授权的差异。实际上，安理会授权会员国使用武力的决议都强调"依据宪章第七章行动"，而"区域办法"是指区域机关（区域组织）在区域内采取的武力行动必须得到安理会的批准。二是在安理会授权使用武力实施的过程中有区域组织参加的案例，这使研究者将两种授权等同起来。比如，在非洲的强制和平行动是区域组织和域外国家同时参与的，对利比亚局势的授权就由北大西洋公约组织实施。但是在更多的授权行动中，都是以会员国为基本授权单位和实施单位，至于有多个国家组成国家集团的形式接受授权参加行动，并不改变"授权会员国"的性质，北约参加利比亚的授权行动与海湾战争中美国组织的多国部队并无二致。

本书的研究范围是安理会授权"会员国"使用武力，论述虽有涉及区域组织的案例，但在该类授权行动中，安理会授权的对象是会员国，区域组织只是并行的参加者。区域组织得到安理会授权（批准）在域内使用武力，是联合国与区域组织的关系问题，应纳入《联合国宪章》第八章的研究范畴，不应与联合国在实践中产生的安理会授权使用武力等同。在这一问题上，国际法学界对两者的区别认识更准确，认为两者是不同性质的行动，在研究中将两者明确区分开来。①

从1950年的朝鲜半岛到2011年的利比亚，安理会授权使用武力行动已经有二十多起，长期的实践使之形成了相当成熟的惯例和固定的行为模式。从国际机制的角度考察，我们可以说，安理会授权使用武力已经初步形成了一种武力使用机制。但是，这种机制由联合国在维护国际和平与安全实践中创造，很多方面的制度和规则不明确、不规范、不合理，因此运行、实施没有达到甚至偏离维持国际和平及安全的既定目标，甚至成为西方大国推行对外政策的工具。由此，安理会授权使用武力机制就有了改革完善的必要性。

安理会授权使用武力在1990年伊拉克吞并科威特的局势中正式形成，海湾战争引起了热议；"冷战"后，又扩大适用于国内问题和非传统安全，更是引人注目。在这一系列的行动中所出现的问题受到了学界的批评，其中不乏改进提高的建议。1999年安理会对于南联盟地区的人道主义危机未能启动授权使用武力，北约因此以人道主义干涉为借口实施了武力行动。针对北约的这次行动，2001年联合国成立的干预和国家主权委员会发表《保护的责任》，认为当一个国家

---

① 参考［意］安东尼奥·卡塞斯：《国际法》，蔡从燕等译，法律出版社2009年版，第457—463页；［德］W. G. 魏智通主编：《国际法》（第五版），吴越、毛晓飞译，法律出版社2012年版，第617—631页。

"不能或不愿"保护人权的时候,国际社会有权干涉。这一观点实际上赞同了将安理会授权使用武力扩大适用于一国内部的人道主义危机。2003年美国在寻求安理会授权未果的情况下,以"预先性自卫权"为由对伊拉克使用武力,打垮了萨达姆政权,引发了联合国危机。为此,秘书长科菲尔·安南约请各国政要成立了"威胁、挑战和改革问题高级别小组"专门研究全球化深入发展背景下联合国改革问题。次年,小组提交了题为《一个更安全的世界:我们共同的责任》的改革研究报告,报告指出:"一方面,安理会授权使用武力在适用范围和适用对象上的扩大,特别是对一国内部冲突进行武力干涉引起了很大的争议;另一方面,又由于不同的规范和制度之间发生碰撞而难以应对新的安全威胁。并且安理会授权使用武力机制的适用范围和对象在不断地变化,即使是相似的任务,由于参与者、打击对象和任务范围的不同,整个授权行动也会随之改变,所以安理会的决定常常缺少连贯性和说服力,不能完全满足国家和人类真实的安全需求。"①以此报告为基础,2005年安南向联合国大会提交了题为《大自由:实现人人共享的发展、安全和人权》的秘书长报告。当年大会通过了《2005年世界首脑会议成果文件》,这三份文件将联合国改革推向了高潮。名人小组报告和秘书长报告对安理会授权使用武力改革从两个方面提出了意见。

第一,合法性问题。报告认为,在新安全形势下,应该赞同对《联合国宪章》第三十九条所规定的"和平之威胁、和平之破坏和侵略行为"三种安全情势做扩大性解释,以使安理会应对非传统安全威胁、国内冲突及其引发的人道主义灾难具有行动的合法性。

第二,正当性问题。报告提出,"安理会在考虑是否批准或同意使用武力时,不管它可能会考虑的其他因素为何,至少必须考虑以下五个正当性的基本标准":威胁的严重性、正当的目的、万不得已的

---

① 名人小组报告:《一个更安全的世界:我们共同的责任》(http://www.un.org/chinese/secureworld/ch9.htm)。

办法、相称的手段、权衡后果。

报告认为,"只是合法但不正当,或者只是正当但不合法,都会削弱国际法律秩序,并由此使国家和人类面临更大的威胁。"① 总的来说,报告指出了安理会授权使用武力存在的问题,指出了改革的必要,但其论述是宏观的、原则性的,并未对规则、准则等具体问题提出构想。然而,报告提出的改革意见并未被《2005年世界首脑会议成果文件》采纳,成果文件虽然同意了武力使用问题改革的必要,但只是笼统地强调"根据《联合国宪章》使用武力"。而且,报告提出改革倡议以来,十多年未曾取得进展。实际中,虽然授权决议尽量完善规定,但未能取得显著性效果。2011年安理会对利比亚的授权使用武力再次被大国利用为打击国际政治异己的工具,偏离人道主义援助的目标,引起国际社会广泛而强烈的批评。可以说,安理会授权使用武力的改革任重道远,需要进行深入研究。

## 二 安理会授权使用武力的研究价值

武力及其最高表现形式战争,与人类相伴相生,也对人类生活荼毒至深,反对战争、实现和平与安宁因此是人类一直孜孜追求的目标。在民族国家体系产生以后,国际战争更是成为危害人类生存与发展的恶魔,废除战争成为世界各国人民共同的梦想,但这个梦想直到联合国成立才得以实现,《联合国宪章》以基本原则的形式在第二条规定:"各会员国应以和平方法解决其国际争端,避免危及国际和平、安全及正义""在其国际关系上不得使用威胁或武力"。至此,传统国际关系上国家以武力作为对外政策工具的基本权利正式被废止,除自卫外,国家不得再肆意在国际关系中使用武力。这是人类历史的一个巨大飞跃,它将武力使用的评判标准从正义性转变为合法性。正

---

① 威胁、挑战和改革问题高级别小组报告,第183段(https://www.un.org/chinese/secureworld/reportlist.htm)。

义，是抽象和主观的，人类几千年的文明史上，所有的战争发动者都以正义为动员口号，即使是从根本上反人类的法西斯主义者，也宣称他们所发动的侵略战争是正义的。

在问题的另一面，武力是维护国际和平与安全的最有力手段。战争起源于利益争端，利益是人类生存与发展的客观需要，只要人类的利益争端存在，武力冲突乃至战争就不可避免。正如我们所看到的，国际战争并没有随着禁止使用武力相威胁或使用武力原则的颁布而销声匿迹，自"二战"结束以来，虽然世界性的大战并未出现，但地区冲突此起彼伏，几乎从未间断过；大国之间的战争虽未爆发，但几乎所有的地区热点都有着大国的身影，超级大国直接的对外武力行为也时有发生。对于这一点，联合国的缔造者们并未天真地认为一纸条约会带来永久的和平，因此，《联合国宪章》继承并发展了国际联盟的集体安全机制，并将武力措施作为最后、最有力的和平维护手段保留其中。

《联合国宪章》第七章对联合国集体安全机制的主要措施及其程序进行了规定，其中第四十二条即是武力强制措施的使用。根据集体安全机制的程序规则，如果安理会启动第三十九条断定某一争端当事国的行为构成"和平之威胁、和平之破坏或侵略"时，可以"采取必要之空海陆军行动，以维持或恢复国际和平及安全"，此即是联合国集体安全机制的执行行动。为了使武力措施得到实现，接下来的第四十三条至第四十七条详细规定了建立、指挥联合国军的构想。毫无疑问，这一构想将武力措施由国家单边主义的政策工具变为了集体主义的和平手段，假如能够实现，对国际和平与安全将具有极大的现实作用和历史意义。然而，理想和现实总是有着距离，联合国成立的次年美苏"冷战"爆发，第四十三条至第四十七条停摆成为一纸空文。没有武装力量，联合国集体安全机制就成为失去了利爪的老虎，根本无法应对极端的国际安全情势。由是，联合国在实践中发展出了安理会授权使用武力，将武力强制措施的执行权交由会员国代为执行。这种方式肇始于1950年的朝鲜战争，形成于1990年的海湾战争，应用于"冷战"后的维持和平行动、国内冲突、非传统安全等广泛的安全领域,初步形成了一种新型的国际安全机制。对这一机制及其变革进行研究具有重要的理论价值和现实意义。

### (一)对研究集体安全机制的发展完善具有重要的理论价值

集体安全机制(collective security regimes)是"一种从整体角度防止或控制战争的国际制度,更确切地说,是一种在主权国家组成之国际社会中,用以控制使用武力、保障和平的组织化措施。这一制度的法律性质主要表现在各国共同约定,以暴力改变现状为非法并将受到外交、经济甚至军事等方面的集体制裁。"[①] "在这种体制下,各成员国根据条约联合起来,反对国家所发动的任何侵略行为或其他非法使用武力行为。"[②] 1986年联合国裁军事务部向秘书长提交的《安全概念》报告认为:"集体安全基于安全不可分割的思想观念要求所有国家在全球范围内承诺国际和平与安全的法律义务,采用集体方式为国家利益和主权提供保护,通过制度化的措施来努力增进所有国家的安全。"[③]

集体安全是无政府社会特定发展阶段的产物。在国际社会,由于没有一个凌驾于主权国家之上的政治权威来保障每个成员的权益,安全便成为每个国家的首要关切。现实主义理论认为,自助是获得安全的唯一途径,强调以实力谋求安全,即国家凭借自身力量或联合友邦来防御外来进攻,达到维护国家安全的目的,这是一种与集体安全相对而言的单独安全。然而,实力安全政策增强了国家相互之间的戒备心理,恶性竞争、军备竞赛甚至酿成国际战争是其必然的逻辑性结果。近现代国家关系史反复证明,实力安全政策的结局总是与初衷相违背的国际冲突,这就是国际政治理论所说的"安全困境"(security

---

[①] 梁西:《国际组织法(总论)》(修订第五版),武汉大学出版社2001年版,第179页。

[②] Jost Delbruck, *Collective Security*, in Rudolf Bernhardt, ed., Encyclopedia of Public International Law, North-Holland Publishing Company, 1992, p. 647.

[③] "Concepts of Security, Department for Disarmament Affairs Report to the Secretary-General", *The United Nations*, 1986, p. 9.

dilemma)。显然,国际安全问题的彻底解决在于建立一个世界政府,对国际政治进行集中系统的管理,但这是根本不可能实现的。于是,理想主义理论提出了一个退而求其次的解决方案:建立一个普遍性的合作安全机制,以集体的力量威慑、制止内部出现的侵略行为,以此摆脱实力安全造成的困境。可见,集体安全是国际无政府状态和世界政府之间的中途站(halfway house)——既然无政府状态无法改变,世界政府又在可预见的未来难以到来,集体安全就成了两难之间的权宜选择。①

"集体安全期望以压倒性的优势力量构成对侵略者的威慑和反击,并通过把联合反对侵略行为的思想制度化,创建合作型的国际安全机制。"② 其中包含着威慑(deterrence)和普遍性(universality)两个原则。"威慑原则指的是,试图使用武力者将立即遭到一个反侵略国际联盟的反击;普遍性原则指的是,所有国家对侵略行为的认识一致并反对之,都有义务以适当的方式加入到反侵略的行动之中。"③ 这两个原则是集体安全能够实现的关键。从中可以看出,集体安全以一个假定为前提:所有国家在任何时候、任何情形都在安全问题上有共同利益、共同认识,并愿意采取共同行动。这种互助体系要求国家不计较自身利益的多寡,将集体利益放到首要位置。④ 这实质上是把集体安全当作所有国家共同信仰并愿意为之牺牲的意识形态。⑤ 在一个无政府的国际社会里,一个国家的利益不可能完全由集体利益来界定,自助世界体系中的国家首先考虑的总是自我的核心利益,任何一个国

---

① Inis L. Claude, Jr., *Swords into Plowshares*: *The Problems and Progress of International Organization*, McGraw-Hill, Inc., 1984, p.246.

② Kennth Thompson, "Collective Security Re-Examined", *American Political Science Review*, Vol.47, No.3, Sept 1953, pp.753 – 772.

③ Thomas Cusack and Richard Stoll, "Collective Security and State Survival in the International System", *International Studies Quarterly*, Vol.38, No.1, March 1994, p.36.

④ John Mearsheimer, "The False Promise of International Institutions", *International Security*, Vol.19, No.3, Winter 1994/1995.

⑤ Robert Jervis, "Security Regimes", *International Organization*, Vol.36, 1982, pp.176 – 178.

家不可能在不考虑自己利益的情况下参与反侵略的行动,这是集体安全在理想与现实之间难以摆脱的一个困境。所以,集体安全更多的只能体现为一种理想追求,20世纪的国际关系史也证明了集体安全的理想目标并未能得以实现。① 正是因为这个症结,使集体安全的思想无法实施,单独安全由此在历史上一直占据着主导地位,直至今日仍然为世界各国所奉行。

虽然如此,"集体安全是通过国际安全求得国家安全的思想创新,是通过国际组织实现国际和平与安全的里程碑。"② 所以,国际社会一直将之作为一种崇高的追求,世界各国的政治精英也坚持不懈地将之付诸实践。

集体安全思想从理论到实践经历了长期的探索过程,③ 首次实践集体安全理论的普遍性国际组织是国际联盟。但国际联盟的集体安全制度缺陷是明显的:(1)《国际联盟盟约》并没有绝对禁止战争权力的使用,只规定了在一定的争端解决程序结束后三个月内,当事国不得诉诸战争;(2)行政院在军事措施方面仅有"建议权",只起调节作用,不能"强制"各国行事;(3)国际联盟本身没有可以直接指挥的武装力量,无法采取有效的制裁措施。这些先天不足再加上国际形势的急剧变化,国际联盟的集体安全制度在实践中基本上没有能够

---

① Inis L. Claude, Jr., *Swords into Plowshares: The Problems and Progress of International Organization*, McGraw-Hill, Inc, 1984, p. 283.

② Ibid., p. 284.

③ 集体安全思想的萌芽可以追溯到古希腊城邦时期。集体安全的概念则出现在欧洲中世纪晚期,当时的人们认为,如果所有国家同意联合起来用压倒性的优势反对侵略,则肆虐欧洲的战事就会消失。第一个完整意义上的集体安全建议是1306年通过的《圣地的恢复》(The Recovery of the Holy Land),它倡议神圣罗马帝国的天主教国家联合起来反对任何武力进犯。参见 Joseph Lorenz, *Peace, Power, and the United Nations: A Security System for the Twenty-first Century*, Westview Press, 1999, p. 9. 此后,集体安全思想一直存在于欧洲的国际关系思想和实践中,即使在均势理论占据统治地位的18—19世纪,也从未断绝。1805年,英国首相皮特建议,所有欧洲国家共同维持新的现状,反对任何扰乱普遍稳定的企图,其中即包含着集体安全的思想。参见 Inis L. Claude, Jr., *Power and International Relations*, Random House, 1962, p. 107. 著名的"铁血宰相"俾斯麦也曾经提出过建立欧洲范围内的集体安全制度。

❖ 绪　论 ❖

发挥作用。面对第二次世界大战的爆发，国际联盟无能为力，遂告覆亡。人类首次实践集体安全受挫，但集体安全思想并没有因此泯灭，其价值仍是世界各国所追求的共同目标，集体安全理论和制度在继之而来的联合国体制中得到修正提高。

但是，联合国虽然提出了武力使用制度，事实却证明这一步跨得太大，在当前以主权国家为基本构成单位的国际关系现实中，完全实现集体安全理论的构想仍然有很大的阻力。主权观念根深蒂固的独立性，各主权单位之间相互的猜忌和利益的差异，使武力的集中使用仍然难以实现，安理会授权使用武力的出现实际上是联合国对集体安全制度在实践中的修正，是联合国基于国际社会基本结构现状的务实选择。

在国际社会中，尽管在法律意义上各主权国家是平等的，但国际社会是一个力量对比悬殊、利益纷繁复杂的社会，大国在其中居于主导地位。作为国家之间进行合作的法律形式，国际组织深受国际社会基础特征的影响，它不仅把国家主权而且还把强权国家的支配地位奉为不可僭越的要旨，这也是联合国把"大国一致原则"作为运行的政治基础的原因所在。联合国本身并不具备任何真正的归自己所有的经济、政治和军事力量，而是要靠会员国的合作和支持。从目前的国际社会结构状况看来，比较实际的做法是注重发挥大国的作用来发展共同利益。因此，为了使安理会的执行权得以实现起见，授权的做法是比较现实的。实践证明，当联合国的方案与大国的利益相符时，能够得到需要的支持，海湾战争即是美英基于利益所在而主动响应安理会决议的例子。① 当然，这其中的问题是如何协调大国利益、国际社会共同利益及其实现方式的关系，为使大国利益不突破国际社会的共同利益，就需要完善授权制度。

---

① 国际法并不排斥国家利用相关的国际法律制度为其自身的利益服务，只要这种利益和国际上大多数国家的利益一致，而且其"利用"不违反国际法强行规则和其承担的国际法义务。（参见曾令良主编《21世纪初的国际法与中国》，武汉大学出版社2005年版，第87页。）因此，在完善的授权机制下，会员国利用授权追求国家利益是为国际法所允许的。

## （二）对正确发挥安理会授权使用武力的作用具有重要的现实意义

武力强制措施是联合国集体安全体制最后诉诸的和平保障手段，也是最有力的手段。就联合国集体安全体制而言，最理想的武力手段当然是在安理会直接控制之下的执行行动，但在第四十三条"特别协定"无法缔结的情况下，则只能退而求其次，采取授权这种"介于国家单边诉诸武力和宪章规定的集体安全之间的一种'半截房屋'(Half-way house)"①的形式。由于激活第四十三条的难度很大，在可以预见的将来，适用第四十二条仍然只能是国际社会的期望，授权使用武力在现阶段乃至未来相当长的一段时期仍将是安理会武力强制措施得以实现的唯一手段。没有武力强制措施的保证，联合国难以发挥其应有的作用，不仅无法积极作为来适应日益变化的国际安全形势，甚至连保持消极的和平现状也只是一种幻想。授权会员国使用武力作为一种替代性措施，在一定程度上弥补了"虚设"的第四十二条。

而且，安理会授权使用武力在一定程度上实现了对国际关系中武力使用进行法律管制的要求。联合国集体安全制度是国际关系和国际法律秩序进步与完善的表现，"核心就是对在国际关系中的使用武力进行法律管制，具体地说，就是通过国际社会的共同约定，接受原则，确定规章，规定合法使用武力的条件，禁止非法诉诸战争或使用武力。"②尽管《联合国宪章》所预设的把武力的使用完全"集中在一个屋顶下"的机制并未充分实现，只能把安理会授权下的使用武力作为集体安全的实现手段，但授权毕竟不同于国家为了实现个别利益而单独或通过军事同盟诉诸的武力行为，终究在合法性依据上区分了集体强制行为与非中心性（anarchic）的武力行为。虽然授权机制目前不尽如人意，但它要求非自卫性（non self-defence）的武力使用必须以安理会的许可为前提，从而制约了大国的任意行为，把单边武力

---

① 曾令良主编：《21世纪初的国际法与中国》，武汉大学出版社2005年版，第74页。
② 黄惠康：《国际法上的集体安全制度》，武汉大学出版社1990年版，第9—11页。

纳入了联合国法治的轨道。

总而言之,授权联合国会员国单独或集体执行安理会关于使用武力的决议,在一定程度上起到了防止和消除对和平的威胁、制止侵略及其他破坏和平行为的作用。尽管存在着种种不足,但授权机制是联合国集体安全体制适应国际政治现实性需要的做法,也是切合联合国组织自身发展状况的。所以,在联合国的官方网站上,"强制执行"行动已经悄然地演变成为"制裁"和"授权采取军事行动"两种,①安理会授权使用武力已经取代《联合国宪章》第四十二条,成为联合国集体安全制度唯一的武力使用方式。联合国集体安全体制承载着国际社会的厚望和理想,但从安理会授权使用武力的实践来看,效果并不尽如人意,甚至成为霸权主义和强权政治的"合法"外衣,这不能不令人遗憾。所以,研究安理会授权使用武力机制的改革和完善,使之更好地为维持国际和平与安全服务,就成为一项重要任务。

## 三 安理会授权使用武力的研究现状

由于安理会授权使用武力主要是在西方大国的作用下形成的,西方国家尤其是美国学界对安理会授权使用武力的研究很早就已经开始。中国学界的相关成果则是出现在对联合国集体安全机制和维持和平行动的研究之中,专门性的研究直到 21 世纪安理会授权使用武力扩大适用已经成为一种显性状态后才出现。目前,国内学界专门研究安理会授权使用武力的成果仍然屈指可数。显然,这跟国家对安理会授权使用武力的政策立场及在其中的地位有密切的关系。综观国内外的研究成果,国际法的角度的案例分析是最主要的组成部分,国际政治视角的研究则处于劣势地位。这些研究成果已经初步对授权的成因、性质、变化及所面临的国际政治现实制约有一个认知,对授权在

---

① 联合国官方网站:《联合国和平与安全简介》(http://www.un.org/chinese/peace/issue/enforcement.htm)。

实施过程中存在的大国主导、违背初衷、效果不佳等诸多弊端有了较为深刻认识，为进一步从国际机制的角度研究打下了良好的基础。

### （一）在安理会授权使用武力的合法性问题上，合法性不足是共同认知

西方一些研究者对授权在《联合国宪章》中的依据进行了挖掘性解释。例如，沙赫特指出，"行动不必一定是指在安理会控制和指挥下的武力行动，涉及这种控制和指挥的《联合国宪章》其他条款不应与第四十二条连读"，虽然"行动可以指强制意义的执行行动而非授权，但即使第四十二条允许强制行动，这也应当包含较小程度的建议或授权行动的权力。"① 将《联合国宪章》条款以分割解读的方式为授权寻找了法律依据。蒂莫西·希利尔也持类似观点，认为《联合国宪章》没有指出第四十二条必须取决于根据第四十三条所达成的协议，而且第四十二条的措辞确实已指出执行行动"可以包括联合国会员国的空军、海军和陆军的示威、封锁及其他行动"。② 言外之意，安理会授权使用武力将执行行动交由会员国代为执行是有明确的法律依据的。但是这种认识未被普遍接受，相当多的学者从实体和程序两个方面提出质疑，指出安理会授权使用武力存在着合法性不足的问题。

艾丽卡通过分析《联合国宪章》第七章赋予安理会的权力认为授权使用武力的合法性有待商榷。她指出，海湾战争中，安理会的第687号决议本应成为终止第678号决议效力的一项决定，但对伊拉克的军事行动并未停止。"如果授权行动对联合国规定的民族自决或人

---

① Oscar Shachter, "United Nations Law in the Gulf Conflict", *The American Journal of International Law*, Vol. 85, No. 3, 1991, p. 458.
② ［英］蒂莫西·希利尔：《国际公法原理》（第二版），曲波译，中国人民大学出版社2006年版，第253页。

权标准等原则构成持久严重的破坏，那么它们就是不合法的。"① 丹尼斯·萨鲁西在其著作《联合国与集体安全制度的发展：安理会基于〈宪章〉第七章权力的授权》中专门对授权使用武力问题进行了研究，并对授权的法律依据提出了质疑。他指出严格意义上的安理会制裁措施并不存在，现实中的武力使用都是以授权方式出现。"当安理会授权会员国使用武力（采取一切必要措施），安理会自身无法对授权行动实施有效管控，并且授权在《联合国宪章》中也找不到任何明确的法律依据。"② 迈克劳林也对授权使用武力做出批判，他指出，"安理会根据《联合国宪章》第七章授权'采取一切必要措施'的执行行动不属于自卫权范畴，使用致命武力打击一国的军队甚至平民将会导致彼此间的敌对，我们不能理所当然地断定授权使用武力已经成为一种法律。"③

虽然合法性存在着诸多疑问，但总体来说，学界的基本意见是安理会授权使用武力基本上是可以被接受的。托马斯·弗兰克结合海湾战争、索马里维和等案例对授权使用武力进行了详细分析，认为联合国集体安全机制的预设前提存在严重缺陷，《联合国宪章》第七章第四十三条从未真正实施过，"授权会员国已经成为联合国实践中所创立的一个组成部分。"④ 弗洛伊德休斯结合伊拉克、南联盟、索马里、海地、卢旺达四个案例，对其中涉及授权使用武力的19个安理会决议进行了详细的政治和法律分析，认为《联合国宪章》体系所确立

---

① Erika de Wet, *The Chapter VII Power of the United Nations Security Council*, Oxford: Hart Publishing, 2004, p. 372.

② Danesh Sarooshi, *The United Nations and the Development of Collective Security: The Delegation by the UN Security Council of its Chapter VII Powers*, Oxford: Clarendon Press, 1999, p. 218.

③ Rob McLaughlin, "The Legal Regime Applicable to Use of Lethal Force When Operating under a United Nation Security Council Chapter VII Mandate Authorising 'All Necessary Means'", *Journal of Conflict & Security Law*, Vol. 12, No. 3, 2008, p. 417.

④ Thomas M. Franck, "When, If Ever, May States Deploy Military Force Without Prior Security Council Authorization?", *Washington University Journal of Law & Policy*, Vol. 5, 2001, p. 54.

的集体安全制度过于理想主义，授权使用武力是一种介于单独安全和集体安全之间的折中办法。"总体而言，授权行动是在当前环境下安理会所能采取的最佳办法。"① 显然，这种接受是出于对现实的无奈。

中国有少量学者对安理会授权使用武力的合法性进行了解释，在承认其总体可以接受的同时也指出其存在着合法性不足。其中中山大学法学院黄瑶教授的观点具有代表性：虽然授权在"《联合国宪章》中没有明确的相应规定"，但却是安理会通过国际组织的暗含权力而延伸出来的一种具体实践。② 然而，安理会职能过于宽泛，"和平之威胁或破坏"含义的弹性很强，因此安理会的授权具有很大的不确定性。③

## （二）在安理会授权使用武力扩大适用的问题上，学界态度出现分野

对于安理会授权使用武力随着维持和平行动扩大适用于国内政治危机，中国学者始终保持审慎的态度，西方学界则意见不一。尼尔斯·布洛克看到了"冷战"后安理会授权使用武力频率上升的趋势，指出授权过于宽泛，安理会对"和平威胁"的内涵进行了扩充性解释。④ 胡格对联合国授权干涉东帝汶的案例进行了批判性分析，认为联合国在东帝汶建立过渡行政当局并赋予了其广泛的立法、行政乃至司法权力对东帝汶实施管理，虽然"安理会是根据《联合国宪章》第七章的规定来行使其权力，然而维和行动拥有广泛的立法权在《联

---

① Helmut Freudenschu, "Between Unilateralism and Collective Security: Authorizations of the Use of Force by the UN Security Council", *European Journal of International Law*, Vol. 5, No. 1, 1994, pp. 492 – 493.

② 黄瑶：《论禁止使用武力原则：联合国宪章第二条第四项法理分析》，北京大学出版社2003年版，第265页。

③ 黄瑶：《从使用武力法看保护的责任理论》，《法学研究》2012年第3期。

④ Neils Blokker, "Is the Authorization Authorized: Powers and Practice of the UN Security Council to Authorize the Use of Force by 'Coalitions of the Able and Willing'", *European Journal of international Law*, Vol. 11, No. 3, 2000, p. 541.

合国宪章》中却找不到明确的法律依据。"① 因此，东帝汶过渡行政当局的立法权只能是根据安理会维持国际和平与安全的默示权力而推导得出，这容易演变为干涉内政，对国家主权的独立性构成了冲击。但是，对此持肯定性态度的研究者不在少数，例如大卫·马龙的著作《联合国安理会决议：海地的案例（1990—1997）》对联合国在海地危机的表现以及授权使用武力的第 940 号决议进行了系统的分析，认为"安理会在 1994 年 7 月 31 日所作出的第 940 号决议，授权多国部队使用一切必要手段以帮助阿里斯蒂德重返海地。该项决议被证明是在整个海地危机中最重要的一个步骤。"② 对这次授权行动的作用做出了充分的肯定。

对于安理会授权使用武力适用于人道主义危机，中国学者发表了不少研究论文。其中朱文奇的《北约对利比亚采取军事行动的合法性分析》、徐崇利的《人道主义干涉：道德与政治"合法婚姻"的产儿？——以北约空袭利比亚为例》具有代表性，他们从人道主义干涉的争议性和安理会授权的不确定性出发，认为第 1973（2011）号决议仅仅只是授权保护"利比亚国境内可能遭受袭击的平民和平民居住区"，但是北约的军事行动滥用安理会授权对利比亚政府军使用武力，构成了对利比亚主权的侵犯。③ 但是，西方对此持支持态度的大有人在，例如，内德·道布斯结合正义战争理论，对人道主义干涉的合理性展开了讨论，他认为联合国的授权使人道主义干涉具备合理性的基础。正义战争理论的基本标准是"合法权威"，同时也包括"最后手段""正当动机"和"相称性"等原则。"当今主流的观点认为，联

---

① Andre J. J., de Hoogh, "Attribution or Delegation of (Legislative) Power by the Security Council? The Case of the United Nations Transitional Administration in East Timor (UNTAET)", *International Peacekeeping*, *The Yearbook of International Peace Operations*, Vol. 7, 2001, p. 37.

② David M. Malone, *Decision-Making in the UN Security Council: The Case of Haiti*, 1990—1997, Oxford: Clarendon Press, 1998, p. 110.

③ 朱文奇：《北约对利比亚采取军事行动的合法性分析》，《法商研究》2011 年第 4 期。徐崇利：《人道主义干涉：道德与政治"合法婚姻"的产儿？——以北约空袭利比亚为例》，《法商研究》2011 年第 4 期。

合国安理会是人道主义干涉唯一合法权威,这有利于杜绝单边干涉,因此符合正义战争理论。这种观点忽视了其他原则,与此相反,我认为支持联合国授权进行干涉主要在于它能够更好地符合正义战争的其他原则。联合国授权的行动更容易取得成功,代价也能接受,并且与国内政府的职责能保持一致。"①

对于安理会授权使用武力适用于非传统安全,中国学者认识到了必要性,但也表示了担忧。刘鹏、李伯军两位国际法学者对安理会授权打击索马里海盗进行分析指出,此次授权的指向对象由传统的国家或政治实体扩展至非国家行为体,适用范围从传统安全扩展到刑事犯罪领域,虽然方式更规范、权限更明确,但是依然没有精确的法律文件作为行动依据,使用武力的目的、意图、效力范围以及国际责任等事项仍处于模糊不清的状态。②

### (三) 在安理会授权使用武力实施的问题上,学界均主张改革完善

安理会授权使用武力最为人诟病的地方是实施中因为不规范而问题过多,或出现武力的滥用,或被大国操纵,或偏离甚至背离维持国际和平及安全的公益目标,等等。这些问题几乎被中外学者一致认知,均表示了批评和担忧,因此发出了改革完善的呼声。

中国学者对于授权实施中出现的问题一直保持着清醒的态度,从研究伊始就以批评的立场出现的。周启朋在《联合国的安全机制》一文中对截至1995年的授权使用武力案例进行了统计和分析,认为:"这些强制行动造成的效果与投入的力量不成比例,特别是使用武力的十次授权除对伊拉克侵略科威特的反应符合《联合国宪章》第七

---

① Ned Dobos, "Is U. N. Security Council Authorization for Armed Humanitarian Intervention Morally Necessary?", *Philosophia*, Vol. 38, No. 3, 2010, p. 514.

② 刘鹏:《浅析打击索马里海盗授权对国际法的冲击》,《现代国际关系》2009年第4期;李伯军:《联合国安理会授权会员国使用武力的新变化——以武力打击索马里海盗为例》,《湘潭大学学报》(哲学社会科学版) 2011年第2期。

章的规定之外,有九次是针对国内冲突的情势,其中有八次是与人道主义救援相关的。这对联合国的信用和威望损害极大。对这类行动进行'彻头彻尾的重审'才是最重要的。"① 泽伟、晓红的论文《海湾战争:联合国安理会授权的一次滥用——对一位美国学者观点之评介》认为海湾战争最终演变成了一次不受监督的美国单边军事行动,"安理会破坏了自己的组织结构,以致到了允许联合部队独立行动的地步。"② 门洪华的专著《和平的纬度:联合国集体安全机制研究》分析了海湾战争、索马里维和等典型性授权案例,指出具体的授权行动都被以美国为首的西方国家集团操纵,与联合国集体安全机制并不符合。③ 这一观点被温树斌在《联合国集体安全体制的内在缺陷剖析》一文中表述得更直截了当:"迄今为止,没有一次真正意义上的联合国使用武力行动。"④

西方学界对于安理会授权使用武力行动中存在的问题有大量的论述。大卫·马龙在他的著作《从冷战到21世纪的联合国安理会》中,对联合国安理会进行了较为全面的分析,指出联合国集体安全机制受制于国际政治的现实,国家利益是安理会五大常理事国作出决议的根本依据。如果某一特定的大规模侵犯人权或者威胁和平与安全的事件不牵涉到大国的利益,那么安理会往往会不作为。在分析大国利益时,马龙重点指出美国是安理会决策的主导者。他认为最关键的是安理会作为一个工具能在多大程度上实现美国的利益,且对于安理会的其他成员来说,最根本的问题是"它能否与美国紧密相连,调整自身的权力运作并且抑制自己的冲动。"⑤ 韦斯顿通过对海湾战争的研究,

---

① 周启朋:《联合国的安全机制》,《外交学院学报》1995年第1期。
② 泽伟、晓红:《海湾战争:联合国安理会授权的一次滥用——对一位美国学者观点之评介》,《法学评论》1996年第1期。
③ 门洪华:《和平的纬度:联合国集体安全机制研究》,上海人民出版社2002年版,第280—281页。
④ 温树斌:《联合国集体安全体制的内在缺陷剖析》,《政治与法律》2006年第5期。
⑤ David M. Malone, *The UN Security Council from the Cold War to the 21st Century Boulder*, CO: Lynne Rienner, 2004, p. 617.

认为授权行动有很多缺陷，例如，第678号授权决议在期限和形式上没有任何限制，授权行动离不开美国的支持，联合国集体安全机制实际上受到大国权力的支配。① 伊莱纳·卡库对授权使用武力问题从理论到具体实践进行了详细分析，指出了联合国集体安全机制受制于权力政治的困境，"作为二战的产物，《联合国宪章》起草者试图赋予联合国和平解决国际争端以及通过武力实现强制和平的职能。为此，《联合国宪章》起草者想创立联合国自身框架内的军事体系，但是这种集体安全机制从未实现过。"②

国内外学者通过对案例的研究，总结了安理会授权使用武力存在的各种问题，也挖掘了主要原因：一是授权机制不健全；二是受制于国际政治的权力结构。针对这些问题，国内外学者提出了各种改革建议。

在中国学界，笔者的《试论安理会授权使用武力的法律规制》是较早一篇专门性研究论文，该文对2008年之前所有安理会授权使用武力案例进行了全面的梳理，从实践出发界定了安理会授权使用武力的内涵，分析了其法律依据和实施中的问题，指出授权使用武力是在《联合国宪章》第四十三条停摆之后的替代性措施，是联合国基于国际关系现实而做出的务实性选择。文章指出"虽然授权使用武力的合法性能够为国际社会所接受，但具体规则却是缺失的，处于'暗含权力'之中的授权使用武力机制尚未构成一种具有明确规范的国际制度。"③ 为此，笔者对授权使用武力从决策、决议文本、监督实施、效果评估及其责任制度等方面提出了全面改革的建设性构想。该文后

---

① Burns H. Weston, "Security Council Resolution 678 and Persian Gulf Decision Making: Precarious Legitimacy", *The American Journal of International Law*, Vol. 85, No. 3, 1991, p. 526.

② Elina Kalkku, "The United Nations Authorization to Peace Enforcement With the Use of Armed Forces in the Light of the Practice of the UN Security Council", *Finnish Yearbook of International Law*, Vol. 9, 1998, p. 349.

③ 戴轶、李文彬：《试论安理会授权使用武力的法律规制》，《现代国际关系》2008年第4期。

## 绪 论

来被反复引用,对后来的研究者产生了较大影响。如有学者提出了相似的改革构想:"应当通过明示规定授权依据、依法确认安理会的授权自主权、规范授权启动程序、防范授权行动滥用,以确保联合国安理会授权使用武力机制功能的正常实现。"① 但总的来说,专门性的研究安理会授权使用武力及其改革的论著至今在国内仍然罕见。

在西方学界,全面的、系统性的改革意见尚未发现,主要成果集中于武力使用原则和具体规则的构思上。大卫·卡伦指出,在海湾战争中,以英美为代表的大国多次表示基于第678号决议的授权行动将持续下去以确保彻底击溃伊拉克,任何改变制裁或授权使用武力的新的决议都会被其否决,授权决议何时终止完全由安理会自行定夺。他认为联合国是理想与现实、道德与权力的结合体,存在诸多缺陷,最关键的问题是安理会被少数大国支配,否决权被固定国家掌握,必须对安理会进行适当的改革。但是短期内彻底改革否决权、公开安理会决议过程不太现实,扩大常任理事国数量也会降低安理会的行动效率。最可行的办法是创立一种"反否决权",对安理会已做出的授权行动进行适时调整。② 布兰德斯和泽马赫认为波斯尼亚、索马里等授权行动都存在严重缺陷,根源在安理会常任理事国内部的分歧与矛盾,因此,"提议对当前的安理会行动进行改革,主张建立一个由国际法专家组成的监督机制,但同时也要保留安理会对于集体安全机制实施的权威。"③ 伊莱纳·卡库结合刚果、南罗德西亚、科威特、索马里、前南斯拉夫等具体案例对安理会的授权决议进行了分析和总结,认为授权是根据《联合国宪章》第七章条款的综合解释而得出

---

① 梁曦月、李载谦:《论联合国安理会授权使用武力机制的法律完善》,《西安政治学院学报》2012年第6期。
② David D. Caron, "The Legitimacy of the Collective Authority of the Security Council", *The American Journal of International Law*, Vol. 87, No. 4, 1993, p. 562.
③ Tamar Hostovsky Brandes&Ariel Zemach, "Controlling the Execution of a Security Council Mandate to Use Force: Does the Council Need a Lawyer?", *Frodham International Law Journal*, Vol. 36, No. 3, 2013, p. 704.

的，应当加强对授权决议的规范和完善。[①] 朱莉丝·罗贝尔和迈克尔·莱特纳通过对海湾战争等案例的分析指出，授权行动"签约外包"的实施模式提供了广泛的空间，一些国家会刻意利用模糊不清的、不严谨的授权决议对战争的发起、过程和结束进行控制。对此，具体应该从以下几个方面改革："1. 除自卫权外的武力使用必须得到安理会的明确授权。2. 授权决议应当严格解释、精确明晰，对授权实施也应当实行监督和限制。3. 除非经过安理会同意，授权使用的武力行为应当在实现和平后立即终止。"[②] 马修·特拉斯科特通过分析利比亚的授权行动，提出了安理会对人道主义危机进行武力干涉的相称性问题，认为要对相称性的目标、原则、规范作出规定，使其同人道主义精神以及联合国的授权相一致，"武力干涉的相称性意味着要符合安理会授权所指定的目标原则，而并非一般意义上的军事目的。"[③] 克里斯丁·亨德森则认为："授权使用武力缺乏监督，应当在联合国现有的框架内进行相关程序和机制改革，通过增强国际法院和联合国大会的权力对安理会形成制约，并建立相应的责任机制。"[④]

## 四 安理会授权使用武力研究的国际法视角

法律研究，不外乎对法律规范本身的研究、对法律规范应用的研究，前者属于理论法学的范畴，后者属于实践法学的范畴。安理会授

---

[①] Elina Kalkku, "The United Nations Authorization to Peace Enforcement With the Use of Armed Forces in the Light of the Practice of the UN Security Council", *Finnish Yearbook of International Law*, Vol. 9, 1998.

[②] Jules Lobel and Michael Ratner, "Bypassing the Security Council: Ambiguous Authorizations to Use Force, Cease-Fires and the Iraqi Inspection Regime", *The American Journal of International Law*, Vol. 93, No. 1, Jan 1999, pp. 124–125.

[③] Mathew Truscott, "The effect of Security Council mandates on the proportionality analysis in humanitarian interventions", *South African Yearbook of International Law*, Vol. 37, 2012, p. 60.

[④] Christian Henderson, "Authority without Accountability? The UN Security Council's Authorization Method and Institutional Mechanisms of Accountability", *Journal of Conflict & Security Law*, Vol. 19, No. 3, 2014, p. 489.

权使用武力是联合国及其机构的职权行为，从国际法的视角对其进行研究属于国际组织法的研究范畴。国际组织法依据国际组织的章程对国际组织的活动程序、职权行使等方面进行研究，目的是要规制国际组织的运行，以使其更好地履行职责。而建立国际组织的章程是基于一般国际法而缔结的一种多边条约，它是在一般国际法的范畴内起作用的。[①] 所以，国际组织研究还须植根于国际条约分析。联合国是一个主权国家通过缔结国际条约而成立的一个政府间的国际组织，《联合国宪章》本质上就是一项多边国际条约。对安理会授权使用武力进行法律研究必须从《联合国宪章》和一般国际法理论切入，既研究安理会授权的基本规范，也研究授权行动的实施。

如何才能准确全面地解读安理会授权使用武力？法律是政治的产物，国际法受国际政治的影响、制约更是显著。国际组织，从根本上说，是国家之间经过谈判达成国际协议而建立的国际常设机构。谈判属外交行为，是政治性的；国际协议则是法律性的，对国际组织的职能、权限、运行规则等进行了规定。国际组织一经成立，即以国际法为规范运行以实现参与国预设的政治目标，而运行的过程又不可避免地受到国际政治因素的影响。所以，国际组织天然地具有国际政治、国际法两种属性，任何单方面的研究都难以全面、深入。安理会授权使用武力是一种政治行动，是联合国在实践中产生的，更大范围、更深程度上受到国际政治因素的牵制。因此，对其进行法律研究必须结合国际政治才能有更透彻的理解。对此，国际机制理论为两者的结合提供了桥梁。

"国际机制和国际法本身有着紧密的联系，在定义、特征和功能等方面均有相同或相似之处，"[②] 两者都是以国际规范的形式存在、作用于国际关系中。在国际机制学者眼中，国际法是正式的、成熟的

---

① 梁西：《国际组织法（总论）》（修订第五版），武汉大学出版社 2001 年版，第 13 页。

② 刘志云：《国际机制理论与国际法的互动：从概念辨析到跨学科合作》，《法学评论》2010 年第 2 期。

❖ 安理会授权使用武力的国际法问题研究 ❖

国际机制，国际法原则处于普遍性规则的地位，类似于国际机制中的"原则"和"规范"；① 在国际法学者看来，国际机制所呈现出的"在某一特定问题领域里组织和协调国际关系的原则、准则、规则和决策程序"② 其实是以另外一套相似的学术话语体系在宣示国际法，正式的、成熟的国际机制已经具备了相当的约束力，其实就是国际法；而非正式的国际机制则被视为"国际软法"，昭示了国际法的发展方向并向国际法方向发展。国际法院在 1980 年曾经界定过两者的关系：国际机制是具有约束力的外交法律规则和法律、法规系统。③

国际机制与国际法的相连相通并非偶然，经济全球化的深入发展使国际关系紧密化，国家以合作的方式图存已经不可避免，国际机制正是国家间合作的产物。为增强国际机制对国际关系运行的规范和牵引作用，"法律化"就成为内在的需求，因为"法律化"意味着约束力的增强和规则的明确，更能够实现、提高国际关系的稳定性和可预期性，也就是提高国际机制的有效性。国际机制理论的勃兴，在一定程度上，可以视为国际关系理论向理想主义者的回归。作为最初的国际关系理论，理想主义的实质是法律主义、规则主义，即试图以国际法去规范国家行为，实现国际关系的有序化。在现实主义兴起后，国际关系的研究才转向了以权力为核心的政治学。20 世纪 70 年代后国际社会的相互依赖、相互合作加强了国际法的有效性，提升了国际法的地位，国际机制理论将国际政治与国际法结合起来，取得了自己的理论地位。

可以说，国际机制理论的引入将能够为安理会授权使用武力的国际法研究带来更宽阔、更深入的解读。

## （一）从改革提高的研究目标来确定研究思路

研究思路是根据研究的目标来确定的，是达到研究目标的基本路

---

① 王杰主编：《国际机制论》，新华出版社 2002 年版，第 19 页。
② Stephen Krasner, *International Regimes*, Ithaca: Cornell University Press, 1983, p.1.
③ 转引自倪世雄等《当代西方国际关系理论》，复旦大学出版社 2001 年版，第 360 页。

径。所以，对于本论著来说，首先要厘清研究的目标是什么。研究安理会授权使用武力的根本原因在于其未能圆满地实现维护国际和平与安全的任务和目标，因此必须对其进行改革。这里面蕴含着一系列问题：何谓安理会授权使用武力机制的改革？为什么要改革？改革的指向目标在哪里？只有先解答这些问题，我们才能明白研究目标所在，从而制定研究思路。

任何一种国际机制的产生都是因为国际关系中相应的问题领域存在着治理的需要。如果国际机制能够很好地实现治理目标，我们就说该机制是有效的，也就不存在什么改革之说。反之，则存在改革的必要，否则该机制就只能解散或覆亡，如国际联盟所建立的集体安全机制。所以，国际机制的改革实质是修正其制度性缺陷，提高其有效性的过程。安理会授权使用武力机制是因国际和平与安全领域的治理需要而产生的一种特定机制，综观其长期的实践，有一定的成效，但不足也是显著的，这一点已经为国际社会所广泛关注，也激起了大量的批判性甚至指责性的讨论。所以，研究安理会授权使用武力机制的改革，就是研究如何提高其有效性的问题。

在明确研究目标所在之后，研究视角的选择就成为关键因素。因为影响国际机制有效性的因素是多种多样的。从对国际机制有效性研究的情况来看，问题领域本身、参与者的利益和动机、大国权力等各种因素在其中的作用都已经被认知。选择其中任何一个角度都能够对安理会授权使用武力机制的改革开展研究，但单一视角的选择毫无疑问具有相当大的局限性，很可能"一叶障目不见森林"。因此，如何较为全面地认知安理会授权使用武力机制存在的问题，并提出相应的改革建议，就必须进行视角的选择。

国际机制的有效性是其制度运行的结果，而国际机制的运行则是各种外在的因素通过机制本身的原则、规则、程序等起作用的过程。所以，国际机制有效性的研究其实可以划分为两大块：一是机制外围的影响因素研究，这是"外因"研究，为国际政治学界所偏重；另一则是机制内部的规范性研究，这是"内因"研究，为国际法学界所偏重。只有将两者结合起来，才能够整体性地、综合性地、全面性地认知国际机制有效程度及其原因所在。

虽然如此，对于不同的研究目标而言，"外因""内因"是不可能进行均衡地着力的。就国际机制的形成而言，"外因"起决定性作用，"内因"是结果——国际机制是参与者基于各种考虑，经谈判建立的行为规范。就国际机制的运行而言，"外因"只是影响性因素，"内因"起决定性作用——国际机制是按照参与者共同建立的行为规范独立运作的。所以，对于安理会授权使用武力机制改革的研究而言，应该侧重于后者，或者说以"内因"为切入口是更适宜的。因为安理会授权使用武力机制是联合国在实践中发展起来的一种派生性机制，已经有着长期的实践和多起案例，正是其很多制度不完整、不健全、不合理导致了实施的随意性和不受制约性，最终削弱了有效性。所以，安理会授权使用武力机制的改革，就内容来说，是其制度的改革。但是，所谓改革，在一定程度上就是制度的重构、再造，只有将"外因"——国际政治现实的各种因素都考虑进来，才能提出切合实际、行之有效的行为规范。否则，改革构想、改革建议就会陷入空中楼阁似的"规则至上主义""法律万能主义"。

在找到通往研究目标的恰当"入口"之后，必须厘清通往研究目标的逻辑路径，这是研究思路的另一个重要内容。逻辑路径其实常常已经由研究目标的设定和研究对象的内在属性决定了，对于安理会授权使用武力机制改革的研究来说，我们可以清理出以下的逻辑关系。

第一，有效性是安理会授权使用武力机制改革研究的起点，因为有效性不足是改革的动因，提高有效性是改革的目标，而国际机制的有效性取决于合法性及其运行的规范性两个方面。

第二，安理会授权使用武力机制是安理会在维持国际和平与安全的实践中创造出来的一种新型武力使用机制，偏离了《联合国宪章》，因而产生了合法性质疑，甚至遭到抵制，削弱了有效性。因此，增强其合法性是改革研究的第一个重要内容。

第三，安理会授权使用武力机制尚未形成明确的国际制度，其运行的规范性不足同样削弱了有效性。而且，规范性不足体现在安理会决策——发布授权决议文本——会员国实施的整个过程。所以，增进规范性是改革的第二个重要内容。这个内容可以划分为决策的规范性、授权文本表述的规范性、实施的规范性三个部分。决策的规范性实际上是安理会改革的内容，国内外已经有大量的论著，本人在拙著《联合国集体安全制度改革问题研究》中也曾经专门论述，因此，本书虽有论及但不再作为专门的部分出现。

第四，制度化是改革研究的终点，正是因为制度化不足导致了合法性不足、规范性不足。制度化的目标将安理会授权使用武力从非正式机制改造成为正式的国际机制，如何实现制度化是改革研究的核心内容所在。

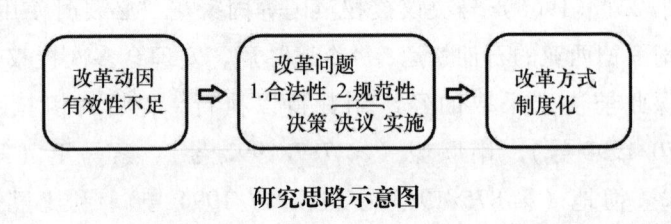

```
┌─────────┐      ┌──────────────────┐      ┌─────────┐
│ 改革动因 │  ⇒  │     改革问题      │  ⇒  │ 改革方式 │
│有效性不足│      │1.合法性 2.规范性  │      │ 制度化  │
│         │      │ 决策 决议 实施    │      │         │
└─────────┘      └──────────────────┘      └─────────┘
```

**研究思路示意图**

## （二）从具体案例的分析研究来探索规律

安理会授权使用武力是联合国在维持国际和平与安全的实践中形成的一种武力使用方式，案例分析必然成为最基本的研究方法。综观国内外的研究成果，几乎都是从案例分析入手的，这是由授权的实践性使研究者产生的自觉、本能性反应。西方尤其是美国对安理会授权使用武力的研究几乎和授权行动是同步开始的，这显然是因为美国是授权行动的推动者和实施者，是现实性需要。在早期的研究成果中，美国学者几乎对所有的个案都进行了分析研究，随着授权实例的不断增加，美国学界除对授权的最新案例进行追踪外，大多是综合性的并案研究。案例研究使安理会授权使用武力的运行得到了详细的剖析，从而揭示其中存在的问题，使改革建议有的放矢，不流于空谈。

联合国官方网站在介绍安理会"对于和平之威胁、和平之破坏及侵略行为之应付办法"时，基本列出了迄今为止所有的授权使用武力案例，指出"自1990年以来，安全理事会根据《联合国宪章》第七章使用武力的情况越来越多——具体情形和程度各不相同。"① 总的来说，安理会授权使用武力可以分为三类。

第一类，"安全理事会曾授权使用军事武力逆转或击退一国对另一国的侵略。"第82、83、84（1950）号决议授权会员国使用联合国旗帜，其中第83号决议首次使用"授权"一词；第678（1990）号决议"授权会员国与科威特政府合作……采取一切必要手段……恢复该地区的国际和平与安全"，这是在"冷战"结束之际的首次授权，奠定了授权的基本模式，具有分水岭作用。

第二类，安理会"曾数次授权海军封锁，以实施制裁"。行动案例包括第221（1966）号决议授权英国等国家在"必要时使用武力"实现对南罗德西亚的石油禁运；"冷战"后，安理会多次授权使用武力以确保此前决定采取的经济制裁得以执行，先后对伊拉克（第665、670/1990号）、南联盟（第787/1992号）、索马里（第794/1992号）、海地（第875/1993号、第917/1994号）、利比里亚（第1083/1997号）、塞拉利昂（第1132/1997号）等国采取了行动。

第三类，消除"和平之威胁"。这种授权在国际社会争议最大，大致又可分为三类：（1）针对人道主义危机。第836、844（1993）号决议授权会员国使用空军力量，保护设于波黑境内的避难场所；第794（1992）号决议在索马里开展了"重拾希望行动"，第929（1994）号决议在卢旺达开展了"绿松石行动"。演变成为大规模武力的行动有，第814、837（1993）号决议授权在索马里进行武力维和；第816（1993）号决议授权会员国采取"一切必要办法"执行波黑领空的禁飞令。第1973（2011）号决议"授权与秘书长合作的会员国……采取一切必要措施"应对利比亚境内因内战产生的人道主义危机。（2）针对一国内政。第940（1994）号决议，"授权各会员国

---

① 联合国官方网站：安全理事会页面（http：//www.un.org/zh/sc/about/faq.shtml#7）。

组成一支统一指挥和控制的多国部队，在此框架内使用一切必要手段"，促使军政府离开海地并恢复合法民选政府的统治。另外还有第1101（1997）号决议授权干涉阿尔巴尼亚，第1264（1999）号决议授权干涉东帝汶，第1497、1509（2003）号决议授权干涉利比里亚。（3）针对国际刑事犯罪。第1816、1838、1844、1851（2008）号决议和第1918（2010）号决议，授权各国"在索马里领海内采用一切必要手段，制止海盗及武装抢劫行为"。另外有些学者认为第1368、1373（2001）号决议等决议是授权武力打击国际恐怖主义，实际上安理会从未对国际恐怖主义授权使用武力，后文将有详细论述。

这三类授权是从授权的作用目标来划分的，标志着安理会授权使用武力的发展过程，从最开始的打击国际侵略行为，升级到针对一国内政实施干涉；从应对传统的安全危险扩展到非传统安全的威胁。其中既有相对成功的案例，如海湾战争和东帝汶的行动；但也有失败的典型，如在索马里的武力维和。当前国内外的研究，从朝鲜战争到利比亚人道主义干涉，几乎每一起案例都出现了研究成果，这为进一步研究打下了良好的基础。本文将贯穿对案例及其相关材料的解读，通过对历次授权行动的具体展开和实证考察来发现其中存在的问题，采用专门性的个案研究和综合性的并案研究，个案研究追踪某一授权案件的全过程，或探究其性质，或考察其效果，或多方面综合研究；并案研究则在个案研究的基础上归类分析，试图探索出其中的规律。

### （三）从国际机制的角度来宏观把握

案例研究提供了微观层面上的分析，但是对安理会授权使用武力及其改革的研究必须有一个整体上的把握。否则，千差万别、各有特征的个案会在不同视角、不同层面的研究中"漂流"而不能形成合力。综观当前的案例研究，即呈现出各行其是的特点。从本书的研究目的出发，必须从琐碎的个案研究统一到改革研究的层面上来，而国际机制（international regime）理论的引入和应用应该是最好的选择。

从国际机制的一般性理论出发，安理会授权使用武力经过长期的实践已经形成了一种机制。由于机制对研究对象的研究强调内在的规律性和整体性,① 运用国际机制理论来研究案例,回顾授权使用武力,能够从整体上探索其规律,既把握授权使用武力各个环节之间的结构关系,也认识授权使用武力与外部关联因素,如联合国组织、大国、国际政治环境的联系和互动。当前,已经有很多学者在案例分析的基础上提出了一些具体的革新建议,但是这些建议是零星的、孤立的、片段性的。国际机制理论的引入和运用为我们如何构建一个完善的安理会授权使用武力机制提供了整体性思路。

一定的国际机制总是因一定的国际问题领域的治理需要而产生、存在的,当国际机制的运行、实施能够达到预期的治理目标时,该机制才是有效的。而有效性总是与合法性、规范性联系在一起的,只有国际机制是合法的,运行是规范的,它才能是有效的。安理会授权使用武力机制是联合国在维护国际和平与安全的实践中,依据现实情况,摸索出来的,虽然已经形成了相当成熟的惯例,但迄今并无明确的正式文件对其进行规制,在很多方面的制度和规则却依然不明确、不规范。因此,运行、实施没有达到甚至偏离维持国际和平及安全的既定目标,甚至被一些大国别有用心地加以利用,引起国际社会普遍性的批评和担忧。这是安理会授权使用武力机制改革发生的根本原因。

以国际机制理论统筹观之,安理会授权使用武力的改革完善就变得清晰起来:由于合法性存在着质疑,规范性则存在着不足,最终导致了有效性的削弱。所以,安理会授权使用武力机制的改革就是提高其合法性,增强其规范性,提高其有效性的过程。简言之,安理会授权使用武力的改革实际上是其机制完善的过程。如此,改革的思路得到明确,各种理论和视角的改革建议就能够被统一起来得到遴选和甄别。

国际机制理论20世纪70年代勃兴以来,被广泛应用于各个国际

---

① 王杰主编:《国际机制论》,新华出版社2002年版,第2页。

问题领域。国际关系理论的各个流派也根据自身的理论观对其进行了阐释。现实主义强调了国家权力在国际机制中的基础性、引领性作用,认为"作为制度安排的国际机制反映的只是现实社会体系中的权力整合,这些特定制度安排得以形成是那些实力充分的国家采取长期必要的步骤去创造的结果。"① 自由制度主义则指出了国际机制的内核是国际制度,认为"国际机制是那些具有明确规则,得到政府同意的适用于国际关系特定领域的制度。"② 建构主义则从社会学的视角指出了国际机制是国家在互动中构建出来的一种社会规范或规则,认为"国际机制塑造了行为体在无政府状态下的期望和行为,进而影响其认同、利益和政策。"③ 这些研究从诸多方面解读了国际机制的特征,为我们全面研究安理会授权使用武力机制及其改革打开了既集中又分散的视野和思路。在这些研究中,国际组织作为正式的国际机制的特征被认识,这也符合安理会授权使用武力机制是联合国组织组成部分的现实。20 世纪 90 年代以后,全球治理理论被提出,国际机制被视为全球治理的工具,这也有利于我们在全球安全治理的大范畴内研究安理会授权使用武力机制的地位、作用及其完善。

比较国际法和国际机制,国际法是更严格、严谨的规范性研究,能够对国际机制规范的模糊性形成补充。国际机制的研究者,受传统的国际政治研究思维的影响,其实更偏向于国际规范的影响因素分析,而且,他们所说的规范大多数时候指的是普遍存在的社会规范而非国际机制本身的制度性规范,例如建构主义即是如此。而后者才是国际机制本身的属性,标志着某一种国际机制的存在和独立性,是研究的重点内容,而这部分的研究恰恰就是法律分析。法律研究方法多

---

① Oran Young, "The Politics of International Regime Formation: Managing Natural Resources and the Environment", *International Organization*, Vol. 43, No. 3, 1989, pp. 351 – 352.

② Robert Keohane, *International Institutions and State Power: Essays in International Relations Theory*, Boulder: Westview Press, 1989, p. 4.

③ Peter Katzenstein (ed.), *The Culture of National Security: Norms and Identity in World Politics*, New York: Columbia University Press, 1996, pp. 33 – 75.

种多样，但其核心却是以规则为基础的规范研究：一是行为合乎规范的研究，二是规范本身合理性的研究。国际机制和国际法的结合研究，对安理会授权使用武力机制改革的研究至少在两个方面产生积极作用。

第一，改革研究的过程必须对安理会授权使用武力机制的实践做规范性研究，找出其中存在的问题及其原因。这个过程实质是对具体案例进行法律分析，即对安理会、会员国的行为做合乎法律规则的分析。《联合国宪章》所制定的宗旨、原则、规则和程序规定了安理会、会员国的行为必须符合其规范，这是研究安理会授权使用武力机制合法性和规范性的重要标准，实际上是国际组织法、一般国际法理论和规则的应用。

第二，改革研究的目标是建立安理会授权使用武力机制的制度规范，制度化的过程在很大程度上就是法律化的过程，它包括两个方面，首先对现有的惯例做合理性研究，从法理学的角度讲，只有合理的法律规范才能产生预期的法律效果。所谓合理，一要符合行为体的预期目标，二要符合社会客观现实。这是一个法律改革的过程。其次对授权使用武力各个环节所确实的规范提出补充，这是一个法律创制的过程。

# 第一章　安理会授权使用武力
# 实践的历史性回顾

对安理会授权使用武力机制的实践进行考察殊为必要，因为安理会授权使用武力并不是《联合国宪章》的既有内容，而是安理会在维持国际和平与安全的实践中根据现实需要而创造出来的一种武力使用方式，且后来又不断扩大适用于不同的领域、对象，这使学者们对其内涵、性质等方面的认知产生了一些差异。对实践性的问题进行研究首先必须进行理论提取，否则就只能停留在事物的表面而无法探究内在的规律。因此，必须从安理会授权使用武力实践中抽象概括出其基本特征，才能对其改革问题进行深入分析。然而，由于涉及案例繁多，认知又各不相同，案例的选择又是一个重要问题。本文认为，在海湾战争中安理会通过的第678号决议奠定了授权使用武力的基本模式，这一模式为后来安理会在意欲使用武力时所遵循。所以，以第678号决议建立的模式为标准选择案例是客观的，也是符合安理会授权的意图的，实际上这也是当前学界的主流观点。本章将以这一标准对联合国的统计[①]及其之后

---

[①] 2008年6月30日安理会的一份特别调查报告列举了相关决议：伊拉克（第678、1483和1511号决议），索马里（第794和1744号决议），波斯尼亚（第770、787、816、820、836、908、1031、1088、1174和1575号决议），阿尔巴尼亚（第1101和1114号决议），卢旺达（第929号决议），海地（第875、940和1529），大湖区或刚果民主共和国（第1080、1484和1671号决议），中非共和国（CAR）（第1125号决议），塞拉利昂（第1132号决议），科索沃（第1244号决议），东帝汶（第1264号决议），阿富汗（第1386和1510号决议），利比里亚（第1497号决议），科特迪瓦（第1464和1528号决议）以及乍得和中非共和国及该次区域（第1778号决议）等。详细请参见 Special Research Report No. 1: *Security Council Action Under Chapter VII: Myths and Realities*, Special Research Report: Security Council Report. (http://www.securitycouncilreport.org/special-research-report/lookup-c-glKWLeMTIsG-b-4202671.php)。

出现的案例进行全面梳理（参见本章附表），挖掘安理会授权使用武力的基本特征，为后续研究打下基础。

## 第一节 安理会授权使用武力机制的形成过程

### 一 安理会授权使用武力机制的发轫

学界一般认为，安理会授权使用武力的"授权"措辞起源于针对1950年的朝鲜战争的安理会第83、84号决议，后又出现于针对南罗德西亚的制裁行动中。南罗德西亚（Southern Rhodesia）是英国在非洲南部的一个殖民地，即现今之津巴布韦共和国。1923年当地白人举行投票成立南罗德西亚自治政府，但依然是英国的"自治领"。1964年当地白人少数政权上台组成政府引起了骚乱，次年自治政府总理伊恩·史密斯将英国所任命的总督驱逐，单方面宣布独立，定国号为"罗德西亚"。1966年4月9日安理会通过第221号决议，断定南罗德西亚之局势威胁到国际和平与安全，呼吁有关国家断绝同南罗德西亚非法政权的一切经济往来，对其实施石油禁运。"请联合王国于必要时使用武力阻止其驶抵贝伊拉港并授权联合王国如发现油轮 Joanna V 于贝伊拉港卸下石油时，一俟其离港即予逮捕扣留。"[①] 随后，联合国又陆续通过一系列决议，对南罗德西亚展开了长期的制裁。

南罗德西亚局势并不是一次典型的授权行动。当时南罗德西亚并没有真正独立，事情本质上还是归结于英国及其殖民地之间的利益冲突，英国政府表示罗德西亚只有实行多数管制才会承认其独立，这一思想符合联合国"非殖民化"运动的原则。由于南罗德西亚少数派政权的顽固立场，才被安理会断定为对国际和平与安全的威胁。虽然英国声称南罗德西亚的独立宣言是种叛乱行为不予承认，但是也没有使用武力来恢复控制权，对相关决议也都投了弃权票。[②] 在整个"冷

---

① 安理会决议文件 S/RES/221（1966）[https://undocs.org/zh/S/RES/221（1966）]。
② 相关决议包括第202（1965）、217（1965）、232（1966）和326（1973）号决议。

❖ 第一章 安理会授权使用武力实践的历史性回顾 ❖

战"时期,苏联和美国的对立使安理会基本陷入瘫痪,对南罗德西亚局势授权是一次例外,其原因在于其无涉美苏的利益。

但是,对南罗德西亚的授权行动在安理会授权使用武力机制的发展史上依然是有意义的。第221号决议首次在文本中使用了"武力"的措辞,在此之前的几次制裁决议中出现了"促请"或"敦促""采取一切必要行动"等措辞。后续1968年安理会通过的第253号决议出现"依据《联合国宪章》第七章采取行动"①的措辞。这些措辞方式对后来授权使用武力决议文本措辞模式做出了探索,从海湾战争开始,这些措辞都在授权决议中反复出现,成为样板性表达。另外,1966年12月26日安理会通过的第232号决议对南罗德西亚做出了强制性的禁运规定,联系整个局势及第221号决议,可以认定这是联合国试图把武力方式作为维护、实现经济制裁的手段,这一方式在"冷战"后为安理会所常用。

## 二 安理会授权使用武力模式的形成

时间进入20世纪80年代末期,苏联力量衰退,当此国际格局重组分化之际,东欧国家开始转型摆脱苏联的控制,一些国家开始觊觎苏联力量消退所留下的权力真空地区,刚刚有所缓和的国际局势又面临着一场疾风骤雨。1990年8月2日,伊拉克突然大举入侵科威特,迅速占领了科威特全境,8日,正式宣布兼并科威特。伊拉克的侵略行径震惊了全球,美国对此反应尤为强烈。在美国看来,中东地区是其石油供应的核心区域,伊拉克的行为打破了该地区既有的平衡与稳定,严重威胁到美国的重大利益。同时,伊拉克此举严重打乱了美国改造全球的战略企图。因此,美国迅速采取措施,准备全面介入海湾局势。

为了争取国际社会的支持,美国紧锣密鼓地展开了外交活动。首先,美国拉拢了苏联。此时苏联正处于戈尔巴乔夫的"新思维"改

---

① 安理会决议文件 S/RES/253(1968)[https://undocs.org/zh/S/RES/253(1968)]。

革时期，国内危机重重，迫切需要同西方缓和。在这一背景下，美国的外交攻势取得了成果，苏联承诺不会反对美国出兵伊拉克。其次，美国积极在联合国展开游说，希望军事行动能获得安理会的授权。在反对侵略的问题上，联合国的立场与美国是一致。在伊拉克入侵科威特当天，联合国安理会就召开紧急会议，迅速通过了第660号决议，谴责伊拉克的侵略行为。9日又通过第662号决议，不承认伊拉克对科威特的兼并，并决定对伊拉克实施全面的武器禁运和经济制裁，以迫使伊拉克从科威特撤军，恢复科威特的主权地位。可以说，"美国的一切主张，从要求伊拉克无条件撤军、对伊拉克进行经济制裁到对伊拉克进行海空封锁等，都得到了联合国安理会决议的允许和授权。"① 经过紧张激烈的外交磋商，1990年11月29日安理会通过了授权使用武力打击伊拉克的决议，这就是著名的第678号决议。决议"要求伊拉克完全遵守第660（1990）号决议及随后所有有关决议……授权同科威特政府合作的会员国……可以使用一切必要手段……恢复该地区的国际和平与安全……请所有国家提供适当支援。"并规定伊拉克从科威特撤军的最后期限为1991年1月15日。

决议通过之后，美国组织了包括英、法、埃及、沙特等27国在内的多国部队，从海湾国家和日本、联邦德国等盟国那里获得了约570亿美元的资助，并且商定全部战争费用由海湾国家、德和日、美分别按60%、20%、20%的比例分担。1991年1月17日，海湾战争爆发。整个战争历时43天，美国领导多国部队轻松获胜。

海湾战争是"冷战"行将结束之际联合国安理会授权的一次重大军事行动，是一场针对侵略行为所做出的授权行动。海湾战争普遍被认为是安理会的成功行动，国际社会的立场基本一致，对第678号决议的认同度较高。对于安理会授权使用武力机制来说，这场战争的意义是里程碑性质的。

首先，授权行动成功地遏制了伊拉克的侵略行为，扭转了朝鲜战

---

① 刘德斌主编：《国际关系史》，高等教育出版社2003年版，第508页。

争的负面影响，平息了关于安理会授权使用武力的争议，其有效性获得了国际社会的认可。在"海湾战争中，在五大常任理事国之间和安理会其他非常任理事国之间出现了真正的一致，特别是在安理会就伊拉克入侵科威特这一不可能接受的事实问题上做出反应的整个前期阶段。"① 在这一认知的推动下，安理会授权使用武力被接纳为维护国际和平与安全的一种有效手段。

其次，第678号决议奠定了授权的基本形式，标志着安理会授权使用武力机制的正式形成。决议文本的措辞模式："根据《联合国宪章》第七章行动""安理会……授权……会员国……使用一切必要手段……恢复该地区的国际和平与安全"，不但在文本上为后来的授权决议规定了样本，而且奠定了安理会授权使用武力机制的基本模式：从决策层面看，安理会是唯一决策主体。从实施层面看，授权的对象是会员国。虽然在此后的授权中，行动的具体实施者既包括了维和部队（索马里），也包括了北约这样的区域组织（波黑和利比亚），但是这些都是建立在授权会员国的基础之上根据具体的危机形势做出进一步的安排，要么是由会员国组建多国部队，要么是会员国通过区域组织安排展开行动。简单来说，在安理会决定授权使用武力后，会员国自愿参与、自主执行安理会的决议，而"恢复该地区的国际和平与安全"则是授权执行国的行动目标。

## 第二节 安理会授权使用武力机制的扩大适用

### 一 空间适用范围从国际扩大到国内

海湾战争结束不久，苏联解体，"冷战"结束，安理会授权使用武力亦随之进入了第二阶段，其显著特征是常常与联合国维持和平行动（UN Peacekeeping operations）联系在一起。"冷战"时期，美苏之

---

① 泽伟、晓红：《海湾战争：联合国安理会授权的一次滥用——对一位美国学者观点之评介》，《法学评论》1996年第1期。

间一边激烈抗衡,一边在各自势力范围内保持着局势控制,很多地区性的矛盾被压制着服从、服务于美苏争霸的需要。"冷战"终结,这些矛盾集中释放出来,威胁国际和平与安全,尤其是原苏联控制的地区频发民族、种族冲突和战争。而"冷战"终结也使被意识形态分割的两个市场融为一体,全球化进入了一个新的深入发展时期,世界互联互通性加强,一个区域和国内的冲突极易产生"溢出"(spill over)效应,影响周边乃至世界的和平与安全,国内问题的国际化成为后"冷战"时代的国际关系的重要特征。据此,西方大国以"主权相对论""主权有限论"为基础提出了"新干涉主义",主张对发展中国家尤其是转型国家的内部事务进行干涉。而苏联的崩溃松绑了捆在联合国身上的权力绳索,给了联合国在国际安全领域腾挪发挥的空间。

  在这两者的综合作用下,发源于"冷战"时期的维持和平行动在"冷战"终结后从国际冲突扩大适用到国内冲突(一些学者称之为第二代维和行动)。1992年6月27日联合国秘书长加利提出《和平纲领》,详尽阐述了预防外交、建立和平、维持和平及冲突后缔造和平的新型维和思想,将四种手段并用,组成一个完整的维和机制体系。海湾战争的成功给了联合国极大的信心和鼓舞,加利主张联合国主动出击,对传统维和手段已经无法解决的国内争端和冲突不惜使用武力。在此思想指导下,安理会授权使用武力成为维和行动的重要手段和方式,维持和平行动常常发展成为强制和平行动,所谓强制和平,就是维持和平行动部队配备重型武器,成为战斗部队,无须经过冲突双方的同意即可部署,并可采取武力行动强制停火。① 根据这一理论,当维和部队难以通过传统职权实现停火时,可以扩大其权力范围,从维持和平变为执行和平,也就是通过安理会授权维和部队使用武力实

---

  ① 强制和平的诸多主张请参见加利的多篇著作。Boutros Boutros-Ghali:"An Agenda for Peace", *United Nations*, 1992, p. 26. Boutros Boutros-Ghali:"Report on the Work of the Organization", *United Nations*, 1993, p. 96. Boutros Boutros-Ghali:"Empowering the United Nations", 1992—1993, winter, *Foreign Affairs*, pp. 93 - 94.

现强制和平。由此，安理会授权使用武力应用到了维持和平行动之中。

索马里强制和平行动失败后，联合国虽有所反思，但并未回归传统维和的"同意""中立""非武力"三原则，强制和平性质的执行和平（peace enforcement）本来是属于建立和平的范畴，行动虽然成败参半，但进一步被强调。1998年前后，联合国的一些文件将执行和平与加利的四种手段并列，共同构成联合国维持和平行动的主体框架。① 安理会授权使用武力正式成为联合国维持和平行动的一种常规性手段。

按照加利秘书长维持和平行动四步走的划分，安理会授权使用武力在每一步中都曾运用，其中最受瞩目的是建设和平中的武力行动，这是强制和平思想应用到维持和平行动的开端，从波黑局势开始，安理会授权使用武力逐渐推广到维持和平行动的各个阶段和步骤。当然，这些阶段和步骤的划分并不是绝对的，其中不少夹杂有多种性质。

（一）建立和平中的武力行动

强制和平行动源于建立和平（peacemaking）思想，建立和平是"介乎防止冲突和维持和平两种任务之间的一种责任，是设法使敌对双方以和平的方法达成协议"，其主要手段是联合国促请会员国内部争端的政治派别和平解决争端，或者联合国以调停、制裁手段介入。但是，在特定情况下，联合国使用执行和平部队（peace enforcement force），强制性地以武力行动实现和平。加利的原构想是在执行和平行动中发挥军事参谋团的作用，但是实际上的强制和平行动都只能通过授权使用武力进行。

1. 波斯尼亚和黑塞哥维那局势

波黑局势是安理会授权使用武力实施维持和平行动的开始。受

---

① Basic Facts about the United Nations, Chapter Two; Kofi Annan, "Partnerships For Global Community: Annual Report on the Work of the Organization", pp. 7-25; etc.

东欧剧变的影响，南斯拉夫社会主义联邦共和国的民族矛盾也日益激化。为拔掉这颗地缘政治上的钉子，欧洲大国推波助澜，支持南斯拉夫境内的民族分裂主义势力。1991年，斯洛文尼亚、克罗地亚和马其顿宣布独立，遭到塞尔维亚和黑山的反对，而欧洲以德国为首就表现出承认克罗地亚和斯洛文尼亚独立的意图，美国也表示尊重欧共体决定。对于波斯尼亚和黑塞哥维那（波黑）也释放出独立的意愿，欧共体宣布一旦举行公民投票将承认其独立。然而，波黑的族群对独立的意见并不统一，穆斯林和克族人赞成投票独立，而塞族人则抵制投票。1992年，在全民公决后，波黑独立，也宣告了南斯拉夫的解体，未独立的塞尔维亚、黑山两个原加盟国组成南斯拉夫联盟共和国（又译作"南斯拉夫联邦共和国"）。4月，塞族人进攻萨拉热窝，波黑爆发了大规模的内战。波黑内战牵涉到复杂的利益和派别，这是一场没有绝对盟友和明确阵营的混战。战争由最开始的穆、克两族对抗塞族又逐渐演变为塞、克两族联合打穆族。克罗地亚派出4万正规军为克族助战，塞族得到了南联盟的支持，穆族也从伊斯兰国家得到了武器和人力支援。危机随时都有可能蔓延到周边地区，从而引起了国际社会的严重担忧。联合国的维和行动在1991年就已经开始了，到1992年安理会先后通过了一系列包括武器禁运、人道主义援助、部署联合国保护部队以及扩大保护部队任务在内的决议，为遏制战乱的蔓延进行防御性部署，对塞族的后台南联盟实行全方位的制裁。但是，情况仍在恶化。安理会意识到，如果不进行武力干涉，这场战争将无法终止。

1992年9月，法国提议在波黑境内设置针对军用飞机的禁飞区，但美国人认为波黑的维和行动在没有使用武力的情况下仍然是可行的，不能将伊拉克库尔德危机中的"禁飞区"同当前局势相类比，美国的此举其实是不甘心被排除在波黑事务之外。随着欧共体和平调解计划的破产，美国开始掌握了局势的主导权。1992年10月9日，安理会通过了第781号决议，决定设置飞行禁令。但美国"走向前台做的第一件事，就是要求联合国秘书长授权北约可以动用空中力量保

## 第一章 安理会授权使用武力实践的历史性回顾

护维和行动。"① 所以"美国接下来将谋求安理会的授权,从而通过强制行动来确保波黑飞行禁令的实施。"②

在美国的推动下,1993年3月31日,安理会通过了第816号决议,"授权会员国,在本决议通过后七天,如继续发生违反飞行禁令的情况,可由本国或区域组织或安排,在安全理事会的权力下,并须与秘书长及联保部队密切协调,在波斯尼亚—黑塞哥维那共和国采取一切必要措施,以确保飞行禁令获得通过,此种措施应与具体情况和飞行的性质相称。"③ 自此,美国通过北约对波黑局势实施武力干预的构想得以实现。第816号决议留有余地,敦促冲突各方在规定的期限内接受由联合国和欧盟代表制订的和平计划,避免遭受武力打击的后果。然而,战争发展到一个更为激烈的阶段,波斯尼亚东部的城镇和村庄遭到武装袭击,安理会4月16日通过第819号决议,宣布斯雷布雷尼察镇为安全区,增强联合国保护部队(联保部队)(United Nations Protection Force)在该地区的存在。5月6日,安理会通过第824号决议,宣布萨拉热窝和其他一些城镇为安全区,不能对之实施武装袭击和任何其他敌对行为。联保部队和人道主义机构都可以畅通无阻地进入这些地区,并部署了额外的联合国军事观察员来监测当地局势。

6月4日,安理会通过第836号决议,授权联保部队在执行任务时和在自卫行动中,采取一切必要措施,包括使用武力,还击任何一方对安全区的轰击或抵抗安全区的武装侵入,或应付在这些地区或其四周蓄意阻挠联保部队或受保护人道主义车队行动自由的情况。另外,决定会员国在各自行动或通过区域组织或区域安排下,根据联合

---

① 方连庆、王炳元、刘金质主编:《国际关系史》(战后卷下册),北京大学出版社2006年版,第799页。

② Helmut Freudenschu, "Between Unilateralism and Collective Security: Authorizations of the Use of Force by the UN Security Council", *European Journal of International Law*, Vol. 5, No. 1, 1994, p. 505.

③ 安理会决议文件 S/RES/816 (1993) [https://undocs.org/zh/S/RES/816 (1993)]。

国安理会授权,并同秘书长和联保部队密切协调,得采取一切必要措施,通过在波斯尼亚—黑塞哥维那共和国各安全区及其四周使用空军,支援联保部队执行任务。① 对于空中力量的控制权问题,1994年3月31日,安理会通过第908号决议,"决定各会员国,不论单独地或通过区域组织或安排采取行动,可以经安全理事会授权并与秘书长和联保部队密切协调,采取一切必要措施,将近距离空中支援扩大到克罗地亚共和国境内,以保护执行联保部队任务的联保部队人员"。②6月,由美、英、法、德、俄五个国家拟订的和平计划又因为塞族全民公决的反对而宣告失败。为了迫使塞族屈服,早日结束波黑的长期战乱,美国推动北约于1995年8—9月间对塞族实施了大规模的空袭,并派遣特使在各方间进行调停。

在北约强大的军事压力下,塞族军队完全丧失了战斗能力,被迫同意和平谈判。1995年11月21日,波黑、克罗地亚和南联盟三方最终达成一致,在美国俄亥俄州代顿草签了《波黑和平协议》(又称《代顿协议》)。按照协议,波黑成为穆-克联邦和塞族实体分治的统一国家,穆-克联邦占领土的51%,塞族共和国占领土的49%,它们各自拥有自己的政府;联邦政府由三大主体民族各派一名代表组成三人轮流坐庄的主席团。《代顿协议》实际上取消导致民族矛盾的全民公决。为监督协议的执行,国际社会还向波黑派驻了拥有广泛权力的高级代表和以北约为首的驻波黑多国稳定部队。1995年12月15日,安理会通过第1031号决议,授权成立一支北约领导的多国执行部队在必要时可以使用武力以确保上述《和平协定》决议得到遵守。决议授权采取行动的会员国采取一切必要措施,切实执行和确保遵守《和平协定》,强调缔约各方应遵守《和平协定》,并接受执行部队可能必须采取的强制执行行动。由此,

---

① 安理会决议文件 S/RES/836(1993)[https://undocs.org/zh/S/RES/836(1993)]。
② 参考联合国官网第908号决议全文(http://www.un.org/zh/sc/documents/resolutions/94/s908.htm)。

波黑内战在安理会的授权干预之下终于实现了"强制性和平",巴尔干地区恢复了暂时的平静。

2. 索马里局势

索马里局势是安理会授权使用武力实施"强制和平"的又一次重要实践。1977—1978年爆发的欧加登战争严重削弱了索马里西亚德政权的政治权威,20世纪80年代接踵而至的经济衰退激化了索马里国内的部族矛盾,部族武装开始进行大规模反政府斗争。1991年1月27日以联合大会党为首的反政府武装占领首都摩加迪沙,西亚德政府被推翻,索马里陷入军阀割据时期,更大规模的内战随之爆发。1992年年初,内战进一步升级,联合国和欧共体调停失败,严重的干旱加剧了人道主义危机,"到1993年年初,30多万人死于战乱和饥饿,200多万人挣扎在死亡线上,外逃难民达100万。"① 安理会随即决定在索马里进行一项大规模人道主义行动,但是受索马里国内局势影响,救援物资不但无法送抵难民手中,反而成了各武装派别的抢夺目标,救援人员和车队也遭到武装分子攻击。1992年安理会通过第733、746、751号决议,对冲突各方"执行全面彻底的武器禁运",派遣第一期联合国索马里部队,实施人道主义援救,致力于恢复当地的和平与安全,但收效甚微。安理会意识到除非使用武力干涉的方式实现强制和平,否则索马里的战乱无法平息。

1992年11月25日布什总统宣布美国愿意派遣一支2800人的部队支持联合国在索马里的人道主义救援行动。12月3日,安理会通过了第794号决议,"根据《联合国宪章》第七章,授权秘书长及合作执行上文第8段所述意愿的会员国采用一切必要的办法,为索马里境内的人道主义救济行动尽快建立安全的环境。"② 12月9日,以美国为首的20多个国家组成的多国部队开始在索马里执行代号为"恢

---

① 马约生、钱澄著:《和平之愿:20世纪冲突与化解》,南京出版社2005年版,第152—153页。

② 安理会决议文件 S/RES/794(1992)[https://undocs.org/zh/S/RES/794(1992)]。

复希望"的军事行动,以协助联合国在当地进行人道主义援助,同时消灭当地军阀和反政府武装。这是联合国自"冷战"结束以来首次以"人道主义"为理由对一国内政实施干预。

"恢复希望"行动在短时间内缓解了索马里的人道主义危机,各派别间的武装冲突也明显减少,但是收缴各军阀和部族武器的行动激起了索马里各派别的不满。1993年年初,控制摩加迪沙主要地区的军阀艾迪德手下的武装分子开始袭击美国士兵,负责维和任务的多国部队与军阀武装之间出现了正面冲突。为扭转不利局面,安理会在1993年3月26日通过了第814号决议,"扩大联索部队的编制及任务,"① 展开第二期联索行动,以期强制和平得以实现,但效果未能尽如预期。

1993年6月5日,艾迪德派武装分子同时袭击了两支蓝盔部队,造成严重人员伤亡。同日安理会召开紧急会议,在美国的倡导下通过了第837号决议,"授权联索行动二期部队司令采取一切必要措施对付""那些应为武装攻击负责的人,以及那些应为公开挑动这类攻击负责的人。"② 1993年10月3日,在抓捕艾迪德派高级成员的过程中,美军两架直升机被武装分子击落,整个抓捕行动造成19名美军士兵死亡,70余人受伤,2架直升机被击落,3架直升机被击伤,数辆卡车和"悍马"车被击毁,这是自越战以来美军所遭受的最为惨重的军事失败。大量伤亡引起美国国内的舆论指责和政治斗争,克林顿总统于是从1994年春开始从索马里撤军。1995年联合国授权到期,最后一批蓝盔部队撤退,索马里处于自生自灭的状态。③

第二期联索行动失败后,索马里内战又历经了两个阶段。2006年6月联合伊斯兰法庭的武装分子击败了美国支持的军阀联盟成功夺

---

① 安理会决议文件 S/RES/814(1993)[https://undocs.org/zh/S/RES/814(1993)]。
② 安理会决议文件 S/RES/837(1993)[https://undocs.org/zh/S/RES/837(1993)]。
③ [美]威廉·R.科勒:《20世纪的世界:1900年以来的国际关系与世界格局》,王宝泉译,群言出版社2010年版,第321—322页。

取首都摩加迪沙,并开始进一步攻击周边的非宗教性质的军阀/地方武装组织。埃塞俄比亚于同年 12 月大规模介入索马里内战,支持索马里过渡政府反击联合伊斯兰法庭。联合伊斯兰法庭武装分子在战场上节节败退,2007 年 1 月基本上丧失了所有控制区。但是,联合伊斯兰法庭并没有被彻底消灭,残余的武装分子转入游击战。同时随着对联合伊斯兰法庭的战斗告一段落,部族冲突重新升级。

为维护地区和平与安全,安理会于 2007 年 2 月 20 日通过了第 1744 号决议,"授权非洲联盟成员国在索马里建立一个特派团","采取一切必要措施","协助索马里进入初步稳定阶段","为索马里的长期稳定和冲突后恢复工作提供支助"①。随后一支 8000 人的维和部队再次进驻索马里执行维和任务,以期在索马里实现强制和平。但是,本次任务也不顺利。2009 年 1 月埃塞俄比亚军队完全撤出索马里,索马里南部迅速被激进伊斯兰武装所控制,索马里青年党武装一度占领首都摩加迪沙。非索特派团原定为 6 个月的任期因此不断延长,部署的兵力也急剧增加,2013 年安理会第 2124 号决议同意将非索特派团兵力增加至 22126 名军警人员。2018 年 7 月 30 日安理会第 2431 号决议决定延长非索特派团任期至 2019 年 5 月 31 日,"不迟于 2019 年 2 月 28 日将非索特派团军警人员人数减至最多 20626 人。"②至今索马里局势仍未好转。

3. 第一次科特迪瓦内战

科特迪瓦政府在 2000 年大选前通过《血统论法案》,要求总统候选人的父母都必须出生于科特迪瓦,导致北方的候选人阿拉萨内·瓦塔拉无法参选,引发人口占优势的北方穆斯林,特别是来自马里和布基纳法索的移民的普遍不满。2002 年 9 月 19 日,约 800 名亲北方的士兵因不愿按照计划于 2003 年上半年复员,对首都阿比让、第二大

---

① 参考联合国官网第 1744 号决议全文(http://www.un.org/zh/sc/documents/resolutions/07/s1744.htm)。

② 安理会决议文件 S/RES/2431(2018)[https://undocs.org/zh/S/RES/2431(2018)]。

城市布瓦凯和北部城市科霍戈的军事设施同时发动袭击。大批心怀不满的士兵和平民参加了叛军,并在短时间内席卷了整个北方。叛乱者要求明确定义"科特迪瓦公民"、投票权以及他们在政府中的发言权。

南方政府迅速平息了首都阿比让地区的叛乱,并决定武力镇压叛乱。忠于政府的安全部队发动了数次军事行动,试图把叛军赶出被占的城镇,但没有成功。2002年9月底,叛军巩固了对该国北部的控制,开始打着科特迪瓦爱国运动(爱运)的政治运动旗帜开展活动。

西非国家经济共同体迅速采取措施,谋求解决危机。9月29日该区域组织在阿克拉举行紧急首脑会议,与非盟一起推动科特迪瓦政府和叛军的对话,讨论解决危机的总框架。首脑会议后,西共体防卫和安全委员会随即召开会议,建议立即做出安排向科特迪瓦部署西共体部队,以阻止冲突扩大。

10月末到11月初由于双方分歧过大,洛美和谈陷入僵局。12月18日,西共体领导人在达喀尔举行会议,决定于2002年12月31日部署西共体科特迪瓦和平部队。为防止内战升级,2003年2月4日安理会通过第1464号决议,"授权根据第八章参加西共体部队的会员国和向它们提供支持援助的法国部队采取必要步骤保证其人员的安全和行动自由。"法国随即发起"独角兽行动",在联合国安理会授权下部署了一支3000人的部队。得到授权的法国军队在南北双方之间移动,以阻隔南北双方的武装冲突。

2003年1月15日至26日,冲突各方在法国利纳—马库锡会晤,试图通过谈判恢复和平。但是《利纳—马库锡协定》的内容没有得到尊重,南方政府不放弃消灭北方叛军的企图,北方叛军也拒绝解除武装。阻隔在南北双方之间的法国维和部队处境极其不利,南方政府认为法国军队保护了北方叛军,北方叛军认为它阻止了自己进攻首都阿比让。2003年10月到11月间南北双方都攻击了法国维和部队,法军也进行了还击,甚至完全摧毁了科特迪瓦空军。

为保障《利纳—马库锡协定》的执行,2004年2月27日安理会通过了第1528号决议,"决定设立联合国科特迪瓦行动(联科行动)","授权联科行动在其能力范围和部署地区内使用一切必要手段执行任务"并"授权法国部队自2004年4月4日起12个月内,按照联科行动同法国当局达成的协定,使用一切必要手段支持联科行动。"但是,由于种族冲突和叛乱持续扩大,联科行动的部署面临着巨大的阻力,直到2005年5月,维和部队才在科特迪瓦中部建立起横跨全国的"信任区",大致将南北双方分割成两部分。总体上联科行动维和部队对科特迪瓦的干涉未能取得原本设想的效果,和平没有实现,南北双方的关系仍然紧张,并且很快又爆发了第二次内战。

(二) 预防性外交中的武力行动

预防性外交是联合国预先采取行动防止争端发生,防止现有争端升级为冲突,并在冲突发生时限制冲突扩大,其措施包括进行预防性部署,设立非军事区。在原构想中,预防性外交是一种典型的传统维和行动,但是,在强制和平思想的指导下,如国内冲突难以调和,安理会就会授权使用武力以防止争端升级、冲突恶化。由此,安理会授权使用武力不但成为一种消弭冲突的建立和平手段,而且成为一种预防性外交手段。

1. 海地局势

1991年9月29日海地发生军事政变,民选总统阿里斯蒂德被驱逐出境。1993年,联合国安理会先后通过第841、861、867号等多项决议对海地当局实施石油和武器装备的禁运,并冻结了海地军政府在海外的资产。7月,海地军政府迫于国内外压力同阿里斯蒂德总统签署了《加弗纳斯岛协定》,同意阿里斯蒂德返回海地并恢复民主政治,联合国随即放松制裁。但海地军方言而无信,在军方的支持下,各地不断发生冲击政府大楼、射杀无辜群众的暴力事件,先期回国的流亡政府成员也遭到暗杀。联合国派往海地的观察员被宣布为"不受欢迎的人",在太子港被阻止登陆,民选总统返国计划被迫无限期推迟。

1993年10月，安理会决定重新开始制裁海地。严酷的经济制裁使海地平民大批逃往美国，美国南部各州深受难民潮的困扰。1994年7月，阿里斯蒂德总统向联合国求援。7月31日，安全理事会通过第940号决议，"授权各会员国组成一支统一指挥和控制的多国部队，在此框架内使用一切必要手段促使军队领导人按照《加弗纳斯岛协定》离开海地，合法当选总统立即返国和恢复海地政府合法主管当局，建立和保持安全和稳定的环境，以便实施《加弗纳斯岛协定》。"① 决议通过后，美国于1994年9月组织了包括核动力航母在内的庞大舰队，连同其他5个中美洲国家派出的军队一起开赴海地。9月16日，美国前总统卡特率代表团前往海地，做最后的调解努力。18日，在美军发动武力打击前的最后一刻，海地军政府做出妥协，同意向民选政府交权。19日，1.9万名美军和平进驻海地，收缴武器、维持治安。10月10日，三位主要政变领导人正式下台，流亡国外。10月15日，阿里斯蒂德总统返回海地就职，海地的民选政府恢复行使权力。1995年3月31日，以美国为首的驻海地多国部队向联合国海地特派团移交了维和使命。

但是，联海特派团任期于1996年6月结束之后，海地从未真正稳定下来，2004年2月初海地再次发生政变，一个具有美国背景的右翼武装团伙从多米尼加共和国发动入侵，阿里斯蒂德总统流亡中非。根据宪法成为临时总统的最高法院大法官博尼费斯·亚历山大请求联合国安理会干预，安理会于2月29日通过了第1529号决议，"授权参与海地多国临时部队的会员国采取履行其任务所必需的一切措施"，"以便协助继续推进和平和宪政进程和维护安全稳定的环境。"② 2006年海地成功举行总统和议会选举，局势趋向稳定。

---

① 参考联合国官网第940号决议全文（http：//www.un.org/chinese/aboutun/prinorgs/sc/sres/94/s940.htm）。

② 参考联合国官网第1529号决议全文（http：//www.un.org/zh/sc/documents/resolutions/04/s1529.htm）。

## 第一章 安理会授权使用武力实践的历史性回顾

### 2. 东帝汶局势

1999年8月30日,东帝汶为从印尼中独立出来而举行全民公投。全民公投期间反对独立的亲印尼民兵大肆开展暴力活动,数以千计的人被杀,20多万人被驱赶至西帝汶,联合国特派团被迫撤出。9月12日,迫于国际压力,印尼开始从东帝汶撤军,但东帝汶的安全环境并未改善。为防止东帝汶局势进一步恶化,9月15日联合国安理会通过第1264号决议,"授权参加多国部队的国家采取一切必要措施","在东帝汶恢复和平与安全,保护和支持东帝汶特派团履行任务,在部队能力范围内协助人道主义援助行动。"① 9月20日,在澳大利亚领导下的多国部队进驻东帝汶,开始代替印尼驻军维持当地局势的稳定。10月,印尼人民协商会议正式批准东帝汶退出印尼。同月,安理会通过了第1272号决议,决定成立联合国东帝汶过渡行政当局,全面接管东帝汶政府的一切职权。

### (三) 缔造和平中的武力行动

冲突后缔造和平(post-conflict peacebuilding)是《和平纲领》提出的新思想,其意是在冲突基本平息后采取后续行动,巩固和平以避免再度爆发冲突。行动的内容是在联合国监督下进行一国政治、经济、社会秩序的重建。由于冲突平息后的国家和地区局势不稳定,安理会总是授权维和部队在需要的情况下使用武力,以保证缔造和平行动的顺利进行。因此,缔造和平行动又被称为"第二次预防外交"。

### 1. 科索沃局势

1997年以后,科索沃地区不断发生武装冲突事件,伤亡人员日趋增多,约30万人流离失所,沦为难民。1999年3月24日,北约秘书长哈维尔·索拉纳在布鲁塞尔宣布,由于"最后外交努力"失败,北约以"保护人权"之名,对南联盟发动了代号为"盟军"的空袭行动。1999年6月9日,北约代表和塞尔维亚代表在马其顿签署了关

---

① 参考联合国官网第1264号决议全文(http://www.un.org/zh/sc/documents/resolutions/99/s1264.htm)。

于南联盟军队撤出科索沃的具体安排协议，迫于北约军事压力的南联盟军队开始撤离科索沃。为维持科索沃地区战后局势的稳定，6月10日安理会通过了第1244号决议，"授权会员国""在科索沃建立国际安全存在，并提供一切必要手段。"① 按照第1244号决议的授权，为在科索沃建立国家安全存在而建立了北约领导的科索沃部队/驻科索沃国际安全部队（驻科部队）。由于2008年2月17日科索沃议会通过独立宣言，目前该地区局势仍然较为紧张。

2. 阿富汗局势

"9·11"事件发生后，美国认定盘踞在阿富汗的本·拉登基地组织是恐怖袭击的幕后黑手。2001年10月7日起以美国为首的联军对基地组织和阿富汗塔利班政权展开代号"持久自由"的军事行动，塔利班政权被迅速推翻。联军和阿富汗北方联盟军队取得战争胜利后于12月5日通过《波恩协定》，决定重建阿富汗政府机构。12月20日安理会通过了第1386号决议，"授权成立国际安全援助部队"并"授权参加国际安全援助部队的会员国采取一切必要措施履行任务"。② 最初部队的指挥权规定为每六个月在参与国之间轮换，然而不断更换新的领导国家对指挥体系造成了严重的影响，自2003年8月11日起指挥权被无限期交由北约代行，这标志着北约首次在欧洲和北美之外部署行动。

第1386号决议仅授权国际安全援助部队在喀布尔及其周边地区活动，随着喀布尔及其周边局势的相对稳定，安理会于2003年10月13号通过了第1510号决议，"授权扩大国际安全援助部队的任务，让它在资源允许情况下支助阿富汗过渡当局及其后续机构在喀布尔及

---

① 参考联合国官网第1244号决议全文（http://www.un.org/zh/sc/documents/resolutions/99/s1244.htm）。

② 参考联合国官网第1386号决议全文（http://www.un.org/zh/sc/documents/resolutions/01/s1386.htm）。

其周围以外的阿富汗各地区维持安全"①，从而扩大了国际安全援助部队的部署范围。当年12月开始，国际安全援助部队的行动区域向北扩展，至2004年10月阿富汗北部九个省份已完全囊括入国际安全援助部队的任务范围，最终在2006年10月国际安全援助部队的行动范围完全覆盖了整个阿富汗。

但是，国际安全援助部队的部署以及任务区的扩大并没能消灭塔利班在山区的游击队，阿富汗的局势仍然相当不稳定。随着最后部署的国际安全援助部队于2014年12月8日停止行动，阿富汗局势变得更加动荡。

3. 伊拉克局势

2003年3月20日，以英美军队为主的联合部队对伊拉克发起军事行动，在摧毁萨达姆政权后，美国于4月15日宣布伊拉克战争的主要军事行动已结束。为保障伊拉克政权的重建以及社会的稳定，安理会于10月6日通过第1511号决议，"授权一支统一指挥的多国部队采取一切必要措施，协助维持伊拉克的安全与稳定。"②此后一支以美国为首的驻伊多国部队开始负责消灭各反政府武装派别以及训练伊拉克军事和警察部队。2011年12月18日，美军全部撤出伊拉克，宣告驻伊多国部队部署的终止。

但是，驻伊多国部队并没有完成安理会赋予的使命，伊拉克国内的和平也迟迟没有降临。随着最后一批美军的撤离，反对派和极端势力武装迅速做大。2014年6月10日伊斯兰国武装分子占领伊拉克第二大城市摩苏尔，此后甚至逼近首都巴格达，伊拉克局势一度处于失控边缘。

（四）人道主义援助中的武力行动

"冷战"后国内冲突引起的人道主义灾难及其所引发的难民潮威胁国际和平与安全，人权与和平之间的密切联系重构了人道主义干涉

---

① 参考联合国官网第1510号决议全文（http://www.un.org/zh/sc/documents/resolutions/03/s1510.htm）。

② 参考联合国官网第1511号决议全文（http://www.un.org/zh/sc/documents/resolutions/03/s1511.htm）。

的观念。1992年安理会举行特别会议，发表声明说，国家间没有战争和军事冲突并不能确保国际和平及安全，在经济、社会、生态和人道主义等方面的非军事的不稳定因素已构成对和平与安全的威胁时，联合国作为一个整体，在相关机构的工作中，需最优先解决这些问题。此后，一国内部的人道主义灾难成为联合国部署维持和平行动的缘由，安理会授权使用武力也就随之成为实施人道主义援助的工具。

1. 卢旺达局势

1990年侨居乌干达的图西族难民组织卢旺达爱国阵线与统治卢旺达的胡图族政府爆发内战，国际压力迫使双方停火，并于1993年8月4日签署了《阿鲁沙和平协定》。但是大多数保守的胡图人反对这一和平协定，卢旺达的和平前景笼罩着一层阴霾。1994年4月6日，搭载卢旺达总统朱韦纳尔·哈比亚利马纳和布隆迪总统西普里安·恩塔里亚米拉的飞机在卢旺达首都基加利附近被击落，两位总统同时罹难。次日，在卢旺达全国范围内胡图族人针对图西族人展开了种族灭绝行动，从1994年4月7日开始到6月中旬的短短3个月内，约有100万人丧生。在大屠杀开始的第一天，便有25万人逃亡坦桑尼亚，此后又有170万人陆续逃离自己的家园。和平协定破裂导致爱国阵线重新开始进攻，卢旺达局势严重恶化，并且对整个地区的和平与稳定构成了严重的威胁。

美国由于还陷于索马里维和失败的阴影中，为避免重蹈覆辙而无意介入卢旺达危机，因此，联合国安理会在卢旺达种族大屠杀事件中表现消极。联合国卢旺达援助团指挥官加拿大人罗密欧·达莱尔将军请求增援5000人，但是安理会迟迟没有批准。大屠杀发生的当天，10名比利时维和军人在卢旺达遭到杀害，美国旋即关闭了在基加利的领事馆。美国、法国和比利时的军队进入到基加利以后，除了撤走本国侨民外，没有做出任何其他努力。[①] 5月17日，在卢旺达种族大

---

① ［美］弗雷德里克·埃克哈德：《冷战后的联合国》，J. Z. 爱门森译，浙江大学出版社2010年版，第161—162页。

◆ 第一章 安理会授权使用武力实践的历史性回顾 ◆

屠杀持续了近一个半月后,联合国安理会才通过决议"核准将联卢援助团部队人数增至5500人",① 对卢旺达实施武器禁运。直到6月22日,安理会才通过了第929号决议,"授权同秘书长合作的会员国""使用一切必要手段"② 协助联卢援助团作为当事各方调解人以及执行人道主义援助任务。

在授权决议通过之后,法国于6月底开展实施"绿松石行动",该项行动的指挥和经费全由法国自己负责,限期两个月。随后,2500名执行任务的法国军队开始进驻卢旺达。由于法国在政治上偏袒胡图族政府,种族屠杀并没有被及时阻止。随着图西族爱国阵线武装在战场上的节节胜利,胡图族政府的失败已成定局,法军遂宣布严守中立,接着便撤离卢旺达。但是卢旺达大屠杀的影响远未结束,图西族爱国阵线武装的胜利引发了大湖地区难民危机,大量胡图族难民涌向邻国扎伊尔。由于难民营的军事化又导致了卢旺达和乌干达对扎伊尔的军事入侵,即第一次刚果战争。总之,"绿松石行动"最后以失败告终,该地区的和平与稳定则变得遥遥无期。

2. 大湖区/扎伊尔/刚果局势

1994年卢旺达发生的种族屠杀和内战导致了大湖地区难民危机,约有100万名为躲避图西族爱国阵线报复的胡图族难民在扎伊尔东部定居。这些难民中还混杂着原胡图族政府军士兵以及民兵,他们很快就和扎伊尔当地的马伊—马伊部落民兵结盟,开始以此为基地袭击卢旺达。由于扎伊尔政府的虚弱,蒙博托总统利用胡图族民兵遏制与卢旺达存在密切联系的巴尼亚穆伦格人。为此扎伊尔政府为胡图族民兵提供了军事训练和武器供应。金沙萨放任胡图族难民营军事化的行为迫使基加利的卢旺达政府采取行动。

1996年8月31日在乌干达和卢旺达的支持下,巴尼亚穆伦格人

---

① 参考联合国官网第918号决议全文(http://www.un.org/zh/sc/documents/resolutions/94/s918.htm)。

② 参考联合国官网第929号决议全文(http://www.un.org/zh/sc/documents/resolutions/94/s929.htm)。

爆发了反政府叛乱，目的是夺取扎伊尔东部基伍省的控制权以及打击胡图族难民营的武装民兵。叛乱在东部地区迅速蔓延，叛军被整合成了解放刚果—扎伊尔民主力量联盟以对抗蒙博托政府。

鉴于扎伊尔东部不断恶化的局势，1996年11月9日安理会通过第1078号决议赞扬非统组织和欧盟的努力，并准备"为了人道主义目的在扎伊尔东部设立多国部队。"① 15日，安理会通过第1080号决议，"授权与秘书长合作的会员国""利用一切必要手段达成该段所列的各项人道主义目标。"②

1997年5月17日刚果—扎伊尔民主力量联盟武装攻占首都金沙萨，联盟主席洛朗·德西雷·卡比拉宣布改国名为刚果民主共和国，29日卡比拉宣布就任总统，第一次刚果战争宣告结束。但卡比拉政府的上台并没有改善局势，刚果的经济仍然低迷，东部严重对立的种族关系也没有缓和。1998年7月卡比拉政府决定驱逐刚果的外国驻军，紧张局势进一步升级。8月2日得到卢旺达和乌干达支持的巴尼亚穆伦格人再度在东部举起叛乱大旗，第二次刚果战争爆发。由于刚果局势进一步恶化，从1999年开始安理会先后通过第1234、1258号决议，呼吁停火并派遣维和人员，11月30日，安理会又通过第1279号决议决定将前面派遣的人员组成联合国刚果特派团。随后安理会于2000年2月24日通过了第1291号决议，"决定联刚特派团可以在其步兵营部署地区于自认力所能及的范围内采取必要行动"③ 保障联合国人员及平民的行动自由与安全。

2002年4月12日，在南非主导下刚果各派别签署了《太阳城协定》，7月30日刚果民主共和国和卢旺达签署了《比勒陀利亚协定》，9

---

① 参考联合国官网第1078号决议全文（http：//www.un.org/zh/sc/documents/resolutions/96/s1078.htm）。

② 参考联合国官网第1080号决议全文（http：//www.un.org/zh/sc/documents/resolutions/96/s1080.htm）。

③ 参考联合国官网第1291号决议全文（http：//www.un.org/zh/sc/documents/resolutions/00/s1291.htm）。

❖ 第一章 安理会授权使用武力实践的历史性回顾 ❖

月 6 日刚果民主共和国又和乌干达签署了《罗安达协定》，第二次刚果战争逐步走向终结。但是刚果东部地区局势仍然不稳定，同年 5 月刚果东方省布尼亚市发生严重部落冲突，安理会遂于 5 月 30 日通过第 1484 号决议，"授权参加驻布尼亚的临时紧急多国部队的会员国采取一切必要措施，""协助稳定布尼亚的安全状况和改善人道主义局势。"① 2006 年为维护刚果选举，安理会于 4 月 25 日通过第 1671 号决议，"授权在刚果民主共和国境内部署欧盟刚果（金）部队"并"授权欧盟刚果（金）部队在其资源和能力范围内，根据欧洲联盟与联合国达成的协议，采取一切必要的措施"② 执行任务。由于刚果东部局势持续不稳定，2010 年 5 月 28 日，安理会通过了第 1925 号决议，"授权联刚稳定团根据自身能力，在部队部署区内采取一切必要手段"③ 保护平民、稳定和巩固和平。2013 年 3 月 28 日，安理会又通过了第 2098 号决议，"授权联刚稳定团通过其军事部门为实现"刚果的和平安全以及国家安全机构的正常运转，"采取一切必要措施"④ 展开工作。为应对"3·23"运动民兵组织与刚果政府军在东部地区的武装冲突，2014 年 3 月 28 日，安理会还通过了第 2147 号决议，"授权联刚稳定团为实现上文第 3 段所述目标，采取一切必要措施，开展下述工作。"⑤

联合国在这一地区的行动是国内局势和国际局势同时进行的，但一系列的行动并未取得明显效果，到目前为止刚果民主共和国仍旧冲突不断，维和行动仍在继续。

3. 利比里亚局势

第二次利比里亚内战始于 1999 年 4 月，当时几内亚支持的利比

---

① 参考联合国官网第 1484 号决议全文（http://www.un.org/zh/sc/documents/resolutions/03/s1484.htm）。
② 参考联合国官网第 1671 号决议全文（http://www.un.org/zh/sc/documents/resolutions/06/s1671.htm）。
③ 参考联合国官网第 1925 号决议全文（http://www.un.org/zh/sc/documents/resolutions/2010/s1925.htm）。
④ 安理会决议文件 S/RES/2098（2013）[https://undocs.org/zh/S/RES/2098（2013）]。
⑤ 安理会决议文件 S/RES/2147（2014）[https://undocs.org/zh/S/RES/2147（2014）]。

里亚人"争取和解和民主联盟"入侵利比里亚北方。2003年年初利比里亚南部又出现了由科特迪瓦支持的第二个反叛组织——利比里亚民主运动。2003年6月4日,西非国家经济共同体执行主席加纳总统约翰·库福尔在阿克拉召开会议讨论利比里亚问题。同年7月29日正在围攻首都蒙罗维亚的利比里亚人"争取和解和民主联盟"宣布停火,西非国家经共体向利比里亚派遣了两个营的尼日利亚部队执行维和任务。同年8月1日,安理会通过第1497号决议,"授权参加多国部队的会员国采取一切必要措施,"协助建立和维持安全,确保提供人道主义援助的环境,为部署较长期的联合国稳定部队以接替多国部队作准备。① 同年10月14日原副总统摩西·布拉赫将权力移交利比里亚全国过渡政府,但是过渡政府从未在该国真正行使权力,利比里亚80%领土都是由反叛组织控制的。此后,联合国利比里亚特派团一直负责维持利比里亚局势的和平与稳定,直到2018年3月30日联利特派团才正式撤离。

4. 苏丹达尔富尔局势

为了反对苏丹政府对达尔富尔地区非阿拉伯人口的压迫,从2003年2月开始,"苏丹解放运动""苏丹正义与公平运动"等武装团体对苏丹政府展开武装袭击。作为回应,苏丹政府放任达尔富尔地区的阿拉伯民兵组织对该地区的非阿拉伯人进行种族清洗。达尔富尔的混乱局势造成了严重的人道主义危机,据估计伤亡人数达数十万人,还有近百万流离失所的难民涌入难民营或者越过边境,对整个地区的安全与稳定造成了严重的威胁。2006年8月31日,安理会通过第1706号决议,决定"扩大联苏特派团的任务规定","授权联苏特派团在其部队部署区内并在其认为力所能及的情况下采取一切必要的手段",② 协助《达尔富尔和平协议》的

---

① 参考联合国官网第1497号决议全文(http://www.un.org/zh/sc/documents/resolutions/03/s1487.htm)。

② 参考联合国官网第1706号决议全文(http://www.un.org/zh/sc/documents/resolutions/06/s1706.htm)。

执行工作。苏丹政府强烈反对该决议，9月5日苏丹要求现有的非盟维和部队在月底前离开，达尔富尔局势持续恶化。2007年安理会通过第1769号决议，决定派遣非盟/联合国达尔富尔混合行动的部队进驻苏丹南部进行维和。① 2010年2月苏丹政府和叛军签署了一项停火协议，达尔富尔获得了半自治地位，但是双方的冲突仍时有发生。

5. 乍得、中非共和国及该次区域局势

达尔富尔危机据估计导致23万名难民涌入中非共和国和乍得。由于叛乱组织武装在乍得东部、中非共和国东北部和苏丹西部的活动以及其他袭击事件严重威胁到了民众的安全、阻碍了人道主义行动的开展和三国的稳定，并导致人权和国际人道主义法受到严重侵犯，联合国安理会于2007年9月25日通过了第1778号决议，"授权欧洲联盟自欧洲联盟与秘书长协商宣布组建其最初行动能力之日起，部署一项行动（以下简称'欧洲联盟行动'），为期一年，其目的是支持第2至第4段所提及的各项要务，并决定授权该行动在能力所及范围内，在乍得东部和中非共和国东北部的行动区采取一切必要措施。"② 最初欧洲联盟行动计划于2007年11月完成部署，但由于缺乏设备，部署日期被推迟到次年2月。2008年3月15日欧洲联盟行动初步获得行动实施能力，2009年3月15日联合国中非共和国和乍得特派团接替了欧盟部队的任务。

6. 利比亚局势

2010年年底利比亚国内政府军同反对派爆发了大规模的军事冲突，持续的武装冲突造成了大量的平民伤亡和难民外逃，由此引发了严重的人道主义灾难。2011年2月26日，联合国安理会通过第1970号决议，根据《联合国宪章》第七章采取行动，并根据第四十一条

---

① 参考联合国官网第1769号决议全文（http://www.un.org/zh/sc/documents/resolutions/07/s1769.htm）。

② 参考联合国官网第1778号决议全文（http://www.un.org/zh/sc/documents/resolutions/07/s1778.htm）。

采取措施，对利比亚进行武器禁运，并对相关个人进行旅行禁令和冻结资产①。但是第1970号决议并不能阻止卡扎菲政府军向班加西挺进，反政府武装陷入困境。2011年3月17日安理会通过了第1973号决议，"授权已通知秘书长的以本国名义或通过区域组织或安排和与秘书长合作采取行动的会员国，采取一切必要措施"，②执行禁飞和武器禁运的任务。

第1973号决议同样未能阻止卡扎菲政府军在战场上取得胜利，迫使西方国家决定直接军事干涉利比亚局势。2011年3月19日，法国率先实施"奥德赛黎明"行动，军事干涉利比亚，英国和美国紧随其后对利比亚政府军实施空中打击。同年8月24日，利比亚反对派占领了象征卡扎菲政权的阿齐齐亚兵营。同年10月20日，卡扎菲被"全国过渡委员会"武装俘获并击毙，这宣告了卡扎菲政府的彻底垮台，从此利比亚开始进入后卡扎菲时代。

## 二 对象适用范围从国家扩大到非国家行为体

对非国家行为体采取武力行动目前仅有打击索马里海盗一例，但这仅有的一例却标志着安理会授权使用武力机制的适用又发展到了一个新的阶段。在现行的国际法体制下，非国家行为体并不是完全意义上的法律主体，安理会对其采取武力行动，面临着新的挑战。安理会授权使用武力机制如何适应、满足这一安全情势的需要，是机制规范化的一个难题。

索马里政局的动荡和社会的混乱自20世纪80年代就已经开始，联合国在90年代的维和行动未能助其平息内战、重建秩序，索马里基本处于无政府状态，当地居民迫于生计开始从事海盗活动。频繁猎獗的索马里海盗经常劫持过往船舶及船员，索要巨额赎金，杀害人质，亚丁湾周边成为世界上最危险的海域之一。2008年6月2日联合

---

① 安理会决议文件 S/RES/1970（2011）［https：//undocs.org/zh/S/RES/1970（2011）］。
② 安理会决议文件 S/RES/1973（2011）［https：//undocs.org/zh/S/RES/1973（2011）］。

❖ 第一章 安理会授权使用武力实践的历史性回顾 ❖

国安安全理事会通过了第1816号决议，断定"索马里沿海水域海盗和武装抢劫行为继续存在""对该区域的国际和平与安全构成威胁"，决定"根据《联合国宪章》第七章采取行动，"批准"同过渡联邦政府合作打击索马里沿海海盗和武装抢劫行为的国家可""在索马里领海内采用一切必要手段，制止海盗及武装抢劫行为"，决议"另外还申明，这一授权是在接到2008年2月27日索马里共和国常驻联合国代表给安全理事会主席的信之后才做出的，该信转达了过渡联邦政府的同意意见"。决议通过以后，美、英、日、德、俄、西班牙、中、马来西亚、土耳其等国海军参与行动。2008年10月7日，安理会又通过了第1838号决议，进一步重申了第1816号决议中关于授权打击索马里海盗的规定。12月2日，联合国安理会通过第1846号决议，将授权打击索马里海盗的期限延长为12个月。随后，安理会又先后通过了第1851（2008）号、第1897（2009）号、第1918（2010）号、第2073（2012）号和第2102（2013）号等多项决议，不断加强对索马里海盗的打击力度。海盗行为逐渐减少，得到了较有成效的控制。

武力打击索马里海盗在安理会授权使用武力机制的发展史上具有重大意义，它标志着安理会授权使用武力的适用对象开始由国家行为体扩大到非国家行为体，这一扩大适用遭遇了法律困境。

安理会授权使用武力的前提是违法国的存在，所谓违法国，就是安理会根据《联合国宪章》第三十九条规定断定其行为构成"和平之威胁、和平之破坏或侵略"的国家，该国也因其违法行为成为武力打击的对象。但海盗组织是一个非国家行为体，一方面它不像国家一样具有确定的领土，另一方面却又有国家归属，这就给军事行动在地理上的展开制造了窘境。如果有确凿的证据证明海盗行为能够归因于所属国籍国，安理会当然能够授权对该国进行武力打击。但是，索马里海盗并非索马里政府指使，长期的内乱也使其"过渡联邦政府"无力遏制海盗行为。所以，安理会授权使用武力必须得到索马里当局的邀请或同意，否则就构成对其主权之侵犯。

这是安理会授权使用武力适用到非国家行为体上的特殊性。应该说，安理会是充分认识到了这一点的，在授权打击索马里海盗案中（这是截至目前仅有的一例授权使用武力打击非国家行为体的案例），安理会自始至终都坚持邀请与同意原则。其系列决议反复强调是应索马里当局的邀请和同意而授权的，第1816号决议特别申明了索马里过渡联邦政府的同意意见，第1851号决议在序言中专门阐述了索马里过渡联邦政府邀请与同意的态度与立场，在正式做出授权后还再次"申明这一授权是在接到过渡联邦政府2008年12月9日来信表示同意之后才做出的"。

另外，海盗的概念没有明确界定、相关国家存在海洋主权争端、海洋犯罪管辖权的不明确等问题也是授权武力打击海盗的法律难题。第1816号决议在通过之时就经过了一番争论。法国希望能够将打击的范围普遍适用于所有海域的海盗活动，遭到了一些东南亚国家的反对。因为东南亚地区的海域也有不少海盗出没，印尼、越南等国担心自身的国家主权会因此受到侵犯。东南亚地区的国家大部分都拥有一个相对稳定且能实施有效管理的国内政权，不同于无力控制国内局势的索马里过渡政府，在主权问题上它们不可能随意妥协。这也反映出了授权使用武力打击国际刑事犯罪不可能普遍适用。所以，最后第1816号决议"申明本决议规定的授权仅适用于索马里局势，不影响会员国在任何其他局势中根据国际法所具有的权利或义务或责任，包括根据《公约》所具有的任何权利或义务，并特别强调指出，此授权不应被视同订立习惯国际法。"第1846号决议要求不影响会员国在任何其他局势中根据国际法所具有的权利、义务或责任，包括根据《海洋法公约》所具有的任何权利或义务，第1851号决议要求做法上应同相关国际法允许的在公海打击海盗行为的此类行动相一致，并且不影响《制止海上非法行为公约》的有效执行。

❖ 第一章 安理会授权使用武力实践的历史性回顾 ❖

**联合国安理会授权使用武力行动一览表**

| 事件及缘由 | 授权内容 | 授权对象 | 授权的目的 | 结果 |
|---|---|---|---|---|
| 1950年朝鲜战争 | 第83（1950）号决议："业已断定北朝鲜部队对大韩民国之武装攻击构成对和平之破坏，"建议联合国会员国"采取紧急军事措施，以恢复国际和平与安全"。 | 联合国会员国 | 给予大韩民国以击退武装攻击及恢复该区内国际和平与安全之援助 | 1953年7月27日签署《朝鲜停战协定》 |
|  | 第84（1950）号决议："业已断定北朝鲜部队对大韩民国之武装攻击构成对和平之破坏"，"将此项部队及其他援助置于美利坚合众国主持之联合司令部指挥之下"，"授权联合司令部斟酌情形于对北朝鲜军队作战时将联合国旗帜与各参战国旗帜同时使用。" | 美利坚合众国 | 组建美国指挥的联合国军 |  |
| 1965年南罗得西亚内战 | 第221（1966）号决议："请大不列颠及北爱尔兰联合王国政府对于有理由认为系在装载石油运给南罗得西亚之船只于必要时使用武力阻止其驶抵贝伊拉港。" | 大不列颠及北爱尔兰联合王国 | 与南罗得西亚断绝经济联系，包括禁运石油及石油制品 | 1979年内战各方在伦敦兰开斯特大会堂达成停火协议 |
| 1990年海湾战争 | 第678（1990）号决议："兹根据《联合国宪章》第七章……授权同科威特政府合作的会员国……可以使用一切必要手段，维护并执行第660（1990）号决议及随后所有有关决议。" | 同科威特政府合作的会员国 | 恢复该地区的国际和平与安全 | 伊拉克接受联合国660号决议，并从科威特撤军 |
| 1992年波黑战争 | 第787（1992）号决议：根据《联合国宪章》第七章，呼吁所有国家采取一切步骤保证第757（1992）号决议的执行。 | 所有国家 | 对南联盟（塞黑）执行禁运 |  |

63

续表

| 事件及缘由 | 授权内容 | 授权对象 | 授权的目的 | 结果 |
|---|---|---|---|---|
| 1992年波黑战争 | 第816（1993）号决议："根据《联合国宪章》第七章采取行动……授权会员国……在波斯尼亚—黑塞哥维纳共和国领空采取一切必要措施"确保飞行禁令得到遵守。 | 联合国会员国 | 在波黑领空执行禁飞令 | |
| | 第836（1993）号决议："授权联保部队……在自卫行动中，采取一切必要措施，包括使用武力，"执行本决议第5段所规定的任务；会员国根据安理事会授权，采取一切必要措施，通过在波黑各安全区及其四周使用空军，支援联保部队完成任务。 | 联保部队；得到安理会授权的会员国 | 确保安全区的安全以及联保部队和人道主义车队自由行动；协助联保部队完成任务 | |
| | 第908（1994）号决议："决定各会员国……可以经安全理事会授权……采取一切必要措施，将近距离空中支援扩大到克罗地亚共和国境内。" | 得到安理会授权的会员国 | 保护执行联保部队任务的联保人员安全 | |
| | 第1031（1995）号决议："根据《联合国宪章》第七章采取行动……授权会员国……设立一支统一指挥和控制的多国执行部队（执行部队）……采取一切措施，切实执行和确保遵守《和平协定》附件1—A。" | 联合国会员国 | 协助执行部队监督《波斯尼亚－黑塞哥维那和平总框架协定》及其各项《附件》的执行 | |
| | 第1088（1996）号决议："根据《联合国宪章》第七章采取行动……授权采取行动的会员国……设立一支统一指挥和控制的多国稳定部队（稳定部队），作为执行部队的法定继承者……采取一切必要措施捍卫稳定部队或协助该部队执行任务。" | 采取行动的会员国 | 协助稳定部队执行《和平协定》附件1—A和附件2规定的任务 | |

## 第一章 安理会授权使用武力实践的历史性回顾

续表

| 事件及缘由 | 授权内容 | 授权对象 | 授权的目的 | 结果 |
|---|---|---|---|---|
| 1992年波黑战争 | 第1174（1998）号决议："根据《联合国宪章》第七章采取行动……授权采取行动的会员国采取一切必要措施"协助稳定部队延长任务期12个月。 | 采取行动的会员国 | 协助稳定部队执行《和平协定》附件1—A和附件2规定的任务 | 1995年前南地区三方签署了《代顿协议》，波黑实现停火 |
| | 第1575（2004）号决议："根据《联合国宪章》第七章采取行动……授权会员国通过欧盟采取行动或与欧盟合作采取行动，设立一支多国稳定部队（欧盟部队）……采取一切必要措施……"协助欧盟部队和北约执行其任务。 | 采取行动的会员国 | 切实执行和确保遵守《和平协定》附件1—A和2 | |
| 1992年索马里内战 | 第794（1992）号决议："根据《联合国宪章》第七章，授权秘书长及合作执行上文第8段所述意愿的会员国采用一切必要的办法，为索马里境内的人道主义救济行动尽快建立安全的环境。" | 合作执行的会员国 | 为人道主义救济建立安全的环境 | 1995年联合国维和部队全部撤离索马里，索马里维和行动失败 |
| | 第837（1993）号决议："按照《联合国宪章》第七章采取行动……授权联索行动二期部队司令采取一切必要措施对付……那些应为武装攻击负责的人，以及那些应为公开挑动这类攻击负责的人。" | 联索行动二期部队 | 在索马里全境建立联索行动二期的有效效力 | |
| 1994年卢旺达大屠杀 | 第929（1994）号决议："根据《联合国宪章》第七章采取行动，授权同秘书长合作的会员国进行上文第2段所载行动，使用一切必要手段实现第925（1994）号决议第4（a）和（b）分段规定的人道主义目标。" | 同秘书长合作的会员国 | 协助联卢援助团作为当事各方调解人以及执行人道主义援助任务 | 授权法国主导的"绿松石行动"没有实现既定目标，1994年7月卢旺达爱国阵线武装取得内战胜利，该国动荡局势逐渐平息 |

65

续表

| 事件及缘由 | 授权内容 | 授权对象 | 授权的目的 | 结果 |
|---|---|---|---|---|
| 1994年干预海地军事政变 | 第940（1994）号决议："根据《联合国宪章》第七章采取行动，授权各会员国组成一支统一指挥和控制的多国部队，在此框架内使用一切必要手段促使军队领导人按照《加弗纳斯岛协定》离开海地，合法当选总统立即返国和恢复海地政府合法主管当局，建立和保持安全和稳定的环境，以便实施《加弗纳斯岛协定》。" | 联合国会员国 | 协助海地合法政府维持治安 | 1991年军事政变后，以美国为首的多国部队对海地进行干预，1994年民选总统阿里斯蒂德重新执政 |
| 1996年大湖区/扎伊尔/刚果战争 | 第1080（1996）号决议："根据《联合国宪章》第七章采取行动……授权与秘书长合作的会员国……利用一切必要手段达成该段所列的各项人道主义目标。" | 与秘书长合作的会员国 | 建立临时多国部队以协助人道主义组织采取行动 | |
| | 第1291（2000）号决议："根据《联合国宪章》第七章采取行动，决定联刚特派团可以在其步兵营部署地区于自认力所能及的范围内采取必要行动，保护联合国和共处一地的联合军委会的人员、设施、装备和设备，确保特派团人员的安全和行动自由，并保护面临人身暴力的急迫威胁的平民。" | 联刚特派团 | 在部署区域保障联合国人员及平民的行动自由与安全 | |
| | 第1484（2003）号决议："根据《联合国宪章》第七章采取行动……授权参加驻布尼亚的临时紧急多国部队的会员国采取一切必要措施履行该部队的任务。" | 参加驻布尼亚临时紧急多国部队的会员国 | 与联刚特派团密切协调，协助稳定布尼亚的安全状况和改善人道主义局势 | |

续表

| 事件及缘由 | 授权内容 | 授权对象 | 授权的目的 | 结果 |
|---|---|---|---|---|
| 1996年大湖区/扎伊尔/刚果战争 | 第1671号（2006）决议："根据《联合国宪章》第七章采取行动……授权欧盟刚果（金）部队在其资源和能力范围内，根据欧洲联盟与联合国达成的协议，采取一切必要的措施，"执行任务。 | 欧盟刚果（金）部队 | 协助支持联刚特派团执行任务，保护平民和本地重要设置、设备的安全 | 2003年停战协定标志着战争正式结束，但是整个国家仍然冲突不断，维和行动仍在继续 |
| | 第1906（2009）号决议："根据《联合国宪章》第七章采取行动……授权联刚特派团根据自身能力，在其部队部署区内采取一切必要手段，执行第1856（2008）号决议第3（a）至（e）段及下文第9、20、21和24段所列各项任务。" | 联刚特派团 | 保护平民、包括人道主义人员和人权维护者以及联合国人员和设施 | |
| | 第1925（2010）号决议："根据《联合国宪章》第七章采取行动……授权联刚稳定团根据自身能力，在部队部署区内采取一切必要手段，执行下文第12（a）至12（k）段和12（t）段所列保护任务。" | 联刚稳定团 | 保护平民和收缴违法武器 | |
| | 第2098（2013）号决议："根据《联合国宪章》第七章采取行动……授权联刚稳定团通过其军事部门为实现上文第11段所述目标，采取一切必要措施"展开工作。 | 联刚稳定团 | 维护地区稳定与安全 | |
| | 第2147（2014）号决议："根据《联合国宪章》第七章采取行动……授权联刚稳定团为实现上文第3段所述目标，采取一切必要措施，开展下述工作。" | 联刚稳定团 | 保护平民；通过干预旅解除武装团体的威胁；监测武器禁运的执行情况；为国家和国际司法程序提供支助 | |

续表

| 事件及缘由 | 授权内容 | 授权对象 | 授权的目的 | 结果 |
|---|---|---|---|---|
| 1999年科索沃战争 | 第1244（1999）号决议："根据《联合国宪章》第七章采取行动……授权会员国和有关国际组织根据附件2第4点在科索沃建立国际安全存在，并提供一切必要手段以根据下文第9段履行职责。" | 联合国会员国 | 决心确保国际人员的安全和保障，确保有关各方根据本决议履行自己的责任 | 科索沃实质上独立，地区局势依然紧张 |
| 1999年东帝汶危机 | 第1264（1999）号决议："根据《联合国宪章》第七章采取行动……授权参加多国部队的国家采取一切必要措施履行这项任务。" | 参加多国部队的国家 | 在东帝汶恢复和平与安全，保护和支持东帝汶特派团履行任务，在部队能力范围内协助人道主义援助行动 | 1999年9月20日，以澳大利亚为首的国际部队进驻东帝汶，并最终平息了持续近一个月的暴乱 |
| 2001年阿富汗战争 | 第1386（2001）号决议："根据《联合国宪章》第七章采取行动……授权参加国际安全援助部队的会员国采取一切必要措施履行任务。" | 参加国际安全援助部队的会员国 | 协助阿富汗临时当局在喀布尔及其周围地区维持安全，以便阿富汗临时当局以及联合国人员能够在安全环境中工作 | 国际安全援助部队于2014年12月解散，阿富汗安全局势仍未好转 |
| | 第1510（2003）号决议："根据《联合国宪章》第七章采取行动……授权参加国际安全援助部队的会员国采取一切必要措施履行该部队的任务。" | 参加国际安全援助部队的会员国 | 支助阿富汗过渡当局及其后续机构在阿富汗各地区维持安全，以便阿富汗当局以及特别是参与重建和人道主义工作的联合国人员和其他国际文职人员能够在安全环境中工作，并为支持《波恩协定》而执行其他任务提供安全援助 | |

❖ 第一章 安理会授权使用武力实践的历史性回顾 ❖

续表

| 事件及缘由 | 授权内容 | 授权对象 | 授权的目的 | 结果 |
| --- | --- | --- | --- | --- |
| 2003年第一次科特迪瓦内战 | 第1464（2003）号决议："根据《联合国宪章》第七章采取行动……授权根据第八章参加西共体部队的会员国和向它们提供支持援助的法国部队采取必要步骤保证其人员的安全和行动自由，并在不损害民族和解政府职责的情况下使用他们拥有的手段，保护其行动区内受到人身暴力直接威胁的平民。" | 参加西共体部队的会员国；法国 | 保护平民安全，和平解决危机 | 授权法国进行的维和行动并没有结束内战，仅仅是建立起缓冲区将南北双方隔开，直到2007年情况才有所缓和 |
| | 第1528（2004）号决议："根据《联合国宪章》第七章采取行动……授权联科行动在其能力范围和部署地区内使用一切必要手段执行任务。"；"授权法国部队自2004年4月4日起12个月内，按照联科行动同法国当局达成的协定，使用一切必要手段支持联科行动。" | 联科行动；法国 | 和平解决冲突，维持地区和平与稳定，提供人道主义援助 | |
| 2003年利比里亚内战 | 第1497（2003）号决议："根据《联合国宪章》第七章采取行动……授权参加多国部队的会员国采取一切必要措施完成任务。" | 参加多国部队的会员国 | 协助建立和维持安全，确保提供人道主义援助的环境，为部署较长期的联合国稳定部队以接替多国部队作准备 | 利比里亚内战于同年结束 |
| 2003年伊拉克战争 | 第1511（2003）号决议："根据《联合国宪章》第七章采取行动……授权一支统一指挥的多国部队采取一切必要措施，协助维持伊拉克的安全与稳定。" | 统一指挥的多国部队 | 协助维护伊拉克的安全与稳定 | 多国部队任务期于2008年12月31日结束，伊拉克的国内安全环境没有改善 |

续表

| 事件及缘由 | 授权内容 | 授权对象 | 授权的目的 | 结果 |
|---|---|---|---|---|
| 2004年干预海地军事政变 | 第1529（2004）号决议："根据《联合国宪章》第七章采取行动……授权参与海地多国临时部队的会员国采取履行其任务所必需的一切措施。" | 参与海地多国临时部队的会员国 | 协助推进和平和宪政进程和维护安全稳定的环境 | 2004年军事政变后，联合国派出维和部队于2006年恢复海地总统和议会选举 |
| 2006年苏丹达尔富尔问题 | 第1706（2006）号决议："根据《联合国宪章》第七章采取行动……授权联苏特派团在其部队部署区内并在其认为力所能及的情况下采取一切必要的手段。" | 联苏特派团 | 保障联合国人员的人身安全和行动自由，保护平民，协助《达尔富尔和平协议》的执行工作 | 目前达尔富尔局势相对稳定 |
| 2007年索马里内战 | 第1744（2007）号决议："根据《联合国宪章》第七章采取行动……授权非洲联盟成员国在索马里建立一个特派团，为期六个月，该特派团应拥有为执行下列任务酌情采取一切必要措施的授权。" | 非洲联盟成员国；联索特派团 | 协助索马里进入初步稳定阶段，为索马里的长期稳定和冲突后恢复工作提供支助 | 到目前为止索马里内战仍在继续 |
| 2007年乍得、中非共和国及该次区域民族冲突 | 第1778（2007）号决议："根据《联合国宪章》第七章采取行动……授权欧洲联盟自欧洲联盟与秘书长协商宣布组建其最初行动能力之日起，部署一项行动，为期一年，其目的是支持第2至第4段所提及的各项要务，并决定授权该行动在能力所及范围内，在乍得东部和中非共和国东北部的行动区采取一切必要措施。" | 欧洲联盟 | 保护平民，维持地区安全，保障联合国人员的安全与行动自由 | 该地区安全形势明显改善，联合国安理会决定于2010年年底前撤回中非—乍得特派团 |

## 第一章 安理会授权使用武力实践的历史性回顾

续表

| 事件及缘由 | 授权内容 | 授权对象 | 授权的目的 | 结果 |
|---|---|---|---|---|
| 2008年打击索马里海盗 | 第1816（2008）号决议："根据《联合国宪章》第七章采取行动……决定自本决议通过之日起为期六个月内，在过渡联邦政府事先知会秘书长情况下同过渡联邦政府合作打击索马里沿海海盗和武装抢劫行为的国家……在索马里领海内采用一切必要手段，制止海盗及武装抢劫行为。" | 同过渡联邦政府合作打击索马里沿海海盗和武装抢劫行为的国家 | 制止索马里领海和沿岸公海海盗和武装抢劫行为 | |
| | 第1838（2008）号决议："根据《联合国宪章》第七章采取行动……在索马里沿岸公海和空域有本国海军舰只和军用飞机活动的国家按照《公约》所体现的国际法，在索马里沿岸公海和空域采用必要手段，取缔海盗行为。" | 在索马里沿岸公海和空域有本国海军舰只和军用飞机活动的国家 | 取缔海盗行为 | |
| | 第1846（2008）号决议："根据《联合国宪章》第七章采取行动……决定从本决议通过之日起为期12个月内，在过渡联邦政府事先知会秘书长情况下同过渡联邦政府合作打击索马里沿岸海盗和海上武装抢劫行为的国家和区域组织可以……以同相关国际法允许的在公海打击海盗行为的行动相一致的方式，在索马里领海内采用一切必要手段，制止海盗和海上武装抢劫行为。" | 同过渡联邦政府合作打击索马里沿岸海盗和海上武装抢劫行为的国家 | 制止海盗和海上武装抢劫行为 | |

续表

| 事件及缘由 | 授权内容 | 授权对象 | 授权的目的 | 结果 |
|---|---|---|---|---|
| 2008年打击索马里海盗 | 第1851（2008）号决议："根据《联合国宪章》第七章采取行动……决定从第1846（2008）号决议通过之日起12个月内，过渡联邦政府已事先知会秘书长的合作打击索马里沿岸海盗和海上武装抢劫行为的国家和区域组织，应过渡联邦政府的请求，可以在索马里境内采取一切必要的适当措施，镇压海盗行为和海上武装抢劫行为。" | 合作打击索马里沿岸海盗和海上武装抢劫行为的国家 | 镇压海盗行为和海上武装抢劫行为 | 索马里沿海海盗和武装抢劫行为已得到有效遏制 |
| 2011年利比亚战争 | 第1973（2011）号决议："根据《联合国宪章》第七章采取行动……授权已通知秘书长的以本国名义或通过区域组织或安排和与秘书长合作采取行动的会员国，采取一切必要措施。"；"授权已通知秘书长和阿拉伯国家联盟秘书长的以本国名义或通过区域组织或安排采取行动的会员国视需要采取一切必要措施，强制执行上文第6段规定的禁飞。" | 通知秘书长的以本国名义行动的会员国；已通知秘书长和阿拉伯国家联盟秘书长的以本国名义行动的会员国 | 保护平民和禁飞 | 卡扎菲政权被推翻 |

# 第二章　安理会授权使用武力方式的合法性问题

安理会授权使用武力的合法性问题，核心是安理会是否具有授权会员国使用武力的职权。国际组织的机构必须在其职权范围内行事，否则就会被质疑为不合法。这实际上是国际组织运行的合法性问题，即国际组织及其机构的行为是否符合国际组织基本文件所确立的原则、规范、规则和决策程序。安理会授权使用武力是联合国在维持国际和平与安全的实践中创造出来的，因此，其合法性研究的首要是考察其是否符合《联合国宪章》的规定，这非常类似于国内法上的"合宪性审查"。在《联合国宪章》下，安理会有权对国际安全情势界定断定，并决定采取武力行动，但这种武力行动是否可以授权给会员国代为执行？宪章中并无明确措辞给予规定、说明。据此，安理会授权使用武力的合法性是有问题的。但是这种武力使用方式却是符合《联合国宪章》宗旨的，国际组织"暗含权力"理论对此进行了解释，由此，在合法性问题的认知上学界发生了争议。在问题的另外一面，安理会授权使用武力的合法性还需要从政治上进行考察。合法性具有政治和法律两个方面的意义，两者常常被认为需要明确区分。①

---

① 即前者用 Legitimacy 而后者用 Legality，参考［加拿大］斯蒂文·伯恩斯坦、威廉·科尔曼《全球化时代的自主性、合法性和权力》，载［加拿大］斯蒂文·伯恩斯坦、威廉·科尔曼主编《不确定的合法性：全球化时代的政治共同体、权力和权威》，丁开杰等译，社会科学文献出版社 2011 年版，第 5 页；Vesselin Popovski, Nicholas Turner, *Legality and Legitimacy in International Order*, United Nations University, 2008, pp. 1–7.

国际组织是基于国家同意、授权的基础上建立起来的,虽然对于其合法性研究常常是法律意义上的运行问题,但政治意义上的国家同意则更为根本。作为安理会在实践中的一种创造,授权使用武力的合法性最终还是取决于国际社会的认同程度,而这种认同程度则产生于安全情势变迁、国际组织的构建等现实性因素。

# 第一节 安理会授权使用武力方式的合法性基础:现实性需要

## 一 替代性措施是安理会授权使用武力的发生原因

总览所有的案例,安理会授权使用武力行动的基本流程大致如下:安理会经讨论决定对某一安全情势采取武力措施后,会以决议的形式发布授权使用武力决策,会员国(集团)据此自行决定接受、组织、部署落实安理会的授权决议,这一流程已经成为安理会授权使用武力行动的固定性模式。由是,其中必然会有一个疑问随之产生——安理会为什么要将武力措施通过授权的方式使用,而不是由自身直接实施?显然,这也是所有从事安理会授权使用武力研究的人首先必须回答的问题。因为,按照《联合国宪章》第七章的规定,安理会本身就可以直接使用武力,而不必以授权的形式假手他人。《联合国宪章》第四十二条规定:如果安理会认为和平手段已经不足以有效,"得采取必要之空海陆军行动,以维持或恢复国际和平及安全。"此即是联合国集体安全行动的执行行动(enforcement action),也是联合国集体安全行动最后、最有力的强制措施——武力行动。根据《联合国宪章》的构想,一旦安理会根据第三十九条断定"侵略、和平之威胁、和平之破坏"三种安全情势的发生或存在,安理会即可以对违法国采取武力打击。

然而,武力行动的实施是需要物质基础的,军队及相应的财力、物力支持是必备条件。可联合国是一个国际组织,不可能像一个主权国家一样天然性地拥有国防武装力量及供给武装力量的资源。考虑到

❖ 第二章 安理会授权使用武力方式的合法性问题 ❖

这一点，联合国的缔造者在《联合国宪章》第四十三条提出了"特别协定"（special agreement）：倡议会员国"供给为维持国际和平及安全所必须之军队、协助及便利"。可见，联合国从一开始就准备组建"联合国军"，以使武力行动之实施成为可能。这是联合国的缔造者们吸取国际联盟失败的教训而提出的改进措施。在随后的第四十四至四十七条中，《联合国宪章》规定了联合国军的指挥权在于安理会组建的军事参谋团。从法理上讲，第四十三条是第四十二条的预设条件，第四十二条所设想的执行行动能否得到实现，完全取决于第四十三条能否生效。可以想见，如果第四十三条能够生效，所拟议、构想的"联合国军"能够建立，武力强制措施将由"联合国军"在军事参谋团的指挥下直接执行，无须以授权的形式假手会员国。

可惜的是，从《联合国宪章》生效直至今天，第四十三条所提出的"特别协定"从未变成现实。联合国成立不久，反法西斯的战时联盟破裂，"冷战"爆发，美苏两大集团陷入对抗，安理会的大国一致原则使其成为相互否决的机器，一般性的决策都难以达成，遑论组建联合国军。由于"没有任何一个组织成员有义务根据第四十二条来提供特别协议中所明确规定的大量部队、设施及相关援助"，[1] 第四十三条的构想是建议性的而非强制性的，所以"此项特别协定应由安全理事会与会员国或由安全理事会与若干会员国之集团缔结之，并由签字国各依其宪法程序批准之。"也就是说，联合国军的来源和组建是由会员国在国内法批准同意的基础上自愿提供的，凡自愿提供军队者在《联合国宪章》外另行与安理会签订"特别协定"。显然，这不但需要国际关系的相对和谐稳定及会员国之间的彼此信任，还需要会员国具备国际公共利益至上的思想境界，这在充满猜忌、敌对的无政府状态国际社会中，无疑是一种超越现实的理想主义！而且，作为一个国家间组织，联合国安理会无权强制会员国提供军事力量来履行安理会的决定，除非这些成

---

[1] Leland Goodrich&Edvard Hambro, *Charter of The United Nations: Commentary and Documents* (3rd ed), New York: Columbia University Press, 1969, p.316.

员国明确表示愿意担负这种义务。① 所以,现实中没有任何一个会员国根据第四十三条与安全理事会签署特别协议,第四十三条所设想的特别协议被搁置,军事参谋团沦为一个虚设的机构,《联合国宪章》对武力执行行动实行集中管控的构想根本无从实现。

武力强制措施是联合国集体安全机制最后的制裁手段,也是应对国际和平及安全情势的最有力保障。如果没有武力强制措施作后盾,安理会就是一个"清谈馆",联合国集体安全机制就是"纸老虎",联合国极有可能重蹈国际联盟覆亡的命运。可是,在现实的国际环境下,安理会不可能拥有可供自己指挥和控制的军事力量,这成了安理会执行行动难以逾越的困境。于是,安理会不得不对原定的执行行动做出调整,把本属于自己的武力使用权进行了让渡,通过授权会员国的方式来让武力行动变成现实。所以,有学者对其定性到:"授权是对《联合国宪章》第四十三条构想建立武装部队的补充,本质上是特许成员国代表联合国行动。"② 从发展历程来看,这种执行行动在朝鲜战争中出现,但是随着苏联回归安理会就被搁置了,而后又伴随着"冷战"的结束而兴起。③

不同于联合国维持和平行动是由联合国自己主动创造的,安理会授权使用武力是在大国尤其是美国的推动下形成的,联合国自身处于被动地位。朝鲜战争爆发时,美、苏已经在欧洲全面对抗,第四十三条已经"停摆",按照《联合国宪章》的设想,和平解决争端或者由安理会采取执行行动都已经不可能。美国为维护此前协定,竭力推动安理会授权其使用武力,遂使授权使用武力方式得以萌芽。海湾战争中,美国为惩罚萨达姆对国际秩序的挑战,也想趁机为其构想的"冷

---

① Norman Bentwich&Andrew Martin, *A commentary on the Charter of the United Nations* (2nd ed), London: Routledge and K. Paul, 1969, pp. 97 – 98.

② Jules Lobel and Michael Ratner, "Bypassing the Security Council: Ambiguous Authorizations to Use Force, Cease-Fires and the Iraqi Inspection Regime", *The American Journal of International Law*, Vol. 93, No. 1, Jan., 1999, pp. 124 – 154.

③ Simon Chesterman, "Legality Versus Legitimacy: Humanitarian Intervention, the Security Council, and the Rule of Law", *Security Dialogue*, Vol. 33, No. 3, September 2002, pp. 293 – 307.

❖ 第二章 安理会授权使用武力方式的合法性问题 ❖

战"后时代国际新秩序揭幕，趁苏联行将崩溃之机，推动安理会授权使用武力，促使了安理会授权使用武力方式的正式形成。在其后安理会授权使用武力扩大适用到国内和非传统安全领域的过程中，无一不是美国在起决定性作用。在这个过程中，安理会其他大国或同意或弃权，使安理会授权使用武力得到反复实施，最终成为常态。一些国际法学家甚至认为，安理会授权使用武力已经形成了习惯法。

综上所述，安理会授权使用武力是在《联合国宪章》第四十三条停摆，联合国军无法组建，第四十二条构想的武力措施无法实现的情况下，迫不得已采取的一种变通办法和替代性措施。从效果来看，这种变通成败交织，曾使联合国倍感欣喜，也曾给国际社会带来失望，个中原因在于这种办法的不完善，被西方大国所掌控和利用，因此争议不断。可以想见，如果第四十三条能够复活，安理会授权使用武力将会终止，安理会的武力强制措施将回归第四十二条的执行行动。但是，"冷战"终结近三十年了，国际社会并未就此进行讨论，复活第四十三条遥遥无期，安理会授权使用武力是目前能够使联合国集体安全机制武力强制措施得以实现的唯一办法。在联合国的官方网站上，"安理会授权采取军事行动"（即授权使用武力）已经被明确列入"强制执行"（即强制措施）之列。① 授权使用武力在事实上已经取代第四十二条的执行行动，对联合国集体安全行动的强制措施构成了修改：

**安理会授权使用武力取代《联合国宪章》第四十二条的执行行动**

| 《联合国宪章》构想的集体安全机制强制措施 | 1 第四十二条规定的（和平性）制裁措施<br>2 第四十二条规定的（暴力性的）武力措施，由军事参团指挥联合国军执行 |
| --- | --- |
| 现实中的集体安全行动强制措施 | 1 第四十一条规定的（和平性）制裁措施<br>2 无明确条款依据的授权使用武力行动（暴力性），由会员国指挥其武装力量执行 |

---

① 联合国官方网站：联合国和平与安全简介（http://www.un.org/chinese/peace/issue/enforcement.htm）。

## 二 派生性机制是安理会授权使用武力的存在形式

一定的国际机制总是基于一定的国际问题领域的治理需要产生的，而国际问题领域的划分是相对的，因此国际机制的划分也是相对的。从国际机制的性质和功能来说，任何一种单一的机制都无法囊括所有全球问题，因此，国际机制中总是在一般机制中存在着特定机制，特定机制往往也被包容在一般机制中。① 联合国集体安全机制是关于全球性和平及安全问题的一般性机制，在其下，武力使用制度实际上也构成了一种独立的、完整的特定机制。那么，在实践中产生的安理会授权使用武力是否也相应地构成了一种新型的特定武力使用机制呢？对此，我们可以通过国际机制的构成来进行论证。

国际机制概念自20世纪70年代提出以来，经过长时间的争论终于基本有了共识。1981年在美国加利福尼亚州Palm Springs召开的国际机制国际研讨会上，斯蒂芬·克拉斯纳（Stephen D. Krasner）提出的定义被集体接受："所谓国际机制，指的是在国际关系特定问题领域里由行为体的愿望汇聚而成的一整套明示或默示的原则、规范、规则和决策程序。所谓原则，是指对事实、因果关系和公正的信仰；所谓规范，是指以权利和义务方式确立的行为标准；所谓规则，是指对行动的专门规定或禁止；所谓决策程序，是指做出决定和执行集体选择的普遍性形式。"② 这一定义不但指出了国际机制产生的原因是"行为体的愿望"，而且指出了国际机制的核心和表现形式是"原则、规范、规则和决策程序"，这实际上就是分解开来的"制度"，所以罗伯特·基欧汉后来将国际机制直接定义为"国际关系特定领域中的制度"。③ 以此对照之，可以认定安理会授权使用武力已经初步形成

---

① Stephen D. Krasner (ed.), *International Regimes*, Cornell University Press, 1983, p. 64.
② Stephen D. Krasner, "Structural Cause and Regime Consequences: Regimes as Intervening Variables", *International Organization*, Vol. 36, No. 2, 1982, p. 186.
③ Robert Keohane, *International Institutions and State Power: Essays in International Relations Theory*, Boulder: Westview Press, 1989, p. 4.

❖ 第二章 安理会授权使用武力方式的合法性问题 ❖

了一种集体武力使用机制。

首先,安理会授权使用武力是汇聚国际社会的共同愿望而形成的。虽然在安理会授权使用武力创制的过程中,西方大国尤其是美国起到了决定性作用,实施也常常因为受到大国的控制而偏离预定目标。但无论如何,至少是部分地,安理会授权使用武力使安理会的执行动得到实现。在一个无政府状态的国际社会里,各国之间相互戒惧,没有人愿意将国防力量交由一个国际组织掌管,由安理会授权使用武力来代替安理会设想的执行行动,也许是唯一的现实可行办法。更何况,安理会授权使用武力在一定程度上仍然实现了维护国际和平与安全的目标,例如,在海湾战争中的授权成功制止了伊拉克萨达姆政权的侵略扩张,在维持国际和平与安全中的应用也有成功的案例。所以,国际社会接受了它的存在与扩大性适用。

其次,从"冷战"时期的萌芽到海湾战争的正式形成,再到适用范围扩大到国内问题和非传统安全,安理会对二十多起安全情势授权使用武力,安理会授权使用武力已经事实上取代《联合国宪章》第四十二条,成为安理会武力措施的唯一施行方式,已经形成了许多相当成熟的惯例。惯例是基于长期实践产生的行为模式化和规范化,而惯例行为会产生公认的准则。[1]

在授权决议文本方面,形成了固定的措辞规范。针对伊拉克侵略科威特的第 678 号决议创造了授权使用武力决议的措辞模式:(1)"在《联合国宪章》第七章下行动"(Acting under Chapter VII of the Charter of the United Nations);(2)"授权会员国……"(authorizes Member States to);(3)"采取一切必要措施"(to use all necessary means);(4)"恢复该地区的国际和平与安全"(to restore international peace and security in the area)。四个关键词句固定搭配成为授权的措辞模式,这一措辞模式为后续所有的授权决议沿用,成为判断安理会授权使用武力

---

[1] Stephen D. Krasner (ed.), *International Regimes*, Cornell University Press, 1983, p. 8.

的文本标准。

在授权决议实施方面,形成了会员国指挥、联合国监督的基本模式。从朝鲜战争开始,安理会授权使用武力就由接受授权的参与国自行组织武装力量,自行指挥。从本质上说,建议性质的授权决议不具备强制力,国家自愿选择是否接受、参与,这就使意欲接受授权的国家必须得到国内法的批准。马修·伯杰从美国国内政治的视角对海湾战争的第 678 号决议做了辨析,他认为布什总统在安理会通过第 678 号决议后迅速对伊拉克宣战不符合美国的宪法。虽然总统的行为最终得到了国会的批准,但这成了一种事后授权。"安理会只是做出了授权,但美国并没有义务非要采取一切必要措施——这种措施也不一定是军事手段——来履行第 678 号决议,而且《联合国宪章》也没有规定这种义务,因为安理会没有权力命令美国动用军事力量,除非美国根据《联合国宪章》第四十三条同联合国签订了特殊协议并遵守之,然而美国从未这样做。"[①] 这从侧面说明了授权使用武力行动的参与国必须经过国内法律程序。加拿大学者阿卡西亚·迈格本吉更是直接指出,在加拿大任何针对外部的非自卫性武力使用都要得到国会的批准。[②] 从海湾战争开始,决定授权的第 678 号决议要求以美国为首的多国部队必须向安理会报告。此后,安理会在授权使用武力的行动中都力求实现监督,具体个案中监督的手段、方式越来越多、越来越细致,在任务适用的时间、地域范围方面的限制也日趋规范。但是,监控不得力依然是安理会授权使用武力实施最为诟病的环节之一,联合国已经充分认识到这一缺陷,也一直在致力弥补。

国际机制是存在于国际关系实质性问题领域的特定行为模式,而

---

[①] Matthew D. Berger, "Implementing a United Nations Security Council Resolution: The President's Power to Use Force Without the Authorization of Congress", *Hastings International and Comparative Law Review*, Vol. 15, No. 1, 1991, p. 109.

[②] Acacia Mgbeoji, "Prophylactic Use of Force in Internatioanl Law: The Illegitimacy of Canada's Participation in 'Coalitions of the Willing' Without United Nations Authorization and Parliamentary Sanction", *Review of Constitutional Studies*, Vol. 8, No. 2, 2003, p. 201.

❖ 第二章 安理会授权使用武力方式的合法性问题 ❖

行为模式的出现总是伴随着相应的原则、准则和规则的产生。[①] 综合以上两个方面,安理会授权使用武力已经形成了一种特定的行为模式,可以说,已经初步形成了一种武力使用机制。毫无疑问,这种机制是不完善的,基本的制度、规范、规则等依然是粗糙的。或曰,这些制度规范常常未能取得预期的效果,能否视为机制的形成应予质疑。须知,国际机制的形成与其有效性是两回事,有效性是机制的预期目标,不是判断机制存在与否的标准;只要指向同一目标的一系列相关联的制度出现,我们就应承认机制的存在。国际机制毫无疑问有成功的,也有失败的,但我们不能以其成败来论其存在,比如说,我们不能因为国际联盟失败了就不承认国际联盟作为一种国际安全机制存在过。对于安理会授权使用武力机制来说,正是因为其常常未能取得预期的效果,我们才要在制度规范上寻找原因,以修正其谬误,提高其有效性,而这正是改革的要义所在。

在论证清楚安理会授权使用武力已经形成一种国际机制后,它与联合国集体安全机制的关系依然需要厘清。为此,我们可将安理会授权使用武力与联合国集体安全机制原定的武力使用机制进行比较:

**安理会授权使用武力和《联合国宪章》第四十二条执行行动的差别**

| 《联合国宪章》构想的武力强制措施实施程序 | 1 安理会启动第三十九条做出情势断定<br>2 发布决议启动第四十二条规定的武力措施<br>3 由军事参团指挥联合国军实施 |
|---|---|
| 安理会授权使用武力的实施程序 | 1 安理会启动第三十九条做出情势断定<br>2 发布决议授权使用武力<br>3 会员国接受授权并指挥其武装力量实施行动 |

从表中可以看出,安理会授权使用武力机制是在对《联合国宪章》构想的武力使用机制的基础上修正而成的,其实施仍然以安理会

---

① Stephen Haggard and Benth Simmons, "Theories of International Regimes", *International Organization*, Summer 1987.

启动《联合国宪章》第三十九条为前提，只有在安理会做出批准的情况下才有可能发生授权行为，不同的是实施者发生了变化。所以，安理会授权使用武力对第四十二条的修正主要在于实施者及实施方式。

国际机制是变数而不是常数，任何国际机制在构建时都有着理想化的色彩，但是总是受到"利己主义、政治权力、准则与原则、习惯与惯例、信息与知识"等因素的影响，[①] 更会受着社会环境变化和具体情势变迁的考验。为免陷于僵化、瘫痪，某一机制形成以后，会根据国际形势的新变化，在机制的基础上发展或延伸出新的规则和规范来作为补充，以维持效力、实现目标，由此就有可能在原生机制的基础上派生出新机，这是国际机制独立性的表现。安理会授权使用武力正是由于《联合国宪章》第四十三条构想的联合国军未能组建造成的，是联合国基于现实情形对原构想的武力使用机制所做出的修正，这种修正经过长期的实践就形成了一种独立的新机制。显然，派生机制和原生机制是继承与发展的关系，安理会授权使用武力机制对原有机制的修正是有限的，并未脱离联合国集体安全机制的范畴，仍然必须坚持《联合国宪章》所确立的宗旨和原则。所以，我们可以对其定性说：安理会授权使用武力机制是联合国集体安全机制在实践中依据现实情形发展出来的一种派生性特定机制。

罗伯特·基欧汉曾按照制度化程度，将国际机制划分为国际组织、国际制度和国际惯例三种类型，"国际组织是设置有官僚机构和领导成员的，并使之对各种国际事务做出反应的目标性实体；国际制度是得到政府一致同意的、涉及国际关系特定问题领域的、有着明确规则的制度；国际惯例是包含着默示的规则和理解、塑造行为体预期的非正式机制。"[②] 安理会授权使用武力机制既继承有联合国的机构、

---

[①] Stephen D. Krasner (ed.), *International Regimes*, Cornell University Press, 1983, p. 11.

[②] Robert Keohane, *The Analysis of International Regimes: Towards a European—American Research Programme*, In Volker Rittberger ed., *Regime Theory and International Relations*, Oxford: Clarendon Press, 1993, pp. 28 – 29.

制度，也在此基础上发展出了很多惯例，是这三种类型的混合体。将其定性为非正式机制显然是不合适的，但不正规、不成熟却是其显著特征。

### 三 会员国自愿参与是安理会授权使用武力的实施方式

一般而言，在安理会决定对某一安全情势采取强制措施后，其决议是命令性的。所谓命令性，是指联合国会员国必须遵守安理会的决策，否则即构成违法。安理会的这一权威性地位来源于《联合国宪章》对其职权的授予性规定，第二十四（1）条规定："为保证联合国行动迅速有效期间，各会员国将维持国际和平及安全之主要责任，授予安全理事会，并同意安全理事会于履行此项责任下之职务时，即系代表各会员国。"第二十五条又规定："联合国会员国同意依《联合国宪章》之规定接受并履行安全理事会之决议。"由此，安理会所做出的决议就具备了法律约束力，会员国必须予以遵守、执行。

然而，安理会授权使用武力的决议却是建议性、协商性的，不具备命令性质。具体来说，安理会在决定对某一安全情势采取武力强制措施后，这一决定虽然对于该安全情势来说，是命令性的，但是对于会员国是否接受授权却是非命令性的。会员国是否接受、参与安理会的授权行动，完全听凭自愿，作壁上观、置身事外者不构成对国际义务之违反。所以有学者说，授权是安理会为恢复国际和平与安全而建议会员国采取的行动，会员国则根据安理会的这种建议自愿决定是否动用武力。[①] 这是对安理会授权使用武力行动法律性质的准确认知。

安理会授权使用武力的非命令性质首先表现在决议的措辞上。从历次授权决议的措辞中可以看到，与"授权"联系在一起的词语有"建议""促请""呼吁"等。我们对比第1973（2011）号和第2397（2017）号决议就可以发现其中的区别。第1973号（2011）号"决

---

① 李鸣：《联合国安理会授权使用武力问题探究》，《法学评论（双月刊）》2002年第3期。

定在阿拉伯利比亚民众国领空禁止一切飞行，以帮助保护平民"，"呼吁所有以本国名义或通过区域组织或安排采取行动的会员国为执行上文第4、6、7和8段提供协助，包括批准任何必要的飞越。"决议文本中，对利比亚的安全情势采取措施的措辞是"决定"，但是对会员国却是非决定性的"呼吁"，其意是呼吁、请求会员国接受、参与授权行动。第2397（2017）号决议安理会决议的措辞是："决定第1718（2006）号决议第8（d）段规定的措施也适用于本决议附件一和附件二开列的个人和实体、代为行事或按其指示行事的个人或实体，以及由他们拥有或控制，包括以非法方式拥有或控制的实体。""决定所有会员国应禁止"或应该、必须采取相应行为。文本中，对朝鲜制裁措施的是"决定"，对会员国行为规定的措辞也是"决定"，其意是会员国必须按照安理会的决定行动，且不得违反。

安理会授权使用武力的非命令性质其次表现在行动的实施上。会员国是否参与授权行动并非自动，而是受限于国内法程序。美国一些学者对此阐述了鲜明观点：第678号决议的措辞不是"命令"而是"授权"，清楚地表明了安理会并不打算强制性地要求成员国履行义务；而且也没有明确要求成员国使用武力，仅仅只是采取"一切必要手段"。可见，安理会将是否采取行动以及采取何种行动的决定权都交给了每个会员国。所以，对于安理会的决议，美国可以通过国内正常的宪法程序——国会表决，来遵守或拒绝，由此决定是否参战。既然美国宪法只要求总统履行有约束力的国际法义务，而第678号决议并不具有相关的法律效力，所以总统没有义务忠实地予以执行。同样，在未经国会授权的情况下，布什总统也就没有权力使用军事力量来履行安理会的第678号决议。因此，"宪法要求总统忠实履行第678号决议因为这是美国的一项义务"的观点不成立。针对布什在没有得到国会授权的情况下对波斯湾使用军事力量，12名国会成员提起诉讼，指责总统命令军队使用武力来履行第678号决议违反了国会的意志以及关于宪法对战争权的规定。总之，"安理会虽然做出了授权，但美国并没有义务非要履行第678号决议，无论是军事措施还是

❖ 第二章 安理会授权使用武力方式的合法性问题 ❖

非军事措施。《联合国宪章》也没有规定这种义务,安理会没有权力命令美国动用军事力量,除非美国根据《联合国宪章》第四十三条同联合国签订了特殊协议并遵守之,然而美国从未这样做。"①

综上,虽然安理会授权使用武力属于联合国集体安全机制的强制措施,但其强制性不同于《联合国宪章》的原有规定,是一种建立在会员国自愿原则基础之上的强制措施,对于会员国是否接受授权安理会并不能做出强制规定。造成这一状态的根本原因在于授权使用武力是一种派生机制,并没有得到会员国的明确同意。在国际关系中,国际组织的一切权力都来源于成员国的授予,《联合国宪章》原构想的制裁和执行行动两种强制措施是得到会员国同意的,因此具有明确的法律约束力。对于超出同意范畴的行动,联合国就只能采取与会员国协商的态度和立场,无权发布命令,授权行动即是如此。在无政府的国际社会,联合国不可能扮演世界政府的角色,《联合国宪章》本质上还是国际条约。安理会无权强制要求会员国履行其授权决议,会员国是根据自愿原则来决定是否做出行动。因此,授权必然受到国内法律程序的制约。只有得到了一国内部的法律批准和有关各方的同意,授权才能得以有效实施。

## 第二节 安理会授权使用武力方式的合法性疑问:合宪性审查

### 一 安理会授权使用武力是否具有《联合国宪章》依据?

所谓安理会授权使用武力,核心要义是由安理会授权联合国会员国对某种安全情势采取武力行动。那么,安理会是否有权做出此种决策和行为?须知道,安理会只是联合国的一个机构,"在现存的体系

---

① Matthew D. Berger, "Implementing a United Nations Security Council Resolution: The President's Power to Use Force Without the Authorization of Congress", *Hastings International and Comparative Law Review*, Vol. 15, No. 1, 1991, pp. 89–109.

中，合法性是通过遵循有关的规范来实现的。"① 其职权的行使必须符合《联合国宪章》的规定。否则，就会遭到合法性质疑。对于安理会授权使用武力机制来说，这是其合法性的根本所在。

从名称的通义来说，安理会授权使用武力可以划分为两类，第一类是安理会专门授权给区域组织采取行动，这是有《联合国宪章》依据的。《联合国宪章》第八章的"区域办法"第五十三（1）条规定："如无安全理事会之授权，不得依区域办法或由区域机关采取任何执行行动。"同义反读之，也就是如果得到安理会的授权，"区域机关"（区域组织）就可以采取武力强制措施。也就是说，安理会具有授权区域组织采取执行行动的职权。与此相关的在第四十七（4）条中规定："军事参谋团，经安理会之授权，并与区域内有关机关商议后，得设立区域分团。"该条款强调了安理会在授权区域组织后，享有监督权。显然，此条款不能解释为第二类安理会授权使用武力的依据，也不是本书要研究的内容。

第二类是安理会授权会员国使用武力，对于其法律依据，安理会在授权决议文本上已经明确说明是"根据《联合国宪章》第七章采取行动"，不同于第一类对区域组织的授权。虽然，在该类授权中也确有安理会授权区域组织采取执行行动的案例，但却也同时授权会员国，两者并行不悖。额外授权给区域组织的原因或者是安全情势与区域组织牵涉很深，或者是该区域组织便于实施行动，但总体上不排斥域外会员国的参与。在该类授权实施中，虽然也有区域组织接受授权，如利比亚战争中的北大西洋公约组织，但是此时的区域组织是以会员国集团的名义接受授权，与朝鲜战争中的"联合国军"、海湾战争中的"多国部队"在性质上并无二致。那么，在这一类授权使用武力中，安理会说明的《联合国宪章》依据能否成立呢？

自海湾战争后，安理会每一次授权使用武力都在决议文本中说

---

① ［德］奥特弗里德·赫费：《政治的正义性——法与国家的批判哲学基础》，上海译文出版社1998年版，第53页。

## 第二章　安理会授权使用武力方式的合法性问题

"根据《联合国宪章》第七章采取行动",显然,安理会这是在强调授权行动的合法性,说明自己在依法行事。但这是笼统的说法,至于是以第七章哪一条为依据,决议并没有具体指出。然而,《联合国宪章》第七章中找不到任何关于"授权"的直接措辞表明安理会具有这种权力。而且,如果我们对第七章第三十九条至第五十一条的所有条款进行具体分析,可以说任何一条都不能成为安理会授权使用武力的依据。

第三十九条是启动联合国强制措施的基础性条款,除规定安理会享有对"和平之威胁、和平之破坏及侵略"三种情势的判断权外,同时指出安理会可以"做成建议或抉择依第四十一条及第四十二条规定之办法,以维持或恢复国际和平及安全"。有人认为,这里的"建议"其实表明了授权的可能性及其性质,授权是安理会为恢复国际和平与安全而做出的建议。① 也就是说,如果安理会无法抉择采取有关行动,就可以采取建议的方式。但是,这并不能表明依据第三十九条所采取的军事行动就是授权。因为,如果安理会能依照《联合国宪章》第三十九条建议国家对侵略者采取军事行动,这将会违反《联合国宪章》关于安理会必须首先使用经济、外交制裁的规定。② 而且条文已经明确说明,所提及的"建议"指的是第四十一条的和平制裁与第四十二条的暴力性执行行动。第三十九条实际上是一个持续性条款,将其直接作为安理会授权使用武力的依据是不成立的。

那么,第四十二条能够推断出具有授权使用武力的含义吗?从形式上看,第四十二条与安理会授权使用武力最为相似,因为两者的内容都是暴力性的战争行为。但是,第四十二条并不是一个独立存在,而是系列条款的构成部分:安理会决定采取军事行动(第四十二条)——军事力量由会员国提供组建的"联合国军"(第四十三至第

---

① Greenwood, "New World Order or Old? The Invasion of Kuwait and the Rule of Law", *The Modern Law Review*, Vol. 55, No. 2, 1992, p. 168.

② Quigley, "The US and the UN in the Persian Gulf War: New Order or Disorder", *Cornell Journal of International Law*, Vol. 25, No. 1, 1992, p. 35.

四十五条）——"联合国军"由军事参谋团具体指挥（第四十六至第四十七条）。所以，"从第四十二条的内容看，它是关于安理会执行行动的规定，其含义应当指联合国安理会指挥控制之下的军事行动，是一种决定。随后的第四十三条、第四十四条和第四十五条，都是围绕着这一执行行动而展开。而授权是安理会建议会员国所采取的武力行动，安理会自身实际并未参与到行动当中。因此，根据《联合国宪章》起草者的意图可以判断出，安理会授权采取的执行行动不能被归入第四十二条系列条款下的强制规定。"① 但是授权使用武力作为一种变通模式，它必然与安理会的执行行动存在联系。如果两者之间毫无关联，那么授权使用武力决议中"根据《联合国宪章》第七章采取行动"的措辞则显得自相矛盾。部分学者就认为安全理事会授权的法律依据源于第四十二条系列条款的规定，但是在"联合国对雇佣军队的控制是否必要"这一问题上他们持不同意见。② 所以说，授权使用武力同第四十二条的系列条款有关，但并不是第四十二条的直接适用。

也有学者认为授权的合法性依据可能源于第四十八条。该条规定："执行安全理事会为维持国际和平及安全之决议所必要之行动，应由联合国全体会员国或由若干会员国担任之，依安全理事会之决定；此项决议应由联合国会员国以其直接行动及经其加入为会员之有关国际机关之行动履行之。"从该条约文及第七章的整体来看，这种认识显然是错误的。第七章的根本所在是规定联合国集体安全机制的强制措施，在第三十九至第四十七条规定了制裁和武力行动两种强制措施的实施程序及办法后，第四十八条意在要求会员国对强制措施"担任之""履行之"。该条实质是对以上条款的总结和强调，因为会

---

① Helmut Freudenschu, "Between Unilateralism and Collective Security: Authorizations of the Use of Force by the UN Security Council", *European Journal of International Law*, Vol. 5, No. 1, 1994, p. 524.

② Greenwood, "New World Order or Old? The Invasion of Kuwait and the Rule of Law", *The Modern Law Review*, Vol. 55, No. 2, 1992, p. 168.

## ❖ 第二章　安理会授权使用武力方式的合法性问题 ❖

员国的支持才是联合国集体安全行动的力量之源泉和最终之保障。所以条款之含义与安理会授权使用武力是没有关联的。另外,"依安全理事会之决定"的措辞是要求会员国遵守安理会的决议,带有明显的强制性,与安理会授权使用武力的建议性质是不同的。

第四十条、第四十一条是和平性的临时措施和制裁,与战争性的授权使用武力是联系不上的。那么,第七章最后的第五十一条是否可以解释授权使用武力的依据?第五十一条是关于国家自卫权的规定。它规定了自卫行动需报告安理会,并且不得妨碍安理会采取相应行动维持国际和平与安全。这表明了自卫行动与授权存在一致性。因为授权使用武力是安理会建议性质的权利,那么被授权的国家有权自愿决定是否采取行动。而自卫权也一样,国家在遭到侵略之后也是自愿决定是否行使自卫权。从这一点看,第五十一条似乎适用于授权国家使用武力。但是自卫权又是国家固有的权利,第五十一条也重申了这一点。从严格意义上说,根据自卫权而使用武力是不需要经过安理会的程序的。虽然自卫同授权在某些性质上一致,但这并不代表两者可以完全等同。在侵略行为发生后,安理会可以做出授权的决议,例如海湾战争中的第 678 号决议。不过这些授权是为了重申集体自卫的目标及其行动的合法性,而非其先决条件。即便将第五十一条看作是授权使用武力的合法性基础,它们也只是限定在针对侵略而采取的自卫行动,而无法适用于其他情况下的授权,例如国内动乱、人道主义危机等。所以,我们也不能将第五十一条看作是授权使用武力的法律依据。

### 二　安理会授权使用武力是否契合联合国集体安全机制?

国际机制是主权国家因对国际问题领域共同的治理需要而产生的,主权国家的同意是其合法性根源。在正式的国际机制中,这种同意体现在国际协议中,协议既对国际机制的职权进行规范,也确立机制参与者相互间的权利与义务关系。从理论上说,国际机制只能在主权国家授权的范围内活动;但实际上,国际机制建立之后,为履行其

❖ 安理会授权使用武力的国际法问题研究 ❖

职责，完成其使命，会结合实际情况来行使职权。由此，就可能会衍生出派生机制，这是国际机制独立性的表现。但是，在原生机制运行的过程中产生的派生性机制是否仍然符合当初的协议，不免会遭到合法性质疑，例如同样是在实践中产生的联合国维持和平行动就曾经遭遇过会员国的合法性质疑，① 这是国际机制参与者维护其权益的行为，也是其监督国际机制职权行使的一种措施。所谓合法性质疑，是指派生机制是否已经偏离甚至背离其母体（原生机制）的原则和宗旨、规范和程序。

在实践中发展起来的授权使用武力机制是否属于联合国集体安全机制的范畴？授权所采取的军事措施是不是联合国的集体安全行动？从第678号决议开始，安理会所有的授权决议文本在决定采取行动前都表明是"在《联合国宪章》第七章下行动"，而对于"冷战"期间的三次授权使用武力，安理会在其报告中亦指出是根据《联合国宪章》第七章采取的行动。② 《联合国宪章》第七章是联合国集体安全机制的核心内容，安理会决议如此措辞显然是将授权使用武力定性为联合国的集体安全行动。对此，联合国官方网站也明确指出："安全理事会率先断定对和平的威胁或侵略行为是否存在。安理会促请争端各方以和平手段解决争端，并建议调整办法或解决问题的条件。在有些情况下，安全理事会可以实行制裁，甚至授权使用武力，以维护或

---

① 联合国维持和平行动曾经在"本组织经费案"中遭遇合法性质疑。1956年10月苏伊士运河战争爆发，受大会委托，秘书长组建了联合国第一支联合国紧急部队以确保和监督停战。1960年7月，刚果内乱爆发之后，安理会授权秘书长组建联合国刚果行动国际部队。根据大会的一系列决议，这两支特别部队的活动费用都列入联合国的特别预算，由会员国按照大会分配的金额分摊。一些会员国认为此特别费用不属于联合国的普通经费，拒绝承担，大会为此请求国际法院发表咨询意见。国际法院于1962年7月20日发表咨询意见，认为特别经费是为实现联合国宗旨而产生的费用，符合《联合国宪章》第十七（2）条意义上的"本组织经费"。此案实际上解决了联合国维持和平行动的合法性疑问。

② Special Research Report No. 1：Security Council Action Under Chapter VII：Myths and Realities：Special Research Report：Security Council Report. http：//www. securitycouncilreport. org/special‐research‐report/lookup‐c‐glKWLeMTIsG‐b‐4202671. php.

## 第二章　安理会授权使用武力方式的合法性问题

恢复国际和平与安全。"① 制裁本来是和第四十二条的执行行动并行的两种强制措施，但联合国在该段叙述中，却将其与授权使用武力行动并列。可见，安理会授权使用武力机制不但是从联合国集体安全机制中衍生出来的派生机制，而且已经取代第四十二条，正式成为联合国集体安全武力强制措施的实施方式。

如前所述，安理会授权使用武力与第四十二条的执行行动有很多不同，那么，授权使用武力是否依然契合联合国集体安全机制呢？对照联合国集体安全机制的思想、原则、规则和要求，就可以发现，授权机制打破了《联合国宪章》的既有规定，其合法性存在着诸多疑问，授权武力并不是严格意义上的集体安全行动。悲观者甚至认为授权的出现标志着集体安全神话的破灭。②

第一，授权使用武力机制不符合集体安全的指导思想。"集体安全期望以压倒性的优势力量构成对侵略者的威慑和反击，并通过把联合反对侵略行为的思想制度化，创建合作型的国际安全机制，"③ 其中包含着威慑（deterrence）和普遍性（universality）两个原则。"威慑原则指的是，试图以武力破坏秩序者将立即遭到一个反侵略国际联盟的反击；普遍性原则指的是，所有国家对侵略行为的认识一致并反对之，都有义务以适当的方式加入到反侵略的行动之中。"④

普遍性原则要求联合国的全体成员国都应当参与到行动当中来，而授权使用武力行动，没有一次是由联合国全体成员共同协作完成的。摩根索评价说："只有在关系本国利益或希望与美国维持良好关

---

① 参见联合国官网 http://www.un.org/zh/sc/。
② Helmut Freudenschu, "Between Unilateralism and Collective Security: Authorizations of the Use of Force by the UN Security Council", *European Journal of International Law*, Vol. 5, No. 1, 1994, pp. 530–531.
③ Kennth Thompson, Collective Security Re-Examined, *American Political Science Review*, Vol. 47, No. 3, Sept. 1953, pp. 753–772.
④ Thomas Cusack and Richard Stoll, Collective Security and State Survival in the International System, *International Studies Quarterly*, Vol. 38, No. 1, March 1994, p. 36.

系的国家才较为积极地参与。"① 即使在国际社会达成广泛一致的海湾战争中，29个国家集结了80多万人的部队参与行动，无论从成员数量还是整编规模上都是空前的。然而，"海湾战争是获得联合国许可的联合行动，但在反对伊拉克入侵科威特的问题上，每一个参与国都有自己的国家利益，而没有共享的对国际和平的承诺。"② 海湾战争其实是美国及其盟国组织的行动。此后的历次授权使用武力行动，只有利益牵涉其中的国家才参与，其他国家则是作壁上观。

安理会授权使用武力确实也能够达到威慑作用，但这种威慑与其说是集体力量的威慑，不如说是大国威慑。由于授权是非命令性质的"建议"，会员国无法定之义务参与授权行动，安理会也不能强制要求任何会员国接受授权，一旦没有会员国接受授权，行动就会落空，威慑也就不复存在。而实际情形中，是大国推动安理会授权决策并参与授权，所以在其中起作用的其实是大国。集体力量的威慑变成了大国威慑。迈克本吉（Acacia Mgbeoji）对加拿大在海湾战争中的表现进行分析后，精辟地总结道："加拿大处于一个容易得罪人的敏感位置，它既要坚持《联合国宪章》的规定和精神，又要极其谨慎地确保不会危及自己同美国庞大的经济、文化和安全关系。"③ 这反映了在授权行动中中小国家的一个普遍心理，即无论它们行动的初衷是什么，都必须要依附于以美国为首的西方大国。事实上，如没有大国的支持，安理会授权使用武力的威慑就基本不存在，卢旺达局势前期无人问津的情形即是明证。可见，集体安全行动构想的是一种典型的多边主义，但是授权行动则是一种夹杂着单边主义的多边行动，它并不能反映联合国全体成员的共同意志。

---

① Hans Morgenthau, *Politics Among Nations: the Struggle for Power and Peace*, New York: McGraw-Hill, 1985, p. 460.
② 门洪华：《和平的纬度：联合国集体安全机制研究》，上海人民出版社2002年版，第280—281页。
③ Acacia Mgbeoji, "Prophylactic Use of Force in Internatioanl Law: The Illegitimacy of Canada's Participation in 'Coalitions of the Willing' Without United Nations Authorization and Parliamentary Sanction", *Review of Constitutional Studies*, Vol. 8, No. 2, 2003, pp. 197 – 198.

❖ 第二章 安理会授权使用武力方式的合法性问题 ❖

第二,授权使用武力行动违背了《联合国宪章》对武力实行集中管制思想。武力是国际关系中最为敏感、最为重要的问题,《联合国宪章》规定的禁止使用武力相威胁或使用武力原则废弃了国家擅自发动战争和诉诸战争的权利,将武力使用的决策权和执行权,都授予了安理会,在"组织及权力形态上具有集权的性质"。① 这是联合国集体安全机制与历史上的集体安全机制最大的区别之一,但是,授权使用武力却将武力的决策权和使用权分离开来,由安理会和会员国分别使用,这是否符合联合国集体安全制度的原则,是有疑问的。

对此,有很多学者认为:"《联合国宪章》条款的本意是要把武力的使用控制在一个中央实体(central body)中,而授权这种新体制却示意把武力的使用权分散到各个国家。即'非中心化',尽管这是由中心实体授予的。"② "事实上,由中央机构控制武力使用的理念是《联合国宪章》条款的关键所在,而新制度的理念是此种武力使用在会员间扩展,即分散化,尽管此种权力来自于中央机构的授权。"③ 简单来说,授权这种"新制度"在一定程度上与集体安全的武力使用集权原则是相违背的。"授权是实践中发展起来的学理解释,其主张从政治上和法律上都是值得商榷的,并不符合《联合国宪章》的本质和目的。"④ 授权将武力使用权从安理会拆分出来授予给了会员国代为行使,显然是在一定程度上破坏了《联合国宪章》规定的权力结构形式,在实践中不利于对武力使用权实行集中管制。

实践证明,武力使用权从联合国分离出来为参与国所掌握后,就有可能偏离维护国际和平与安全的既定目标,成为谋取私利的工具。

---

① 梁西:《国际法》(修订第二版),武汉大学出版社2003年版,第181页。
② Antonio Cassese, *International Law*, Oxford press, second edition 2005, p.350.
③ [意]安东尼奥·卡塞斯:《国际法》,蔡从燕等译,法律出版社2009年版,第462页。
④ [德]沃尔夫冈·格拉夫·魏智通主编:《国际法》,吴越、毛晓非译,法律出版社2002年版,第832页。

93

《联合国宪章》在序言中宣示"保证非为公共利益,不得使用武力",将武力集权于安理会的目的即在于此。虽然说,安理会授权的目的也是希望参与国能够将集体利益看成最高利益,积极地为国际和平及安全做出贡献。然而,授权在做出之后,行动往往就难以控制。最终虽然也在一定程度上实现了安理会的设想,但参与者个体或者集团的利益总是占据主导,国际社会的共同利益则退居次要,甚至被弃之不顾。总结历次的授权行动,莫不偏离集体行动的初衷。海湾战争中,虽然安理会的授权及时有效地制止了伊拉克的侵略,但是美国的目的更多的还是觊觎伊拉克丰富的石油资源,并谋取在后"冷战"时代全球战略中的优势地位。其后授权的扩大适用大多也是按照西方大国的战略意图实施,西方的利益而不是国际社会的共同利益占据了主导地位。

虽然授权的方式已经被接受为安理会所准许范围内的行动,但也有批判的声音指出授权并非集体安全的强制措施。[①] 在理论上它缺乏明确的法律依据,在实践中它脱离了联合国的原有规定。授权是联合国对自身框架的补充,也是联合国无奈之下的现实选择,它介于单边行动和集体行动之间,我们至多只能称之为一种"准集体安全行动"。普遍性和法治建构一直是集体安全制度实现的客观条件。但是它的主观条件,如国际社会的团结一致、对违法行为的共同认知、将执行行动交予联合国指挥、愿意为集体决定的后果承担一切责任和付出所有代价等,在过去以及可预见的未来都难以实现。只要我们提起的"国际社会"还是一个难以捉摸的现象,那么真正的集体安全也将是一个难以捉摸的幻想。[②] 此外,集体安全作为一个国家为中心的概念是不是真的适用于当前情况下新的挑战也值得怀疑,因为对这些新的挑战不适合首先采取军事方案去解决,[③] 而且它们涉及的更多是

---

[①] John Quigley, "The 'Privatisation' of Security Council Enforcement Action: A Threat to Multilateralism", *Michigan Journal of International Law*, Vol. 17, 1995, p. 249.

[②] Roberts, "The UN and International Security", *Survival*, Vol. 35, No. 2, 1993, p. 27.

[③] Nye, "What New World Order?", *Foreign Affairs*, Vol. 71, No. 2, 1992, p. 90.

"正义"而非"稳定"的问题。① 即使安理会在某一问题上达成了一致,但授权最终往往沦为某些大国私利的庇护所。海湾战争后,国际社会开始对联合国充满着理想主义色彩的期待,但是并没有真正的"机会之窗",通过安理会在短期内实现一个真正的集体安全机制并不现实。② 总而言之,安理会授权的军事行动绝不是严格意义上的联合国集体安全行动。授权的这一性质导致它在具体实践中往往偏离联合国轨道被大国任意操纵,成为其谋求利益的手段和工具。因此,其合法性饱受争议而不断受到质疑。

## 第三节 安理会授权使用武力机制的合法性争议:典型性案例

### 一 对传统安全问题适用授权使用武力的合法性争议

联合国是为解决国家间的争端而建立的,因此,安理会对侵略、冲突等传统安全问题采取行动具有天然的合法性,而第39条《联合国宪章》是安理会采取强制措施的法律依据。第39条是第7章的"入门条款"(basis article),安理会要通过决议,宪章第39条的适用不可或缺。因为按照第39条的规定,只有存在着"和平之威胁、和平之破坏或侵略"三种安全情势,安理会才可以建议或决定采取恢复国际和平与安全的行动,对当事国家实施强制性措施。可见,三种安全情势的存在是安理会采取行动的法律前提。但是,作为一种笼统的、抽象的规定,第39条显然没有具备法律条款所需要的确定性含义,对于安理会断定国际安全情势只能够起到一种指导作用。于是,在国际政治的现实中,"安理会在对某一情势做出断定时,往往由于

---

① Arend, "The UN and the New World Order", *Georgetown Law Journal*, Vol. 81, 1992, pp. 520 – 524.

② Helmut Freudenschu, "Between Unilateralism and Collective Security: Authorizations of the Use of Force by the UN Security Council", *European Journal of International Law*, Vol. 5, No. 1, 1994, p. 531.

有关事件是否属于国际问题或者是否已经发展到侵略的程度而引起各种尖锐和激烈的争论。"① 强制措施的前提难以确定,执行也就无从得到有效实施。

为解决这一问题,联合国进行了长期的努力,最终在1974年12月大会以第3314号决议的形式通过了8项条文的《侵略定义》。《侵略定义》的订立无疑是一项具有历史意义的成就,它为安理会依据宪章第39条断定侵略行为的发生,提供了法律依据。但是,《侵略定义》是在当时历史条件下不同政治力量之间相互妥协的产物,不足是显而易见的,《侵略定义》"所提出的公式在实际运用及解释中,仍难适应各种复杂的矛盾",② 在现代国际法体系中,其他相关能够适用的成文法律、法规也是屈指可数。"不管是《联合国宪章》的宗旨、原则,还是国际法基本原则及具有法律拘束力的国际文书,在实践中对安理会的决策并无实质性的影响作用,并不是安理会采取执行行动的根本依据。"③ 因此,安理会采取集体安全强制措施的法律依据仍然处于极端的不完善状态。于是我们看到,国家利益和政治倾向必然性地左右了安理会对国际安全情势的认定,由此,即使是在《联合国宪章》规定的范围内,安理会所采取的行动也发生了合法性争议。

海湾战争中的授权获得了国际社会的一致同意,至少表面上看来如此,这是安理会授权使用武力能够取代《联合国宪章》第四十二条的根本原因——联合国从中看到了民意基础及其可行性。然而,在表象的后面质疑依然存在。

第一个质疑是决策被美国操纵的问题。伊拉克的侵略是非法行为,严重危及海湾地区的和平与安全,理应受到制裁。在这一共识

---

① 梁西:《国际组织法(总论)》(修订第五版),武汉大学出版社2001年版,第183页。
② R. Drming, Man and the World: International Law at Work, 1974, p. 137. 转引自梁西《国际组织法(总论)》(修订第五版),武汉大学出版社2001年版,第183页。
③ 张军:《联合国安理会采取执行行动的依据和方式问题》,《中国国际法年刊》,1997年,第306页。

❖ 第二章 安理会授权使用武力方式的合法性问题 ❖

下,美国倡导的授权对伊拉克动武的提议获得了英国、法国、加拿大、芬兰、埃塞俄比亚、罗马尼亚等九国的支持。

为使授权得以通过,美国在安理会外进行了大量的外交活动:为了确保拉丁美洲和非洲国家的赞同票,美国承诺为他们提供长期的财政援助;为了获得苏联的支持,美国承诺拒绝独立风潮中的爱沙尼亚、拉脱维亚和立陶宛参加1990年的巴黎峰会,还说服科威特和沙特阿拉伯为莫斯科提供援助,使莫斯科能够用以偿还债务;对于也门的反对,美国则惩罚性地削减了7000万美元的年度援助。① 这些举措无疑将正常的投票程序变成了私下交易,美国或以利诱或以制裁、恐吓等手段"拉票",妨碍了安理会决策的公正性。此外,在决策程序上,鉴于也门的反对态度,美国和英国赶在1990年12月1日也门担任安理会轮值主席之前通过了最关键的决议。整个过程,按照时任副国务卿的托马斯·皮克林计划的程序、舆论、联络等"技术要素"顺利推动了决议的通过。② 大卫·卡隆指出在海湾战争整个过程中,存在的合法性疑点很多:美国在安理会之外以保证或威胁手段推动第678号决议通过、安理会决策对待伊拉克和以色列明显存在着双重标准、英美威胁不得否决任何放松制裁和重新授权的决议、随意对决议进行解释操纵停止行动的时间,等等,这些问题表明安理会授权使用武力在合法性上的不足。③ 所以,在第678号决议通过时,伊拉克宣称美国已经将安理会变成了"美国霸权的工具"和"肮脏交易的戏院",以此来抗议美国在决议中加入太多本国意见并成功操纵投票。④

---

① Burns H. Weston, "Security Council Resolution 678 and Persian Gulf Decision Making: Precarious Legitimacy", *The American Journal of International Law*, Vol. 85, No. 3, Jul., 1991, pp. 523 – 524.

② [美]托马斯·皮克林:《美国在安理会的行为——以海湾战争为例》,《外交评论》2006年第8期。

③ David D. Caron, "The Legitimacy of the Collective Authortiy of the Security Council", *The American Journal of Internatioan Law*, Vol. 87, No. 4, 1993, pp. 552 – 588.

④ Burns H. Weston, "Security Council Resolution 678 and Persian Gulf Decision Making: Precarious Legitimacy", *The American Journal of International Law*, Vol. 85, No. 3, Jul., 1991, p. 523.

第二个质疑是关于授权决议文本的问题。在第 678 号决议起草的过程中,包括中国在内的不少国家已经就决议文本的宽泛措辞提出了质疑。也门将这一决议称为一种"没有责任的权力",明确指出授权决议所赋予的"恢复国际和平与安全"的权力过于宽泛和模糊,而且对执行决议的目的几乎没有限制,大大超出了安理会之前所做的十项决议的目标范围。① 一些不结盟国家的发言也提到了这些遗漏,古巴和伊拉克宣称决议不合法,因为《联合国宪章》中只有第四十二条、第五十一条和第一百○六条允许使用武力;一些国家怀疑决议的双重标准,并将其与巴勒斯坦的案例相联系。

学界在后来的研究中也指出决议文本疏漏之处颇多。赫尔默特·弗雷登休斯认为第 678 号决议既没有提及第四十二条和军事参谋团,除了"随时通报安理会"外,也没有提出其他限制性手段。② 一些研究者认为,第一百○六条过渡办法需要五常洽商以后代表安理会采取联合行动,而不是吁请所有国家。③ 即使将第三十九条和第四十二条连读能够认为安理会在必要的时候可以授权会员国使用武力,但是实际上《联合国宪章》是将使用武力的权力交给第四十三条的"特别协定",而第四十三条也是要求安理会与会员国签订协议的。第 678 号决议中的用词没有用"命令"而是用了"吁请",说明决议并没有让会员国承担义务;并且决议也没有指明使用武力,而是说"采取一切必要手段"。④ 所以,安理会将是否行动、采取何种行动的决定权交给会员国掌握,这是违反联合国集体安全行动原则的。

---

① Helmut Freudenschu, "Between Unilateralism and Collective Security: Authorizations of the Use of Force by the UN Security Council", *European Journal of International Law*, Vol. 5, No. 1, 1994, p. 499.

② Helmut Freudenschu, "Between Unilateralism and Collective Security: Authorizations of the Use of Force by the UN Security Council", *European Journal of International Law*, Vol. 5, No. 4, 1994, p. 498.

③ Matthew D. Berger, "Implementing a United Nations Security Council Resolution: The President's Power to Use Force Without the Authorization of Congress", *Hastings International and Comparative Law Review*, Vol. 15, No. 1, 1991, pp. 89 – 93.

④ Ibid., p. 88.

❖ 第二章 安理会授权使用武力方式的合法性问题 ❖

在宽泛的文本之下，海湾战争同样越出科威特领土对伊拉克本土进行武力打击，也同样没有取得新的授权。战争结束不久，美国官员对此辩解说第 678 号决议已经给予了开放式的授权去攻打伊拉克，在战争期间武装进入伊拉克是授权的内容之一，"这可以追溯到联合国的决议"。对于联合轰炸伊拉克本土的行为扩展了安理会授权界限的指控，海湾战争中参与方回应称这是因为解放科威特的必要。显然，由于授权行动得不到控制，会员国利用授权使用武力来达到本国的目标，削弱了安理会职权，同时也就削弱了授权行动的合法性。这不但使授权行动的实施被诟病，而且成为合法性的第三个疑问。

有学者认为，美国已经从第 660 号决议开始就给伊拉克和平解决的机会，第 678 号决议也给予伊拉克最后的机会并且将行动时间后延到次年 1 月 15 日，这是用尽和平解决国际争端的表现。而第 678 号决议中是要"恢复该地区国际和平及安全"，美国轰炸伊拉克领土的行为正是为了使其难以再侵略科威特，真正实现维护该区域国际和平及安全的目标。对此，伯恩斯·韦斯顿认为，第 678 号决议的合法性处在最极端的边缘，此次授权合法性疑问有四个既分开又联系的方面：第 678 号决议的合法授权具有不确定性；超级大国的外交压力使决议通过；授权完全没有限制；安理会从和平手段匆忙地转变为使用武力。对于这几个方面，安理会很清楚其职责，但是没有注意到《联合国宪章》中最重要的原则和目的就是和平解决国际争端，只有在和平方法失败的时候，才能利用纯粹集体的授权和控制来恢复国际和平与安全。[①] 阿卡西亚·麦格本吉则更直截了当地指出，授权使用武力说明了安理会真实的政治通常是五个常任理事国的动机，而并非为人类利益行动。[②]

---

[①] Burns H. Weston, "Security Council Resolution 678 and Persian Gulf Decision Making: Precarious Legitimacy", *The American Journal of International Law*, Vol. 85, No. 3, Jul., 1991, p. 518.

[②] Acacia Mgbeoji, "Prophylactic Use of Force in International Law: The Illegitimacy of Canada's Participation in 'Coalitions of the Willing' Without United Nations Authorization and Parliamentary Sanction", *Review of Constitutional Studies*, Vol. 8, No. 2, 2003, p. 202.

无论持何种观点，一个事实是海湾战争削弱了安理会"维持国际和平及安全的主要地位"，冲击了世界公认的《联合国宪章》，所以安理会所授权的执行行动的合法性必然会遭受到质疑。海湾战争后，一些成员国认为授权行动暴露了《联合国宪章》的缺陷，提出修宪，将安理会在一些方面进行重建。

## 二 扩大适用授权武力使用范围的合法性争议

在传统的集体安全制度中，"联合国的创建者所关心的是国家安全，当他们谈及建立一个新的集体安全体制时，他们遵循的是传统的军事思路。"[①] 但是，考察联合国成立60年以来的历史，特别是"冷战"后安理会对一系列的国际安全情势的处理，可以看出，随着国际安全情势变迁，安理会对传统安全之外的诸多领域适用了第三十九条，并采取了相应的强制措施。安理会的行为不但超出了第三十九条的立法本意，而且甚至超出了《联合国宪章》的适用范围。"实践表明，安理会通过其决议已经扩大了对国际和平与安全的解释，并通过自己的实践逐渐改变着宪章。"[②] 综观安理会断定国际安全情势的决议，越来越多的非战争因素，如恐怖主义、人权、人道主义危机、国内政治危机等，已经成为导致安理会采取强制性行动的主导性因素。

"冷战"结束之后，安理会授权使用武力的强制行动越来越多，对除了侵略之外的其他形式的和平危机授权实施武力，包括人道主义灾难、国内政权的更迭、国际刑事犯罪等。安理会能否将授权使用武力扩大适用？这取决于对第三十九条的"和平之威胁、和平之破坏或侵略"三种安全情势的解释。

虽然，《联合国宪章》和其他相关资料没有明确地对其内涵进行界定，但是，运用历史解释方法，结合联合国的宗旨和原则，我们对

---

① 参见《威胁、挑战和改革高级别小组的报告》，第一部分"达成新的安全共识"提要。
② 参见李红云《人道主义干涉的发展与联合国》，载《北大国际法与比较法评论》第1卷，第23页。

❖ 第二章 安理会授权使用武力方式的合法性问题 ❖

此仍然可以做出一个大致的概括：在联合国建立时期的政治、经济、科技条件下，和平与安全即是指没有战争或战争威胁，安全问题主要是指国家的领土安全问题，其内涵相当于我们今天所使用的"传统安全"这一概念。因此，《联合国宪章》第三十九条的"情势"是指国家之间的争端和冲突，"威胁"或"破坏"的对象是国家安全，"威胁"或"破坏"的来源则是国家行为体本身。在此范围内，安理会采取的集体安全行动具有《联合国宪章》赋予的合法性。[①]

可见，作为一个国家间组织，联合国的职权只能适用于国际事务，因此，集体安全制度的适用范围已经被限定在国际争端与冲突中。虽然说《联合国宪章》第三十九条赋予了安理会对"和平之威胁、和平之破坏或侵略"三种安全情势的自由裁量权，但作为联合国系统内的一个机构，安理会的自由裁量权并不是绝对的，授权使用武力的扩大适用很容易被批评为适用法律不正确。《联合国宪章》第二(7)条明确规定了不得授权联合国干涉在本质上属于任何国家国内管辖的事项。这些针对一国内部事务而采取的授权行动，已经构成了对主权的侵犯，是对《联合国宪章》的一种否定。因此，涉及一国内政的授权行动总是伴随着激烈的反对与批评声音，这又反过来增加了此种授权的行动难度，往往遭遇失败，大大损害了联合国的声誉和威望。

安理会授权使用武力的扩大适用往往首先招致被干预国及其所在的地区组织最直接、最强烈的反对。索马里行动时，尽管索马里各派系为争夺国内权力而进行激烈的斗争，但在面对干预时却团结一致反对联合国介入，这是后来艾迪德派攻击维和部队的根本原因。法国在卢旺达的授权行动中同样遭到冷遇，虽然卢旺达临时政府表示欢迎，但是爱国阵线却坚决反对，因为当时它在内战中已经取得了绝对优势，法国的干预可能会使其胜利化为泡影，因此将法国视为干预卢旺

---

[①] 古祖雪：《联合国改革与国际法的发展》，《武大国际法评论》（第五卷），武汉大学出版社2006年版，第18页。

❖ 安理会授权使用武力的国际法问题研究 ❖

达内政的侵略者。非洲统一组织虽然有成员支持法国,但也有许多成员持保留意见,它们担心法国的行为是一种"新殖民主义"。所以非统组织强调只有非洲的部队才可以出兵卢旺达,并且事先必须得到卢旺达交战双方同意。法国的西方盟友对此态度也十分冷淡,抨击了法国此次行动的政治目的。

对于安理会授权使用武力的扩大适用,国际社会的态度也不一致。在塞拉利昂问题引起的维和使命问题上,有的国家主张联合国维和应更加有力和有效,必要时可使用军事手段;但很多成员国坚持只应在自卫原则下才能使用武力,在维持和平行动中强行使用军事手段,将联合国变成交战的一方,是不妥当的。印度主张中立避免使用武力。[1] 海地军事政变推翻民选政府,局势的性质应该属于一国内政,但在美国的推动下,安理会通过决议授权,最终美国组建多国部队采用武力手段强迫军人政权下台,恢复阿里斯蒂德民选政权。当时有很多会员国都认为,此次安理会授权违背了不干涉内政原则,有悖于《联合国宪章》所确立的原则和精神。国际社会对由安理会授权一些国家组建多国部队使用武力进行维和的做法表示担心,因为这不但会极大地削弱主权原则,而且为国家或国家集团干涉一国内政贴上合法标签,可能会鼓舞其他一些区域大国效仿,从而对国际秩序产生危害。所以尽管卢旺达局势严峻,但是第929号决议表决出现高弃权率,新西兰、中国、巴西、巴基斯坦和尼日利亚等明显缺乏热情,其原因可能是"对法国真实动机和对安理会下一步干涉国家内部事务的顾虑"。[2] 在关于利比亚局势的第1973号决议中的投票中,德国、巴西、俄罗斯、印度和中国均表示对军事干预严重保留或反对。中国认为,安理会行动应遵循《联合国宪章》宗旨与原则和相关国际法准

---

[1] 人民网:《塞拉利昂维和不容易》,2000年11月13日(http://www.people.com.cn/GB/channel2/18/20001113/310714.html)。

[2] Helmut Freudenschuss, "Between Unilateralism and Collective Security: Authorizations of the Use of Force by the UN Security Council", *European Journal of International Law*, Vol. 5, No. 4, 1994, pp. 521 – 522.

❖ 第二章 安理会授权使用武力方式的合法性问题 ❖

则，必须尊重利比亚主权、独立、统一和领土完整，通过对话等和平手段解决利比亚危机，避免出现武装冲突升级和更为严重的人道主义危机。① 此次授权后来产生了最有争议性的合法性问题：设立禁飞区是否意味着使用武力？使用武力是否超过限度？安理会授权是否引起了更大的灾难？授权是否被大国掌控？这些问题使在投票时表示赞成的南非和阿拉伯国家联盟在后来都表达了对轰炸行为的不满和反对。

而对于安理会授权使用武力适用范围的扩大，研究者的意见也出现分流，西方民主和人权主义思想者，对于国内事务的干涉持肯定性意见；反对者则认为，安理会授权使用武力开展维持和平行动、进行人道主义干涉，使维和行动增加了强制因素。"安理会根据第七章的授权行为已经远远超出了维和的范围。"② 由于"和平之破坏、和平之威胁"本身就是一个十分抽象、含义多样的概念，联合国没有对之进行严格界定。而人道主义干涉、干涉一国内政等情形，本身在国际法上就一直存在着巨大争议，对其授权使用武力必定会产生合法性质疑。有学者就指出，"如果授权行动对联合国规定的民族自决或人权标准等原则构成持久严重的破坏，那么它们就是不合法的。"③ 而授权扩大到国际犯罪领域同样产生合法性问题，由于国际海洋法等相关法律的滞后和联合国集体安全机制的本质性缺陷，安理会授权使用武力打击索马里海盗难以"师出有名"。并且该授权的授权范围、授权对象及其认定的威胁主体都超越了传统的范畴，对国际法产生了多方面的冲击。④ 现有的国际法体系与安理会授权使用武力之间面临着相互调整、适应的问题。

---

① 新华网：《外交部发言人就安理会通过关于利比亚问题的决议答问》，2011 年 3 月 18 日（http：//news.xinhuanet.com/world/2011-03/18/c_121203730.htm）。
② 慕亚平、陈晓华：《世纪之交议维和——对冷战后联合国维持和平行动的评价和思考》，《法学评论》2001 年第 6 期。
③ Erika de Wet, *The Chapter VII Power of the United Nations Security Council*, Oxford：Hart Publishing, 2004, p.372.
④ 刘鹏：《浅析打击索马里海盗授权对国际法的冲击》，《现代国际关系》2009 年第 4 期。

# 第四节 安理会授权使用武力方式的合法性判断：合法性不足

## 一 "暗含权力说"解释了授权使用武力的法律依据问题

作为联合国在维持国际和平与实践中派生出来的一种武力使用机制，是否合乎《联合国宪章》的宗旨、原则和规则，是合法性的根本所在。学界在讨论这一问题时也是紧扣《联合国宪章》进行的。前已所述，从《联合国宪章》的规定来看，以明白无误的语言表明安理会具有授权使用武力职权的条款仅见于第八章所确定之"区域办法"中，这显然不同于安理会对会员国的授权。从历次此类授权使用武力的决议所援引的法律依据来看，一般都是笼统地说"根据《联合国宪章》第七章"，没有引用其他具有相同效力的规定来支持安理会的决议。但纵观从第三十九条延续到第五十一条的整个第七章，并没有出现任何"授权"的字眼，在明示权力中能够找到授权的具体依据吗？

很多学者以肯定性的态度对此展开分析，其方法是将第四十二条和第四十三条、第四十四条、第四十五条分开解读。沙赫特（Oscar Shachter）认为，"行动不必一定是指在安理会控制和指挥下的武力行动，涉及这种控制和指挥的《联合国宪章》其他条款不应与第四十二条连读，"虽然"行动可以指强制意义的执行行动而非授权，但既然第四十二条允许强制行动，这也应当包含较小程度的建议或授权行动的权力。"[①] 蒂莫西·希利尔（Timothy Hillier）也持类似的观点，认为："《联合国宪章》没有指出第四十二条取决于根据第四十三条所达成的协议。"他根据第四十二条的表述认定，第四十二条确实指出执行行动"可以包括联合国的会员国的空军、海军和陆军的示威、

---

① Oscar Shachter, "United Nations Law in the Gulf Conflict", *The American Journal of International Law*, Vol. 85, No. 3, July 1991, p. 458.

❖ 第二章 安理会授权使用武力方式的合法性问题 ❖

封锁及其他行动"。① 按此解释，安理会根据第四十二条有权采取两种军事行动，一是执行行动，二是授权使用武力的行动。② 认为海湾战争是第四十二条"半适用"（Article42 1/2）③ 的观点实际上是应用这种分析方法得出的结论。

对于这种分析方法，我们应该认识到，任何法律文本的单个条款都是整个文本的有机组成部分，采取割裂条款、断章取义的办法来进行解释，其结果必然是偏离甚至背离立法本意。这种方法的核心实质是否认第四十三条是第四十二条的预设条件，认为第四十二条的适用不必依赖于第四十三条事先缔结的特别协定。显然，这和《联合国宪章》的本意是不相符合的。对于安理会的职权，《联合国宪章》不仅从总体上规定："安全理事会于履行此项职务时，应遵照联合国之宗旨及原则"，并且在第二十四（2）条以列举的方式说明了安理会的职权范围。④ "《联合国宪章》并没有规定安理会可以授权某个国家或国家集团采取军事行动"，⑤ 安理会授权使用武力从《联合国宪章》的明示规定上是超出其职权范围的。可见，从《联合国宪章》的明示措辞中找到授权使用武力的法律依据是不可能的。丹尼斯·萨鲁西专门对授权使用武力问题进行了研究，并对授权的法律依据提出了质疑。他指出严格意义上的安理会制裁措施并不存在，现实中的武力使用都是以授权方式出现。"当安理会授权会员国使用武力（采取一切必要措施），安理会自身无法对授权行动实施有效控制，并且授权在

---

① ［英］蒂莫西·希利尔（Timothy Hillier）：《国际公法原理》（第二版），曲波译，中国人民大学出版社 2006 年版，第 253 页。

② 李鸣：《联合国安理会授权使用武力问题探究》，《法学评论》2002 年第 3 期。

③ Mark W. Janes and Jone E. Noyes, *International Law: Case and Commentary*, West Publishing Co., 1997, p. 471.

④ 《联合国宪章》第二十四（2）条规定："为履行此项职务而授予安全理事会之特定权力，于本宪章第六章、第七章、第八章及第十二章内规定之。"

⑤ Weston: *Security Council Resolution 678 and Persian Gulf Decision-Making: Precarious Legitimacy*, AJIL85（1991）516, p. 522. ［德］沃尔夫冈·格拉夫·魏智通主编：《国际法》，吴越、毛晓非译，法律出版社 2002 年版，第 812 页。

《联合国宪章》中也找不到任何明确的法律依据。"① 总之,大多数学者都是对授权的明示权力持反对意见。

当前,对于授权使用武力的法律依据,广为接受的观点是"国际组织的暗含权力说",即"从法律上看,安理会的这种授权可以从安理会依据《联合国宪章》第三十九、四十、四十二和第四十八条的各项职权综合考虑得出。"② 由于联合国最主要的宗旨和职能是"采取有效集体办法","维护国际和平及安全",在此宗旨和职能下一切行动都应视为合法(除非违反国际法)。由于国际关系不断变化发展,当年《联合国宪章》的起草者不可能把所有条款都规定得面面俱到、详尽明确,于是,联合国可以运用暗含权力弥补明示权力之不足,以适应不断发展变化的国际形势。以此而论,授权使用武力的合法性是不言而喻的。而安理会是联合国集体安全机制的决策机关,《联合国宪章》第七章赋予其代表所有国家行事的专门职能,为完成"维持国际和平及安全之主要责任",安理会不但可以根据第四十二条的明示权力做出采取武力执行行动的决定(decision),还可以根据职能需要做出建议(recommendation),促请会员国采取武力行动,以达到恢复国际和平与安全之目的。虽然授权在性质上只是一种建议,并不能产生与决定一样的效力。但由于安理会的权威性,建议性质的决议,同样构成有关行动合法性的基础。③

暗含权力,又可以称为隐含性权力或者默示权力,它最早起源于美国国内的司法理论与实践,后来扩大适用到国际法和国际组织的研究及其实践。所谓国际组织的暗含权力,"是指组织构成文件或类似条约规定的明示权力以外而为实施组织宗旨与职能所必需的权力,也

---

① Danesh Sarooshi, *The United Nations and the Development of Collective Security: The Delegation by the UN Security Council of its Chapter VII Powers*, Oxford: Oxford University Press, 1999, p. 218.

② [德]沃尔夫冈·格拉夫·魏智通主编:《国际法》,吴越、毛晓非译,法律出版社2002年版,第832页。

③ 李鸣:《联合国安理会授权使用武力问题探究》,《法学评论》2002年第3期。

❖ 第二章 安理会授权使用武力方式的合法性问题 ❖

是行使明示权力所必需的或至关重要的权力。"① 国际组织的司法实践中也已经多次证明了国际组织暗含权力的存在。欧洲联盟法律体系中共同体法的"直接效力原则""最高效力原则"都是欧洲法院依据共同体基本法律文件的暗含权力推论出来的，现已经被所有欧盟成员国接受。在联合国法中，《联合国宪章》的暗含权力也多次被国际法院适用。上文所述的"本组织经费案"里，国际法院实质上是以联合国的暗含权力为依据做出判决的，认定维持和平行动是为实现联合国的宗旨、职责而产生的，因而具有合法性。在1949年4月11日结案的"关于为联合国服务而受损害的赔偿案"中，国际法院再一次依据联合国的暗含权力判决联合国具有求偿权，从而明确了国际组织的法律人格问题。在其发表的咨询意见中，国际法院指出："根据国际法，该组织必须被视为拥有这些权力，虽然没有明确的章程规定，但这是为了履行其必要的职责所赋予的必要含义。"② 一些研究者认为，运用暗含权力已经成为联合国实践的惯性行为，可以认定，安理会授权使用武力，作为一种假设的权力能够得到联合国内部习惯法的支持。③ "鉴于不存在任何重要的反对意见以及授权实践的广泛性，有理由认为国际共同体中已经形成了习惯法规则，该规则在联合国法律体制内也是可以适用的。"④

在当前众多的争论中，"暗含权力说"是安理会授权使用武力合

---

① 饶戈平、蔡文海:《国际组织暗含权力问题初探》,《中国法学》1993年第4期。
② Cf. Khan, *Implied Powers of the United Nations*, Delhi: Vikas Publications, 1970, pp. 19 – 23; K. Skubiszewski, "Implied Powers of International Organizations" in Y. Dinstein, (Ed.), *International Law at a Time of Perplexity*, Essays in Honour of Shabtai Rosenne, Dordrecht: Martinus Nijhoff Publishers, 1989, pp. 855 – 868; and N. D. White, *The Law of International Organisations*, Manchester: Manchester University Press, 1996, pp. 128 – 131.
③ Cf. B. Conforti, *The Law and Practice of the United Nations* (2nd Revised Edition), Hague: Kluwer Law International, 2000, pp. 203 – 204; Hoogh, *Obligations Erga Omnes and International Crimes*, A Theoretical Inquiry into the Implementation and Enforcement of the International Responsibility of States, Hague: Kluwer Law International, 1996, pp. 305 – 309.
④ [意] 安东尼奥·卡塞斯:《国际法》,蔡从燕等译,法律出版社2009年版,第462页。

法性唯一的合理解释，得到了大多数许多学者的赞同。① 一些学者还对此进行了进一步的论证，认为权力本身同实现权力的方法存在区别，应当将权力的目的与手段分开。在《联合国宪章》中，联合国维护国际和平与安全的既定宗旨与安理会维护国际和平与安全主要责任是相通的，安全理事会履行其职责必须符合联合国的宗旨和原则，国际和平与安全的维护要通过"集体措施"来实现。但是，责任与职责在内涵上并非完全一样。在现实的情形中，因为第四十三条所规定的"特别协议"没有生效，所以安理会已经难以在现有的制度架构内履行其维持国际和平与安全的职责，但它又肩负着《联合国宪章》赋予它的责任。为了协调这一矛盾，安理会选择了授权成员国实施军事行动这种替代性手段来履行其职责，这是对联合国以及国际社会负责任的表现。只要行动实现联合国的既定目标，就是合理的，就不必视为超越了《联合国宪章》规定的权限。从国际政治的现实考虑，授权是一个很务实的替换。考虑到"冷战"时代和后"冷战"时代的国际社会现实，如果安理会要充分发挥其强制性职能，这种替代也是必要的。② 从思想观念来说，这种替代性手段并非不可接受，例如，联合国维持和平行动就无法在《联合国宪章》条款中找到直接依据，但现在已经发展成为联合国最大的集体行动。

## 二 "暗含权力说"揭示了授权使用武力合法性存在的问题

"暗含权力说"以目的性、扩张性解释，引申出联合国安理会具有授权使用武力的职权。相比于明示权力说，更令人信服。今天看

---

① Danesh Sarooshi, *The United Nations and the Development of Collective Security*, *The Delegation by the UN Security Council of its Chapter VII Powers*, Oxford: Oxford University Press, 1999, pp. 143 – 149; Neils Blokker, "Is the Authorization Authorized: Powers and Practice of the UN Security Council to Authorize the Use of Force by 'Coalitions of the Able and Willing'", *European Journal of International Law*, Vol. 11, No. 3, 2000, pp. 547 – 549.

② Christian Henderson, "Authority without Accountability? The UN Security Council's Authorization Method and Institutional Mechanisms of Accountability", *Journal of Conflict & Security Law*, Vol. 19, No. 3, 2014, p. 490.

❖ 第二章 安理会授权使用武力方式的合法性问题 ❖

来,安理会已经通过持续的实践成功地运用了授权方式实现武力强制措施,并且将其根植于《联合国宪章》的综合权力。① 而且,在授权行动的实施中,人们逐渐认识到这种在实践中发展起来的方法比"宪章原教旨主义"更切合实际:各种安全情势复杂且存在不同程度的差别,所有的授权决议不可能都一一在《联合国宪章》中找到明确对应的法律依据,所以安理会只能运用暗含权力来弥补不足。因此,主流观点接受了安理会创造的这种新手段和新模式去应对未来可能发生的安全危机。② 所以,无论是理论上还是实践中,国际社会已经在一定程度上接受安理会授权使用武力成为一种合法性的存在。但是,这并不标志着其合法性已经充分而无疑义,其中存在的很多问题仍然使之处于合法性不充分的状态。

首先,暗含权力的模糊性、宽泛性所激起的各种猜测和怀疑影响了国际社会对授权使用武力机制的接受程度。就政治组织的合法性来源来说,国际机制的合法与否最终还是取决于参与者的接受与否。即使是派生机制,只要参与者能够同意、接受,就具有合法性基础。但是,暗含权力"本身不是独立的权力,而是渊源于组织约章确定的目的、职能和明示权力"。③ 这种不明确的模糊状态必然会引起争议、质疑,甚至会遭到抵制,从而削弱了安理会授权使用武力机制的合法性基础。相比于几乎同期产生的联合国维持和平行动,安理会授权使用武力机制仍然在不断地被质疑,所以安理会在决策时总是引起国际社会的争议和担忧。

学界关于暗含权力是否存在的争论从未停止过,反对的观点仍然存在。有学者指出,关于暗含权力的表述过于宽泛,没有进行表述过

---

① Christian Henderson, *The Persistent Advocate and the Use of Force: The Impact of the UnitedStates upon the Jus ad Bellum in the Post-Cold War Era*, Farnham: Ashgate Publishing Ltd., 2010, pp. 61 – 62.

② Greenwood, "New World Order or Old? The Invasion of Kuwait and the Rule of Law", *The Modern Law Review*, Vol. 55, No. 2, 1992, p. 178.

③ 饶戈平、蔡文海:《国际组织暗含权力问题初探》,《中国法学》1993 年第 4 期。

的权力不能随意断定为暗含权力,暗含权力源于明示权力的准许,并且受限于明示权力让渡的"必要性"。还有学者认为,在应对具体的危机中,由会员国临时向安理会提供部队,比起授权会员国自己去处理危机更加合适,也更加符合《联合国宪章》本身的规定。安理会既然无法根据第四十二条采取军事行动,那么更不应该被认为拥有暗含权力来授权会员国完成连自己都无法办到的事情。所以,如果暗含权力存在,那么有些会员国对这种权力的接受程度还不够,这可能导致合法性危机。

虽然在事实层面上,联合国会员国对授权机制表示了基本上的接受。① 然而,这种接受之中其实包含着对当前国际政治现实的无奈:在复活第四十三条难以实现的情况下,"授权行动是在当前环境下我们期待的安理会所能采取的最佳办法。"② 这一办法在《联合国宪章》规定的范围内提供了一种可行的替代方案,即允许安理会授权各国加入一个临时的警备力量(即各国组成的多国部队),这是介于严格遵守《联合国宪章》规定和完全背离《联合国宪章》条款之间的第三条道路,③ 是迫不得已的选择和妥协,是会员国抱着理想期望的第四十三条协议难以达成的情况下退而求其次所采取的一种替代手段。④

---

① Neils Blokker, "Is the Authorization Authorized: Powers and Practice of the UN Security Council to Authorize the Use of Force by 'Coalitions of the Able and Willing'", *European Journal of international Law*, Vol. 11, No. 3, 2000, pp. 555 – 560.

② Helmut Freudenschu, "Between Unilateralism and Collective Security: Authorizations of the Use of Force by the UN Security Council", *European Journal of International Law*, Vol. 5, No. 1, 1994, pp. 492 – 493.

③ Thomas M. Franck&Faiza Patel, "UN Police Action in Lieu of War: 'The Old Order Change'", *The American Journal of International Law*, Vol. 85, No. 1, 1991, pp. 63 – 74; Burns H. Weston, "Security Council Resolution 678 and Persian Gulf Decision-Making: Precarious Legitimacy", *The American Journal of International Law*, Vol. 85, No. 3, 1991, p. 522.

④ Cf. J. Frowein, "Article 39" in B. Simma, (Ed.), *Charter of the United Nations, A Commentary*, Oxford: Oxford University Press, 1994, p. 638; Neils Blokker, "Is the Authorization Authorized: Powers and Practice of the UN Security Council to Authorize the Use of Force by 'Coalitions of the Able and Willing'", *European Journal of International Law*, Vol. 11, No. 3, 2000, p. 541.

❖ 第二章 安理会授权使用武力方式的合法性问题 ❖

其次,安理会授权使用武力的合法性不能仅仅停留在《联合国宪章》的暗含权力上,因为"推论暗含权力实际上是一个解释国际组织的构成条约及附属文件的过程,国际法庭往往也是把它当作条约解释问题来处理",① 那么问题随之产生:谁有权对这些暗含权力进行解释?谁的解释才是有效解释?这些问题是厘清安理会授权使用武力的合法性所必须追问的。所以,用"暗含权力"作为安理会授权使用武力的合法性所在,还需要根据一般国际法原理和国际组织法、国际条约法等来进一步深入讨论,予以澄清。

这一问题看似简单,但是由于《联合国宪章》在订立之日就没有对解释权给予规定,也就变得复杂起来。也许有人说,何不请国际法院发表解释?国际法院的职权是诉讼管辖权和咨询管辖权,并非强制管辖权。至今没有任何国家因为安理会授权使用武力提起诉讼,也没有任何联合国机构请求其对此发表咨询意见。依据条约法原理,这种不确定的解释权必然带来对约文不同的理解和解释,从而发生冲突。一直以来,《联合国宪章》的很多明示条款如第二(4)条的禁止使用武力相威胁或使用武力原则、第五十一条自卫权的规定等,解释都存在着争议,更何况处于不明确状态的"暗含权力"。

作为条约的缔结者,会员国必定享有解释权。国际政治理论告诉我们,国家参与国际关系的根本原因在于维护和发展国家利益,指望国家一秉公心,将国际社会的公共利益置于国家利益之上是理想主义,这其实也是集体安全机制难以实现的人性根源。所以,国家必定会站在自己的利益立场上对"暗含权力"进行解释,国家利益千差万别,各种解释也必定相互矛盾、相互冲突。由此,作为安理会授权使用武力法律依据的暗含权力必定会莫衷一是,看似存在,其实并无标准。基于某一部分国家的解释做出的授权使用武力行动会遭到另外一些国家的质疑,甚至抵制。尤其是大国之间,一旦利益达不成妥协,就会相互指责对方违法。

---

① 饶戈平、蔡文海:《国际组织暗含权力问题初探》,《中国法学》1993年第4期。

作为联合国的组成机构，安理会当然对其职权范围内的相关条款具有解释权。事实上，授权使用武力就是安理会基于其职权的实践性解释形成的。"联合国安理会在大国权力的基础上对《联合国宪章》条款进行功能性的有效解释，从而创设了一种授权国家或者国家联盟使用武力强制措施的办法，以此来履行安理会维持国际和平与安全的义务。"① 但是，安理会是一个政治机关而不是一个法律机构，这使安理会对其职权相关条款的解释被利益而不是被规则左右。安理会五大常任理事国被赋予了维持和平与安全的核心权力，它们对《联合国宪章》的解释往往意义重大。当常任理事国在实践中表现出高度一致时，对《联合国宪章》的解释就起着决定性作用。当前《联合国宪章》条款远未形成一整套严格遵守的规则，这也就造成了安理会不同的利益方根据自身诉求对《联合国宪章》进行不同的解释。② 无论何种情况，是五大常任理事国的利益而不是国际社会的共同利益成为暗含权力的价值取向。而在当前的联合国制度中，安理会对情势断定的自由裁量权几乎是绝对的，很难对它进行司法审查。其不公正性常常遭到批评甚至抵制，合法性也就被削弱。

最后，由于暗含权力本身就具有模糊性，安理会授权使用武力机制因此还处于规范性不足的状态。也就是说，"虽然授权使用武力的合法性能够为国际社会所接受，但具体规则却是缺失的，处于'暗含权力'之中的授权使用武力机制尚未构成一种具有明确规范的国际制度。"③ 具体地说，在制度性不足的状态下，"安理会应该具体在什么情况下做出这种授权？授权的具体标准或条件应该如何确定？如何使

---

① Christian Henderson, "Authority without Accountability? The UN Security Council's Authorization Method and Institutional Mechanisms of Accountability", *Journal of Conflict & Security Law*, Vol. 19, No. 3, 2014, p. 489.

② Christopher John Sabec, "The Security Council Comes of Age: An Analysis of the International Legal Response to the Iraqi Invasion of Kuwait", *Georgia Journal of International and Comparative Law*, Vol. 21, No. 1, 1991, p. 63.

③ 戴轶、李文彬：《试论安理会授权使用武力的法律规制》，《现代国际关系》2008年第4期。

## 第二章 安理会授权使用武力方式的合法性问题

得这种授权及时、有效？如何保证被授权国家严格遵守有关的授权决定或如何保证被授权的强制行动能在安理会的有效控制之下？"① 这些至关重要的问题都没有一个严谨的规范。

更需思考的是，"对于滥用授权出现的危害性后果，其中的国际责任如何确定？授权虽然属于一种建议，不具备与决议同等的法律效力，但又有一定的法律意义。由于《联合国宪章》本身没有对授权的规定，而安理会在实践中采取的关于授权依据的解释及习惯规则又不明确。这样，关于授权产生什么样的义务和谁来承担这些义务是不明确的，即使在会员国行使安理会的授权时出现了违反国际法的基本原则和规则的情形，也很难辨别是什么义务被违反进而追究有关主体的国际责任。"②

"制定法律来约束武力使用的真正工作，可能还是要通过特别达成的更加温和、更加精确的法律文件来进行。"③ 以此标准来衡量，安理会授权使用武力机制毫无疑问还没有一个"精确的法律文件"来作为实施的依据。国际机制的合法性与其有效性是密切相关、相辅、相存的，合法性影响有效性，有效性加强合法性。一个规范性不足的国际机制，即使能够为国际社会所接受，也必然在运行中无章可依，偏离预设的宗旨、原则，从而削弱了有效性，最终使其失去合法性。事实上，安理会授权使用武力在实施中问题迭出，弊病丛生，原因正在于此，从而招致了国际社会的合法性质疑。

---

① 曾令良：《论伊拉克战争的合法性问题与国际法的困惑》，《珞珈法学论坛》（第四卷），武汉大学出版社2005年版，第236页。
② 戴轶、李文彬：《试论安理会授权使用武力的法律规制》，《现代国际关系》2008年第4期。
③ 威廉·D. 罗杰斯：《武力的原则，原则的力量》，载于路易斯·亨金等《强权与真理——国际法与武力的使用》，胡炜、徐敏等译，武汉大学出版社2004年版，第99页。

# 第三章 安理会授权使用武力决议的规范性问题

规范性的内在要求是按章行事。一旦授权使用武力决议发布，就标志着安理会已经决定对某一安全情势采取武力强制措施，接受授权的联合国会员国将按照决议规定的内容、方式等实施武力行动，决议的形成实际上是安理会授权使用武力行动的真正起点。所以，对于授权使用武力行动来说，安理会的决议是"章"，是实施武力的依据。更为重要的是，由于授权使用武力是以"委托代理"的方式实施的，决议文本实质上是联合国与会员国的"委托代理合同"。所以，决议文本本身的规范性及其所能够起到的规范作用就极其重要，它决定了参与国对约定的遵守情况。然而，作为联合国的一个机关，安理会的决议在性质上是政治的，授权武力行动也是一种政治行动。可是依照《联合国宪章》的规定，安理会的决议却又是具有法律约束力的。以一个政治性的决议作为执行行动的法律依据，能够实现的规范程度可想而知。在海湾战争中，出于外交上的需要，授权决议已经在文本上形成相对固定的措辞模式，并为后续授权行动所遵循，这种模式所存在的缺陷未能实现对授权参与国代理行动的规制，从而削弱了有效性。

## 第一节 安理会授权使用武力决议的文本模式

### 一 授权使用武力决议文本模式的形成

《联合国宪章》没有对"和平之威胁、和平之破坏或侵略行为"

❖ 第三章 安理会授权使用武力决议的规范性问题 ❖

进行界定,对一个安全情势基本上只能听凭安理会的自由裁决。而联合国从一开始就把大国合作作为政治基础,安理会五大常任理事国协商一致是集体安全行动的前提,所以安理会授权使用武力决议只能是五大常任理事国基于各自利益立场交锋的结果。大国外交是授权使用武力决议出台的必经过程,外交妥协的程度决定了决议的内容及其表述方式。这在海湾战争中授权决议的形成中表现得淋漓尽致。

1990年8月2日,伊拉克出兵闪电般占领科威特全境,并随后宣布兼并科威特领土。对此冒天下之大不韪的行为,此时联合国已经有了作为的可能,因为美苏关系已经缓和,苏联新任领导人戈尔巴乔夫上台后多次高度强调联合国的重要性,美苏相互间在安理会的对抗基本终结。而且,1988年,在联合国秘书长佩雷德·德奎利亚尔的推动下,美苏合作采取措施终结了伊拉克、伊朗两国长达八年的战争。① 但是,对于伊拉克局势到底该如何行动,仍然需要美苏及其他安理会成员国进行协商。

1990年8月2日的当天,联合国就迅即做出了反应。安理会"根据《联合国宪章》第三十九条、第四十条"通过第660号决议认定伊拉克的行为构成侵略,要求伊拉克撤兵。② 6日,安理会"根据《联合国宪章》第七章"又通过第661号决议,决定对伊拉克进行经济制裁。③ 9日,安理会通过第662号决议,"决心终止伊拉克对科威特的占领,恢复科威特的主权、独立和领土完整。"④ 该决议初步表明了安理会武力介入海湾局势的可能性。然而,以何种方式来采取武力行动却没有统一的意见。在安理会的讨论中,英国代表表示愿意根据第五十一条提供武力,美国代表表示愿意根据《联合国宪章》第四十一条、第五十一条和安理会第661号决议为面临威胁的沙特阿拉

---

① [美]弗雷德里克·埃克哈德:《冷战后的联合国》,J. Z. 爱门森译,浙江大学出版社2010年版,第48页。
② 安理会决议文件 S/RES/660(1990)[https://undocs.org/zh/S/RES/660(1990)]。
③ 安理会决议文件 S/RES/661(1990)[https://undocs.org/zh/S/RES/661(1990)]。
④ 安理会决议文件 S/RES/662(1990)[https://undocs.org/zh/S/RES/662(1990)]。

伯提供完全的保护，而苏联代表则主张充分利用联合国机制通过集体方法解决争端，并且提出应通过军事参谋团提供咨询。

美国国务卿贝克认为"要通过合法授权来实施科威特合法政府所要求的禁运和封锁"，但安理会的分歧使其难有作为，于是，1990年8月12日贝克宣布根据美国将根据第五十一条、第661号决议以及科威特政府要求，单独在海上采取行动，美国总统布什也宣布美国海军将拦截任何试图妨碍制裁伊拉克行动的船只。对于美国滑向单边武力的倾向，德奎利亚尔明确表示反对："只有联合国，经安理会决议批准，才可以真正决定是否实施封锁。"① 英国、加拿大和其他一些安理会成员也认为，第661号决议只允许监控船只，如果需要进一步行动的话就必须有新的决议的许可。② 对此僵局，加拿大代表建议："对于这些没有先例的未知领域，为什么不发挥《联合国宪章》制定者所期望的功能呢？"法国也暗示可以根据《联合国宪章》第四十二条出台新决议来推动封锁的实现。③

美国一直希望对伊拉克动武，并迫切期望将"武力"写入决议的条款，但这遭到了苏联为代表的不少国家的反对。在第665号决议起草之时，美国希望将使用武力明确写入条款之中。1990年8月19日，一艘伊拉克油轮驶向也门并且拒绝返航，这违反了之前的制裁决议。美国随即召集安理会常任理事国协商，并提出了一个决议草案，草案提出，"使用最低限度的必要武力，以防止违反禁运的海上贸易行为。"但既没有参照第四十二条和第四十七条（军事参谋团），甚至也没有参照整个《联合国宪章》第七章。对此，苏联代表提出异议，认为决议的文本应当更加温和，并且应当涉及军事参谋团的作用。在

---

① ［美］弗雷德里克·埃克哈德：《冷战后的联合国》，J. Z. 爱门森译，浙江大学出版社2010年版，第103页。

② Helmut Freudenschuss, "Between Unilateralism and Collective Security: Authorizations of the Use of Force by the UN Security Council", *European Journal of International Law*, Vol. 5, No. 4, 1994, p. 494.

③ Ibid.

## ❖ 第三章 安理会授权使用武力决议的规范性问题 ❖

苏联的坚持下,美国同意做两个方面的进一步修改:"使用最低限度的武力"被"与具体情况相适应的措施"替代,并邀请其他国家积极合作以确保符合最大限度地使用政治和外交措施。① 在 21 日凌晨举行的非正式协商中,美国进一步软化了文本,说明在安全理事会授权下使用的必要武力只对第 661 号决议的确保与海上运输有关的措施执行,还增加了执行必须向安理会报告的要求。虽然此时苏联仍然扮演着制衡者的重要角色,但是,在也门宣布不允许伊拉克坦克卸载货物后,安理会大多数成员的立场开始倾向于美国。24 日美国与古巴、也门、哥伦比亚和马来西亚等安理会非常任理事国磋商,解释说决议草案之所以不提及第四十二条是为了提高根据第四十一条规定的制裁措施的实施程度,美国交涉使不结盟国家放弃了正在准备中的"秘书长积极参与"和"问责安理会"的提案。

在艰难的磋商后,1990 年 8 月 25 日安理会通过第 665 号决议,"呼吁同科威特政府合作的正在该地区部署海上部队的会员国,必要时在安理会权力下采取符合具体情况的措施,拦截一切进出海运船只,以便检查与核实其货物目的地,并确保严格执行第 661 号决议所规定的与此种海运有关之规定。"② 而苏联外长当天表态说,苏联与美国如此程度的合作已经是前所未有了,五常共同合作也是历史性的和前所未有的现象,第 665 号决议将加强安理会对于制裁的控制和使军事参谋团扮演一个协调的作用。③ 显然,苏联强调了对伊拉克的行动只能局限于制裁,且必须在联合国控制下的立场。这与美国意欲使用武力的要求相距甚远,美国意图获得安理会授权使用武力的目标似乎已经变得不可能。

---

① Greenwood, "New World Order or Old? The Invasion of Kuwait and the Rule of Law", *The Modern Law Review*, Vol. 55, No. 2, 1992, p. 162.
② 安理会决议文件 S/RES/665(1990)(https://undocs.org/zh/S/RES/665(1990))。
③ Helmut Freudenschuss, "Between Unilateralism and Collective Security: Authorizations of the Use of Force by the UN Security Council", *European Journal of International Law*, Vol. 5, No. 4, 1994, p. 496.

❖ 安理会授权使用武力的国际法问题研究 ❖

1990年11月8日,国务卿贝克访问莫斯科,呼吁戈尔巴乔夫尊重其本人1988年关于"赋予联合国新角色"的承诺,要求苏联同意在已经为外交手段保留六周时间之后,11月底前通过一份决议授权使用武力。贝克的外交努力终于有了成效,11月29日,安理会通过了第678号决议,该决议的磋商过程和以往十分不同,因为是在各国的首都而不是在安理会完成的谈判。11月18日,贝克再次会见苏联外长谢瓦尔德纳泽,声明需要九票来通过决议。在谢瓦尔德纳泽与贝克协商将"使用武力"一词改成"采取一切必要措施"之后,当晚戈尔巴乔夫同意了,但要求"采取一切必要措施"必须设置限制为"良好的目的",并且在再次会见伊拉克外长后苏联才公开表态。美国同意了戈尔巴乔夫的条件,但是要求在新年之前完成。[①]

第678号决议回顾并重申了自1990年8月2日以来所有关于伊拉克—科威特局势的决议,"决心确保其各项决定获得完全遵守","根据《联合国宪章》第七章","授权同科威特政府合作的会员国,除非伊拉克在1991年1月15日或之前完全执行上述各决议,否则可以使用一切必要手段,维护并执行第660号决议及随后的所有有关决议,并恢复该地区的国际和平及安全。"同时要求有关国家所采取的行动随时将进展情况通报安理会。[②] 其后,如我们所知,得到授权的美国纠集多个国家发动了海湾战争,将伊拉克驱逐出了科威特。

第678号决议为后来的实践提供了先例,是安理会授权使用武力机制正式形成的标志,该授权决议创造的措辞奠定授权决议文本的基本模式。

——"在《联合国宪章》第七章下行动"(Acting under Chapter VII of the Charter of the United Nations)。

——"授权会员国……"(authorizes Member States to)。

---

① Helmut Freudenschuss, "Between Unilateralism and Collective Security: Authorizations of the Use of Force by the UN Security Council", *European Journal of International Law*, Vol. 5, No. 4, 1994, pp. 496 – 497.

② 安理会决议文件 S/RES/678(1990)｛[https://undocs.org/zh/S/RES/678(1990)]｝。

## 第三章 安理会授权使用武力决议的规范性问题

——"采取一切必要措施（手段）"（to use all necessary means）。

——"恢复该地区的国际和平与安全"（to restore international peace and security in the area）。

这四个关键词句固定搭配成为安理会授权使用武力决议文本的措辞模式，这一措辞模式为后续所有的授权决议所沿用。如果我们仔细研读、比较所有的授权决议文本，就可以发现，无论是著名的授权案例，如武力执行波斯尼亚——黑塞哥维那领空禁飞区的第816（1993）号决议，在索马里武力维和的第814号、第837（1993）号决议，关于海地颠覆民选政府问题的第940（1994）号决议，针对索马里海盗问题的第1816、1838、1851（2008）号决议，针对利比亚境内因内战产生的人道主义危机的第1973（2011）号决议,[①] 还是其他非著名的授权行动案例，无一不是按照该措辞模式来发布授权决定。可以说，这一措辞模式已经成为安理会授权使用武力决议的标准措辞和固定表述模式。自海湾战争后，在一些决议中，安理会是否在授权使用武力常常发生争议，人们认为判断一次行动是否属于安理会授权使用武力机制的范畴至今还没有绝对的标准，实际上此言大谬，授权决议文本的措辞模式已经提供了一个严格的判断标准，实际中所出现的各种"默示授权说"其实都是别有用心者故意对安理会授权使用武力决议的歪曲。

### 二 授权使用武力决议文本的用语模式

四个关键词句固定搭配为什么能够为后来所遵循，成为安理会授权使用武力决议文本的措辞模式？从第678号决议形成的过程我们知道，对某一个安全情势采取何种行动及以何种方式行动，都必须经过安理会成员国尤其是五大常任理事国的协商同意。因此，找到一个符

---

[①] 严格来说，"冷战"后的安理会授权使用武力仅有此几例。西方学界存在着"暗示授权说"，认为安理会的一些决议虽然没有明确授权使用武力，但从其文本可以推断出安理会有授权使用武力的意图。这种观点实际上是为西方国家的对外武力行动寻找法律依据，是牵强的借口。"暗示授权说"是不能成立的，也是有害的。

合各方利益立场的措辞来进行表述,使决议文本为所有成员国都接受,是非常艰难的。因此,后来的授权行动,如果每次重新拟定措辞,必定又会经过激烈的外交磋商,为了减少外交阻力,遵循先例就成为一个有效的方案和办法。由是,四个关键词句固定搭配的措辞模式就成为惯例。可以想见,从作为行动实施的具体规范来说,这种服从于外交妥协的措辞方式不具备法律意义上的精确性。所谓符合各方利益立场的措辞,就是所有人都能够基于自己的利益需求对其进行逻辑自洽的解释,自然地,诸多歧义的产生决定了它能够起到的规范作用必定是有限的。

四个关键词句固定搭配比较完备地阐述了安理会授权使用武力的性质、内容、方式等,能够较为恰当地表述安理会授权使用武力的内在机理。由于安理会的决议是具有法律效力的,在授权使用武力决议的措辞模式中,这种组合因此就具有了法律含义,它对授权使用武力的基本方面进行了规定。在这四个关键词句中,除"恢复该地区的国际和平与安全"直白性地表达了授权的目的外,其余三个词语则有更深的"幕后"。

(一)"在《联合国宪章》第七章下行动"

作为联合国的一个机构,安理会的职权来源于《联合国宪章》的授予,因此,安理会的一切行动都必须在《联合国宪章》中有法律依据,否则就可能会遭到合法性质疑。《联合国宪章》第七章规定了联合国集体安全机制的核心内容,安理会授权使用武力决议开篇在叙述安全情势后即表述"在《联合国宪章》第七章下行动",此用语除为授权寻找合法性依据外,还有几层意义。

第一,强调了授权使用武力是根据第三十九条做出的情势断定,已经裁定了违法国家及其违法事实的存在,是安理会依据其职权做出的决定。

第二,指出了安理会授权使用武力属于安理会强制措施的范畴。

第三,指出了授权使用武力是联合国的集体安全行动,虽然武力行动的实施者并不是联合国安理会。

❖ 第三章 安理会授权使用武力决议的规范性问题 ❖

从第678号决议文本的形成过程来看,"在《联合国宪章》第七章下行动"措辞的加入是联合国秘书长的坚持和苏联强调的结果,美国起草的决议文本中开始并无此措辞。鉴于联合国被赋予维持国际和平及安全的重要责任,秘书长德奎利亚尔坚决要将对伊拉克的行动置于联合国的控制之下,反对美国的单边行动;而苏联此时正处于艰难时期,无力制约美国的行动,只能寄希望于联合国能将美国的行为保持在可控的范围内。"在《联合国宪章》第七章下行动"措辞进入文本强调了联合国在其中的地位和作用,强调了安理会对武力行动的最终决定权,减少了国际社会的担忧、疑忌和争议,相比于朝鲜战争,这是一大进步。

"冷战"时期,安理会授权使用武力的决议都没有包含"根据《联合国宪章》第七章采取行动"或类似的话语。后来的安理会特别调查报告综合各案例认为,这些决议中实际上已经包括了依据《联合国宪章》第七章的含义,因为在基本意义上,序言段都已经说明了根据第三十九条来判断情势;没有包含该话语不意味着没有约束力,已经根据第七章采取行动的决议也不一定非要明确提及第七章,提及第七章的决议也可能包含一些非约束性的条款,解释这些决议需要综合全文并且了解决议背后的讨论过程。①但这是从文本的解释角度阐发的,依然无法平息争议。从海湾战争的第678号决议后,"在《联合国宪章》第七章下行动"措辞成为决议文本的固定性开首语,以明示的表达规定了安理会授权使用武力的集体安全行动性质,减少了模糊性,提高了效力和可信度。

(二)"授权"

"授权"一词有两种含义,一是"认可、批准",二是"委任",即将权力委托给他人(机构),代为执行。"授权"一词出现在《联

---

① Special Research Report No. 1: "Security Council Action Under Chapter VII: Myths and Realities": Special Research Report: Security Council Report. (http://www.securitycouncilreport.org/special-research-report/lookup-c-glKWLeMTIsG-b-4202671.php).

合国宪章》第八章第五十三（1）条："安全理事会对于职权内之执行行动，在适当情形下，应利用此项区域办法或区域机关。如无安全理事会之授权，不得依区域办法或由区域机关采取任何执行行动。"该处的"授权"是第一种含义，指的是"区域机关"所采取武力性质的执行行动必须得到安理会的许可，因为按照此条款之规定，"区域办法或由区域机关"已经具有了采取执行行动的职权，只需要报送安理会批准即可。安理会授权使用武力决议中的"授权"是第二种含义，意思是安理会将其依据第三十九条所享有的执行权交由会员国代为执行，因为在《联合国宪章》中，任何会员国都是没有执行权的，所以此处的"授权"只能是"委任""委托"之意。"授权使用武力"已经成为联合国集体安全行动的专有名词，授权的对象是会员国，会员国是受安理会之委托代为执行武力行动。当然，区域组织也可以接受授权，但性质上则是会员国的集体形式，如北约以国家集团的形式接受针对利比亚境内因内战产生的人道主义危机的第1973（2011）号授权决议。

  在授权决议中，"授权"一词的用法是多种多样的。例如，索马里第794号决议的表述是："授权秘书长及有意愿的会员国采取一切必要的办法……"此处既授权秘书长也授权会员国。第837号决议中"秘书长根据第814号决议授权通过他的特别代表指示联索行动二期部队司令采取一切必要措施对付那些应为武装攻击负责的人"，此处是秘书长根据安理会的授权实行再授权，对于成员国，安理会是一种间接的授权。卢旺达局势的第929号决议的表述是授权与秘书长合作的会员国采取一切必要手段。在维持和平行动中的授权经常性地提起秘书长，与秘书长是维持和平行动的主管有关，不可以理解成为秘书长有权授权使用武力，安理会是唯一有此授权职权之机关。

  在大多数授权使用武力决议中还出现了诸如"劝请""吁请""促请""建议"等措辞，这些词语是何意义？为何出现在授权决议中？能否等同于"授权"？如前所述，安理会之所以采取授权行

◆ 第三章 安理会授权使用武力决议的规范性问题 ◆

动是因为《联合国宪章》第四十三条没有生效，而会员国也没有义务为联合国提供武力行动所必需之人力、物力、财力，所以授权决议只能使用此类措辞请求会员国接受授权，以使强制行动的实施成为可能。所以，安理会在决定授权会员国使用武力措施后，总是"吁请""促请"会员国提供军队或援助或采取其他相关措施。有时候，安理会也在先行"吁请""促请"后，再明确其内容是"授权"，如打击索马里海盗的一系列决议中先是"敦促""呼吁""邀请"，然后在后文说明内容是"授权从事的活动"或"本决议规定的授权"。很多人认为，"劝请""吁请""促请"等措辞意味着安理会授权使用武力，其实不然，单独这些措辞的出现可能意味着安理会同意、批准会员国采取某种行动，而不是授权行动，即受安理会委托采取行动。

（三）"采取一切必要措施"

安理会授权使用武力，有意思的是，从未在决议中出现过"武力"的措辞。造成这一现象的原因很可能在于"武力"的法律含义的不明确。"武力"一词是《联合国宪章》中文版的表述，在英文版中，所使用的词汇是"force"。在何为"force"的问题上，国际社会并未达成共同意见，《联合国宪章》第二（4）条所规定的禁止使用武力相威胁或使用武力原则的适用范围因此一直存在着争议。但是，在国际司法实践中，"武力"一词常常与其他一些相关、相似的词语联系在一起，使我们对"武力"的含义有一个大致的认知。例如，在"尼加拉瓜和针对尼加拉瓜的军事和准军事活动案"（尼加拉瓜诉美利坚合纵国案）（实质问题）（1986年6月27日判决）中，[1] 在"国际法院对以核武器进行威胁或使用核武器的合法性发表的咨询意见"（1996年7月8日咨询意见）中，[2] 在"关于

---

[1] ICJ, Military and Paramilitary Activities in and against Nicaragua (Nicaragua v. United States of America) Merits, Judgment of 27 June 1986, pp. 82 – 105.

[2] ICJ, Legality of the Threat or Use of Nuclear Weapons, ADVISORY OPINIONS, Advisory Opinion of 8 July 1996, pp. 22 – 25.

使用武力的合法性案"（南斯拉夫诉比利时）（临时措施）（1999年6月2日的命令）中，① 国际法院都将"武力"与"武装攻击"联系在一起。以此观之，"冷战"期间安理会的授权行动，安理会决议的用语"使用武力"的意图是明确的。第83号决议和第84号决议中"击退武装攻击""作战"等词语的出现，清楚地将"武力"与战争联系在一起。

"采取一切必要措施"措辞是从第678号决议开始使用，其后被沿用下来。在第678号决议草案磋商过程中，对决议措辞等细节问题，美国和苏联展开了多次的磋商。美国最初打算在决议文中直接写明"使用武力"，但苏联方面认为不太妥当。苏联外长谢瓦尔德纳泽建议用一个听起来威胁性更小的用语替换掉"使用武力"。经过反复推敲，美国国务卿贝克提出了五种不同的委婉表达方式，并最终确定"使用一切必要手段"来进行表述。

苏联为了限制美国直接使用武力而建议使用"采取一切必要措施"间接话语，并且希望能用"良好的目的"和军事参谋团来进行限制，这使直接的武力使用意图变成了间接的含糊性表达。一方面，"一切必要措施"当然可以解释为包含了武力措施，另外一方面，"一切必要措施"当然也包括了非武力措施，这就产生了决议"授权使用武力与否"的微妙差别。是否直接采用武力行动由此完全听凭了会员国的理解和解释，对于基于使用武力手段的国家来说，会毫不犹豫地采用前者；对于其他国家来说，则更倾向于后者，即使要采用武力手段，也主张采取逐步升级的策略，因为这更符合和平解决国际争端原则。在两者之间常常会发生是否已经用尽和平手段的争论。

---

① ICJ, Legality of Use of Force (Serbia and Montenegro v. Belgium) Request for the Indication of Provisional Measures, Order of 2 June 1999, p. 140.

## 第二节 安理会授权使用武力决议的"伪本"分析
## ——以第2249号决议为例

### 一 第2249号决议不能认定为安理会授权使用武力

安理会决议是外交妥协的产物,措辞具有相当大的模糊性,一些决议是否属于安理会授权使用武力的范畴常常引发争议。自20世纪90年代以来,国际安全形势发生急剧变化,尤其是国内冲突、非传统安全问题的凸显威胁着国际和平与安全。苏联解体,"冷战"终结为联合国集体安全机制"松绑",安理会采取的强制行动日渐增多,出台了一些似是而非的"伪本"授权决议,而一些别有用心的国家则利用"伪本"决议的模糊性,曲解安理会决议的文本,为自己的单边武力进行合法性辩护。当前,安理会授权使用武力确实没有明确的定义,但是第678号决议所创造的文本模式为后来的授权使用武力决议所沿用,在模糊之中也有着一定的清晰度,为安理会授权使用武力的判断提供了文本标准。对此,我们可以通过与授权文本相似的第2249号决议进行比较分析来辨别之。

自2014年"伊斯兰国"(IS)在中东崛起以来,其行径荼毒世界,越来越多的国家因此加入战争。但是,武力打击的军事行动一直存在着合法性争议,对此,一直沉默的联合国终于做出了正面回应。安理会于2015年11月20日通过了第2249号决议,同意对IS等恐怖主义组织"采取一切必要措施"。不少人据此认为安理会是在授权使用武力,军事行动的合法性由此迎刃而解。这种认识是否正确?

第2249号决议"促请有能力的会员国根据国际法,特别是《联合国宪章》、国际人权法、难民法和人道主义法,在叙利亚和伊拉克境内受亦称为达伊沙的伊黎伊斯兰国控制的领土上,采取一切必要措施,""特别防止和打击"任何恐怖团体、个人、企业和实体的恐怖主义行为,"摧毁它们在伊拉克和叙利亚相当多的地方建立的庇护所。"① 从决议文本的措辞来看,第 2249 号决议与历次授权决议确实有很大的相似性,尤其是"采取一切必要措施"(to take all necessary measures)之表述当然可以解释为安理会已经同意会员国对 IS 等恐怖主义组织采取武力行动。然而,据此并不能将第 2249 号决议解释为安理会的授权使用武力决议。

　　安理会授权使用武力始于针对朝鲜战争的第 83(1950)号决议,该决议首次使用"授权"一词;正式形成则在著名的第 678(1990)号决议,该决议针对伊拉克出兵吞并科威特的侵略行为,决定"在《联合国宪章》第七章下行动","授权会员国与科威特政府合作","采取一切必要手段维护和执行安理会第 660 号决议和所有随后有关的决议,恢复该地区的国际和平与安全。"第 678 号决议创造了"在《联合国宪章》第七章下行动"(Acting under Chapter VII of the Charter of the United Nations)——"授权会员国……"(authorizes Member States to)——"采取一切必要措施"(to use all necessary means)三个关键词句固定搭配的措辞模式,这一措辞模式为后续所有的授权决议沿用:授权美国在索马里武力维和的第 814 号、第 837(1993)号决议,武力执行波斯尼亚——黑塞哥维那领空禁飞区的第 816(1993)号决议,关于海地颠覆民选政府问题的第 940(1994)号决议,针对索马里海盗问题的第 1816、1838、1851(2008)号决议,针对利比亚境内因内战产生的人道主义危机的第 1973(2011)号决议,无一不是按照该措辞模式来发布授权决定。可以说,这一措辞模式已经成为安理会授权使用武力决议的标准措辞和固定表述模式。把第 2249 号决议与之相比较可以发现,第 2249 号决议通篇没有"在《联合国宪章》第七章下行动"之措辞,而且,用"促请"(call upon)一词替代了"授权"。细观之,"采取一切必要措施"的英语表述也做了修改。这些措辞的减少和改变使第 2249 号决议在文本上已

---

① 安理会决议文件 S/RES/2249(2015)[https://undocs.org/zh/S/RES/2249(2015)]。

❖ 第三章 安理会授权使用武力决议的规范性问题 ❖

经不符合授权使用武力决议的要求和规范。

或曰，同一个意图是可以用不同的措辞表达的，安理会授权使用武力产生于联合国维持国际和平与安全的实践，措辞模式仅仅只是惯例而已，并无一个法律文件对此予以明确规定。所以，仅据此认定不符合该措辞模式的决议文本不具有授权使用武力的性质，是没有说服力的。否则，无法解释第2249号决议"采取一切必要措施"之措辞明显表露出的安理会意欲对IS采取武力措施的意图。对于这一质疑，我们只要把授权使用武力制度的特征和授权文本的措辞模式结合起来分析，就可以得出清晰的答案。

安理会授权使用武力决议的文本习惯性地使用四个关键性措辞，并将其固定搭配在一起并非偶然，也并非一个简单的措辞表述和文本解释问题，而是由授权使用武力在形成过程中所产生的特质决定的。

武力行动是联合国集体安全制度最后的也是最有力的保障手段，规定在《联合国宪章》第七章。第七章开篇第三十九条规定，安理会在对"和平之威胁、和平之破坏或侵略"三种安全情势断定后，有权采取两种强制措施：第四十一条规定的和平性的制裁和第四十二条规定的暴力性质的执行行动（enforcement action）。而且，第七章随后的第四十三至第四十七条规定，执行行动应当由"联合国军"来实施，且由安理会设立的军事参谋团来统率、指挥。然而，形势的发展并未按照《联合国宪章》预设的轨道进行，联合国成立不久后"冷战"开始，美、苏两大政治军事集团的对立使第四十三条所构想的"联合国军"无法组建，执行行动随之就成为纸面上的空文。没有武力措施做后盾，联合国集体安全制度就是没有利爪的老虎，将有可能重蹈国际联盟的覆辙。为此，安理会只得援引《联合国宪章》第七章对会员国进行授权，将执行权委托给会员国代为执行。可见，授权使用武力是联合国在迫不得已的情况下所采取的一种变通办法，是安理会结合国际关系现实所做的一种务实性选择。经过长期的实践，这种变通办法实际上已经取代了第四十二条预想的执行行动，成为安理会武力强制措施的实施方式。现在，联合国已经明确将其列为集体安全行动，国际社会也已经基本上接受其存在的合法性。①

显然，授权使用武力实质上已经对《联合国宪章》构成了一定程度的修改，这个修改虽然弥补了联合国集体安全制度在实施中的缺憾，但却使武力措施的所有权和使用权发生了分离，这在一定程度上偏离了联合国集体安全制度在组织及权力形态上的集权原则，因为"《联合国宪章》条款的本意是要把武力的使用由一个中央机构来控制，而授权这种新体制却是非中心化——把武力的使用权分散到会员国中去，尽管这种使用权是由中央机构授予的。"② 由是，安理会不得不在履行职权和坚持集体安全的原则之间谨慎地保持相对的平衡——既要实现维护国际和平与安全的职能，又要保持对武力使用权的掌控，否则武力的放任会破坏国际秩序。所以，安理会在每次通过授权使用武力决议时，都必不可少地重复"在《联合国宪章》第七章下行动"，意在强调该次行动是联合国的集体安全行动而非任何国家的单边武力，这是武力行动的合法性所在。"授权会员国……"意在强调安理会仅仅是将武力强制措施的执行权交由会员国代为行使，以实现其维持国际和平与安全的职能，接受授权的会员国必须接受安理会的节制，安理会保留有武力措施的最终决定权。"采取一切必要措施"则是把制裁措施和武力措施区别开来，实质是指可以采取武力行动。③ 在安理会只想对当事国采取制裁手段而无意于使用武力措施时，决议也会注明"在《联合国宪章》第七章下行动"，但不会出现

---

① 关于授权使用武力的合法性，有两种解释："明示权力说"认为《联合国宪章》第四十二条已经包含了此意。"暗示权力说"则认为授权使用武力是《联合国宪章》中所没有的，但联合国的宗旨和职能是"采取有效集体办法"，"维护国际和平及安全"，而《联合国宪章》将此职权授予了安理会，在此宗旨和职能下安理会的一切行动都应视为合法（除非违反国际法）。所以，安理会可以根据职能需要授权会员国采取武力行动，以达到恢复国际和平与安全之目的。理论界更倾向于后一种观点，即认为《联合国宪章》赋予安理会的暗示权力才是其授权使用武力的法律基础。

② Antonio Cassese, *International Law*, Oxford press, second edition 2005, p. 350.

③ 1990年伊拉克吞并科威特后，在安理会的讨论中，美国希望将武力措施明确地写进决议，为即将对伊拉克采取的军事行动提供法律依据，但苏联表示反对，最终决议文本措辞改换成了"采取一切必要措施"。这一服从于外交策略需要的措辞从此一直被沿用下来。

❖ 第三章 安理会授权使用武力决议的规范性问题 ❖

"采取一切必要措施"之措辞。

表面上看,安理会授权使用武力决议文本的措辞组成和表述模式是大国外交的产物,但实质上却是由其内在的本质特征决定的,所以能够为后面的历次授权决议所遵循。当然,在意义不变的前提下,措辞可以改变(从法律文本的一贯性和严谨性来看,如无特殊情况,改变措辞是没有必要的),但是四个词句选项却是不能减少的,否则,文本的整体含义就有可能发生改变。所以,仅据"采取一切必要措施"之措辞并不能认定第2249号决议具有安理会授权使用武力性质。

首先,没有使用"在《联合国宪章》第七章下行动"之措辞,意味着安理会无意或不能对武力打击IS采取集体安全行动。也就是说,安理会虽然同意会员国对危害日深的IS采取武力行动,但不同意对IS采取军事行动的会员国使用联合国旗号。

其次,"促请"一词在法律上不能与"授权"互通。"促请"一词出现在《联合国宪章》的第三十三(2)条和第四十条,意为敦促、请求、号召、呼吁争端当事国保持克制的态度,和平解决国际争端,国际组织法学称之为安理会的"促请权"。促请权在《联合国宪章》条文中适用于争端当事国相互间的关系,其中并无违法国的认定,更无相关集体安全行动强制措施的决策与实施;而授权使用武力却是安理会针对其所认定的违法国家所采取的强制措施的行为。显然,促请与授权在法律意义上是完全不同的。除非"促请"和"授权"两词联用,则促请的性质发生改变。如第1851(2008)号决议在"吁请有能力的国家、区域组织和国际组织积极参与打击索马里沿岸的海盗和海上武装抢劫行为"后,"申明本决议规定的授权仅适用于索马里局势"。这一申明补充说明了接受安理会"吁请"(call upon)的会员国所采取的行动是安理会的授权行动。

所以,第2249号决议"促请有能力的会员国""采取一切必要措施",只能解释为安理会是在号召、呼吁、敦促会员国对荼毒世界的IS采取包括武力行动在内的一切措施,消除其对国际和平与安全的威胁。但是,其行动虽然得到了联合国的认可却依然是会员国的自主行动而非授权性质的联合国集体安全行动。

## 二 授权使用武力不宜单独适用于打击国际恐怖主义

无论如何，第2249号决议对IS使用武力的意图是明显的。既然意欲使用武力，安理会何不直接授权采取集体安全行动而要让会员国采取单边武力呢？毕竟集体安全行动比任何会员国的单边武力都更具有政治号召力和威慑力，而且，对于非国家行为体对国际和平与安全的破坏和威胁，授权使用武力是可以适用的，这在打击索马里海盗的行动中已经创造了先例。个中原因在于恐怖主义组织及其行径的特殊性，使安理会不能仅仅凭《联合国宪章》第七章就可以采取行动。

安理会授权使用武力的前提是违法国的存在，所谓违法国，就是安理会根据《联合国宪章》第三十九条规定断定其行为构成"和平之威胁、和平之破坏或侵略"的国家，该国也因其违法行为成为武力打击的对象。但恐怖主义组织是一个非国家行为体，一方面它不像国家一样具有确定的领土，另一方面却又盘踞在国家领土上，这就给军事行动在地理上的展开制造了窘境。如果有确凿的证据证明恐怖袭击能够归因于恐怖主义分子（组织）的"驻在国"，安理会当然能够授权对该国进行武力打击。但若"驻在国"本身也受到恐怖主义的威胁，授权适用就有了困难。当前IS的情势即是如此。

IS当时已经占据了伊拉克和叙利亚的诸多领土，两国因此也就成为IS的"驻在国"。但是，IS的政治目标是要在从伊拉克到地中海之间的中东核心地带上建立一个政教合一的伊斯兰国，显然，在这个政治目标下，伊拉克、叙利亚等中东国家是IS要消灭的对象。在此情形下，安理会若授权使用武力，战争必定是在两国领土内进行，此举也就必定构成对两国领土主权的侵犯。要知道，主权原则是国际法最基本原则，即使是安理会在行使维护国际和平与安全的职权时，也必须与之妥善处理好关系。所以，除非伊拉克和叙利亚做出邀请或同意，安理会不得授权对其领土内的IS势力采取军事行动。归结起来说，由于两国在IS的问题上并无过错，外来势力在其境内的军事行动只有在得到其邀请或同意的前提下实施才不构成侵权,所产生的损害也就可以随之免责。这是安理会授权使用武力适用到非传统安全威胁上的特殊性。应该说,安理会是充分认识到了这一点的,在授权打击索马里海盗案中(这是截至目前仅有的一例授权使用武力打击非国家行为体的案例),安理会自始至终都坚持了邀请与同意原则。其系列决议反复强调是应索马里当局的邀请和同意而授权的,如第1851(2008)号决议在序言中专门阐述了索马里过渡联邦政府邀请与同意的态度与立场,在正式做出授权后还再次"申明这一授权是在接到过渡联邦政府2008年12月9日来信表示同意之后才做出的"。

鉴于IS威胁的严重性,动乱之中的伊拉克和叙利亚显然是愿意接受安理会授权使用武力在其境内适用的。早在2014年,伊拉克当局和叙利亚巴沙尔政府就已经多次向国际社会求援。所以,安理会当然可以仿照索马里行动授权在两国境内采取军事行动,但决议的形成需要安理会成员国尤其是常任理事国达成政治共识。虽然,安理会成员在武力打击IS的态度上是一致的,但是,对于谁有权代表叙利亚做出邀请和同意却有分歧。美、法等西方国家出于政治敌对原因拒不承认巴沙尔政府,俄罗斯则持相对立的态度。政治共识无法达成,授权决议也就不能出台,最终安理会通过了这份似是而非的第2249号决议:既同意使用武力,又不是授权。实际上,第2249号决议主要是按照法国提交的议案形成的,此前一周,巴黎受到了恐怖袭击,显然,法国是急于为武力打击IS寻求法律依据。对此,俄罗斯也提交了一份修改草案,要求在征得巴沙尔政府同意的前提下采取武力行动,但遭到了美国、英国、法国等国家的拒绝。

### 三 第2249号决议不能作为武力反恐的法律依据

第2249号决议表达了对IS使用武力的意图,其法律依据何在?在当前的国际法体制中,自卫和授权使用武力是《联合国宪章》第二(4)条规定的禁止使用武力相威胁或使用武力原则仅有的两个例外。既然第2249号决议不能解释为安理会的授权,那么,能否和针对"9·11"事件的第 1368（2001）号决议一样，以自卫权作为其法律基础呢？毕竟，一些国家尤其是西方国家已经遭到了 IS 的恐怖袭击和威胁。

自卫权，无论在习惯法还是协定法上，都是受害国在受到外来武力攻击的情况下才能行使，其他国家只能在基于同盟条约义务下或受邀请的情况下行使集体自卫权。第 1368（2001）号决议"谴责 2001 年 9 月 11 日在纽约、华盛顿特区和宾夕法尼亚州发生的令人发指的恐怖主义攻击"，意指美国是受害国，可以借此对恐怖袭击行使自卫权，美国也正是以自卫权为法律依据对阿富汗发动了反恐战争。但第 2249 号决议"促请"的对象是"有能力的会员国"，这一措辞意味着即使未受到 IS 等恐怖主义组织直接攻击和威胁的国家，只要有能力、有意愿，也可以对 IS 采取军事行动。显然，这已经超越了自卫权只能由受害国及其同盟者行使的限制。自卫权因此也就不能解释为第 2249 号决议的法律依据。

在既不属于授权又没有依托自卫权的情况下，对于第 2249 号决议所包含的同意会员国使用武力的意图，我们只能说在现行的国际法体制中是没有法律依据的，它看似解决了一直存在的武力打击 IS 的合法性争议，实际上并不成为武力打击恐怖主义的法律依据。因为，安理会作为联合国系统的一个组织机构，其权力来源于《联合国宪章》的授予，其行为必定受《联合国宪章》和其他国际法原则、规则和标准约束，超出《联合国宪章》的授权范围或违反国际法的决议，其本身的合法性就是值得怀疑的。以此论之，第 2249 号决议所同意的武力实际上只能认定为法外武力，这种缺乏规制的法外武力未必会收到期望的效果，甚至可能使接下来的反恐战争偏离正确的轨道。

针对 IS 的军事行动，早在 2014 年 8 月即已开始，美国先后空袭伊拉克和叙利亚被 IS 占据的领土，其盟国随后陆续加入或提供协助，俄罗斯则于次年 10 月对叙利亚境内的 IS 势力发动突然性的空袭。为解决军事行动的合法性问题，美、俄等国均宣称军事行动是应伊拉克和叙利亚的邀请或已征得其同意。这是邀请（同意）原则首次在反

❖ 第三章 安理会授权使用武力决议的规范性问题 ❖

恐战争中应用。然而,采取军事行动的各国在叙利亚的请求(同意)问题上持有不同的政治立场,美国是与叙利亚反对派合作,而俄罗斯则强调只有与国际社会普遍承认的巴沙尔政府合作才算合法。于是,对于美国及其盟国武力行动的合法性就出现了争论,巴沙尔政府和俄罗斯指责美国的行为等同于侵略,美国则强硬地拒绝。如何理解其中的法律争议呢?

所谓邀请(同意)原则,是指权利受到侵害的一方如果事先已经发出邀请或同意,则侵害行为就不再是非法的。显然,邀请(同意)原则下的武力使用必然性地与邀请(同意)本身的有效性联系在一起,只有合法政府做出的邀请和同意才能算是有效的。而且,在现代国际法上,被邀请(同意)的国家所采取的行为不得破坏同意国或邀请国的领土完整和政治独立,不得与普遍性的国际法基本原则相违反。①

叙利亚自 2011 年起发生内战,受西方国家支持的叙利亚反对派要求总统巴沙尔·阿萨德下台,美国及其追随者以巴沙尔政府大规模侵犯人权、拥有违禁武器为由,驱逐其大使,转而承认反对派为叙利亚的合法当局,并以反对派的邀请和同意为自己在叙利亚境内的军事行动做合法性辩护。这种辩护能否成立?在"有内战而且国家是由作战各派分割控制的,对任何一方的任何形式的干预或援助都等于违反国际法的干涉。在这种情形下,冲突的任何一方是否有权作为政府代表国家发言和寻求援助,是有疑问的"。② 推而论之,"当许可或者请求军事援助的政府是否有这种邀请权本身就值得怀疑的时候,那么这种军事行动的合法性自然也应当受到质疑。"③

所以,美国的行为不但是值得考问的,而且有干涉叙利亚内政之

---

① [意] 安东尼奥·卡塞斯:《国际法》,蔡从燕等译,法律出版社 2009 年版,第 491 页。
② [英] 詹宁斯、瓦茨修订:《奥本海国际法》第一卷第一分册,中国大百科全书出版社 1995 年版,第 317 页。
③ [德] 沃尔夫刚·格拉夫·魏智通主编:《国际法》,吴越、毛晓飞译,法律出版社 2012 年版,第 610 页。

嫌。再进一步说,虽然承认或不承认某一国政府是主权范围内的事情,美国有权不承认巴沙尔政权,视反对派为叙利亚的合法政府。但是,主权性权利不得与以保护全人类共同利益为目的的普遍性国际法相冲突,否则,其权利主张即为无效。美国承认叙利亚反对派为合法当局所产生的法律关系只能局限于其两者之间,不能以此减损已经成为国际法基本原则的禁止使用武力相威胁或使用武力原则。否则,即构成对该原则的违反。[①] 所以,美国及其盟国军事行动的合法性是不能接受的。

如前所述,授权使用武力适用于非国家行为体必须视具体情形附加邀请(同意)原则,第 2249 号决议在关于叙利亚的邀请(同意)还存在争议的情况下,同意"有能力的会员国"对 IS 采取军事行动,鉴于联合国的权威性和《联合国宪章》认可的安理会决议的法律效力,此举实际上承认了西方国家军事行动的合法性。虽然决议文本重申"尊重所有国家的主权、领土完整、独立和统一",也强调"为反恐采取的任何措施都符合国际法",然而,在当前诸多不明确的国际法体制下,这些惯常性的表述难以产生实质性的法律约束力。例如,上文所述的国家间的承认问题依然属于习惯法的范畴,它与一些问题领域现行的国际法原则、规则之间的关系还没有相关的规定予以明确规范,我们说以反对派的邀请和同意来行使武力是非法行为,只是一种基于法律逻辑的推论。反巴沙尔政府的西方阵营不会因为这种法律疑问而自觉约束自己的行为。一直以来,针对 IS 的反恐战争夹杂着太多的政治争夺,"美国打击伊斯兰国的战略把扶持叙利亚反对派武装作为第三方力量,这种方式一方面打击了伊斯兰国,另一方面也是反对巴沙尔政权",[②] 可谓是一箭双雕之举。可以预见,如果没有其

---

① 戴轶:《请求(同意)原则与武力打击"伊斯兰国"的合法性》,《法学评论》2015 年第 1 期。

② Defeating ISIS: An Integrated Strategy to Advance Middle East Stability. http://www.americanprogress.org/issues/security/report/2014/09/10/96739/defeating-isis-an-integrated-strategy-to-advance-middle-east-stability/.

### ❖ 第三章 安理会授权使用武力决议的规范性问题 ❖

他政治势力的牵制，美国主导的武力反恐将不会局限于第2249号决议所规定的摧毁IS建立的庇护所，而是会演绎成为推翻叙利亚巴沙尔政权的战争。可以说，第2249号决议是不慎重的，它撇开复杂的政治因素，将武力打击IS简化成一个法律问题，给西方国家干涉叙利亚内政，谋取地缘政治利益披上了合法外衣，会给反恐战争带来错误导向。

综上所述，安理会第2249（2015）号决议虽然可以解释为安理会同意使用武力，但没有"在《联合国宪章》第七章下行动""授权会员国……"之措辞，这就不具有联合国集体安全行动的性质，不能认定为安理会授权使用武力。将安理会授权使用武力适用于IS必须得到其"驻在国"的邀请或同意，否则就构成对主权原则的违反。虽然，安理会在武力打击IS的态度上是一致的，但俄罗斯和美、法等国在叙利亚政府的承认问题上立场迥异，由谁代表叙利亚当局作出邀请（同意）不能达成统一，安理会因此通过了既同意使用武力又不是授权性质的第2249号决议。这一决议虽然承认了西方国家对IS的军事行动的合法性，但在现行的国际法体制中是没有依据的，可能会给反恐战争带来错误导向。

恐怖主义的肆虐确已有对其采取武力措施之必要，但是不适当的"合法"武力非但不能达到恢复国际和平与安全的目的，反而有可能成为一些国家谋取私利的工具。因此，安理会在同意使用武力时，应持审慎的态度，避免因决议被利用而引起武力的滥用。当然，我们也应看到，第2249号决议的出台实属无奈之举，一方面，IS的崛起已经是非武力打击不能遏制，另一方面，安理会内部政治立场的差异又使授权决议无法形成，这一情形说明武力反恐处于政治与法律的双重困境之中。从法律层面来说，对武力反恐进行专门立法已经是形势之需。当前关于武力使用的国际法体制，都是基于国家间关系而建立的，适用到恐怖主义组织这种非国家行为体有其特殊性和困难性。无论是自卫权①还是安理会授权使用武力，勉强适用都会带来法律争议，甚至偏离预定目标。没有明确的法律规制，武力措施是难以达到遏制恐怖主义目标的，国际社会应该就此进行政治磋商，尽快进行立法。从政治层面来说，西方国家应该认识到，在反恐中实行双重标准或以反恐之名来实现政治图谋，是于事无补的，美国这些年的反恐战争"越反越恐"的事实已经证明了这一点。抛却政治偏见，依法反恐，才是正道。

## 第三节　安理会授权决议文本的规范性分析

### 一　授权决议用语模糊

作为武力行动实施的依据，更作为安理会和会员国关于武力行动实施的"委托代理协议"，授权使用武力决议必须措辞精确、用语清晰，使手段、内容、方式、权限等方面得到明确的规定，才能够对武力行动的实施起到规范作用。简而言之，授权决议要想规范武力行动，文本的措辞、表述等方面必须是规范的。然而，目前授权决议的文本距离这一要求还很远。

首先，决议将授权使用武力的法律依据简单、笼统地归结为"《联合国宪章》第七章"，而没有明确具体根据哪一条款，会引起合法性质疑。不涉及武力使用的决议反而大多都明确说明所援引的条款，例如第660号决议清楚地指出，是根据《联合国宪章》第三十九条断定伊拉克的行为违法，根据第四十条促请伊拉克撤出科威特。如果将此依据与"采取一切必要措施"联结起来解释，授权决议也可

---

① 援引自卫权武力打击国际恐怖主义在国际法上一直存在着争议，自安理会在针对"9·11"事件的第1368号决议中确认了国家对国际恐怖主义袭击享有自卫的权利后，国际法学界对此曾进行热烈讨论，最终的结论是自卫权无法适用于武力打击国际恐怖主义：即使能够将恐怖袭击接受为自卫的法律前提"武力攻击"，也无法确定自卫反击的指向对象，因为恐怖主义组织是一个非国家行为体，恐怖袭击不具备攻击国。即使是将目标指向恐怖主义分子（组织）的"驻在国"和"关联国"，也难以将两者之间予以归因。而且，自卫权中的"必要性"和"相称性"原则在武力反恐中是难以把握的。

❖ 第三章 安理会授权使用武力决议的规范性问题 ❖

以理解为没有授权使用武力，而是在强调《联合国宪章》第七章第四十一条的制裁，从而引起对武力行动的抵制。在另一个极端上，凡是援引"《联合国宪章》第七章"的决议则会被一些国家援引为安理会的合法授权，即所谓的"默示授权"。例如伊拉克入侵科威特后，美国国务卿贝克宣称依据第 661 号决议将单独采取行动；海湾战争结束以后的安理会第 687 号决议经常被英、美等国引申为安理会的合法授权，并与第 678 号决议一起作为"伊拉克武器检查事件"和轰炸的依据。造成这一现象的根本原因在于安理会授权使用武力在《联合国宪章》中没有明示条款作为依据，但是在措辞上并非没有办法，比如表述为"根据《联合国宪章》规定的宗旨、原则及第三十九条、第四十二条"，或其他类似性的表述，则在增强其合法性的同时，区别和平性手段和暴力性手段，可以避免歧义性的解释，减少争议。

其次，授权决议文本用语总体上趋向于用笼统和概括的措辞来表述内容，缺乏法律文本所必需的精确性，难以实现对武力行动的有效规制。其中最主要的表现是用"采取一切必要措施"来代替"武力"，用"恢复该地区的国际和平与安全"来规定授权使用武力的目的和空间适用范围。而且，无论是在起草这些决议文本的过程中，还是正式的决议文本，安理会都没有对这些术语的法律含义有过任何单独的讨论和具体的阐述。一个显而易见的结果是，安理会将这些关键性的问题交给了会员国自由决定，从而使武力行动游离于联合国体制之外。

授权决议模糊不清的措辞是国际关系中权力政治作用的结果。任何安理会的决议都是十五个安理会成员国之间谈判的结果，其中五个常任理事国的意见占据了绝对性的重要地位。由于安理会五大常任理事国都有各自的利益诉求，因而不可能在使用武力这一敏感问题上完全一致。谈判过程就是一种对危机不同立场和处理方法之间的政治妥协，大国通过彼此间的博弈与妥协，最终只能使用模糊措辞开始达成共识。所以，"授权决议是受大国利益主导的政治性过程，而非客观的法律过程。授权决议被蓄意泛化因为它们往往是大国相互妥协的产物。"① 模糊不清的措辞能够使所有决策者都能够从中找到符合自己利益的解释，精确化的措辞因其解释的口径太狭窄和空间弹性不足被排除，对武力行动实现规制的需要则因此退居次要。

实际上，"冷战"时期的两次授权决议中措辞是相对明确的。第83号的决议中没有采用"使用一切必要手段"的含糊措辞，明显含有使用武力的意思。此次决议措辞之所以如此直白，主要是由于苏联缺席了决策过程，缺乏权力制约的西方国家因此可以将自己的意图写进决议文本。关于南罗德西亚的第221号决议规定："请大不列颠及北爱尔兰联合王国政府对于有理由认为系在装载石油运给南罗德西亚之船只于必要时用武力阻止其驶抵贝伊拉港并授权联合王国如发现油轮 Joanna V 于贝伊拉港卸下石油时，一旦其离港即予逮捕扣留。"决议针对目的、任务明确规定使用武力，并且直接授权英国执行。个中原因主要是南罗德西亚危机只关乎英国利益，没有其他大国牵涉其中，所以文本措辞的精确化较为容易。正如我们所看到，一旦大国之间有了利益纷争，安理会授权决议就难以精确化，关于伊拉克—科威特局势的授权决议正是如此。

法律是政治的工具，国际法总是受制于国际政治权力之间的角逐。"冷战"结束后，国际秩序进入了转型期，大国之间为此展开了新一轮的权力角逐，而全球化的深入发展也使大国之间利益的联系更为错综复杂。在这种背景下，安理会授权的决议文本已经很难再像"冷战"时期那样简单明确而规范性强，这是其法律化面临的重大政治难题。

## 二 武力方式措辞失当

"冷战"时期的两次授权行动都是明确表明使用武力，"采取一

---

① Acacia Mgbeoji, "Prophylactic Use of Force in International Law: The Illegitimacy of Canada's Participation in 'Coalitions of the Willing' Without United Nations Authorization and Parliamentary Sanction", Review of Constitutional Studies, Vol. 8, No. 2, 2003, p. 201.

◆ 第三章 安理会授权使用武力决议的规范性问题 ◆

切必要手段"的措辞是在海湾局势中美苏外交妥协的产物，在后来的授权使用武力决议中成为固定性的措辞，代替了"武力"。在第 678 号决议起草过程中，戈尔巴乔夫并不希望最终通过武力解决危机，倡议要尽可能地通过外交手段斡旋，对于武力措施，苏联建议使用一个相对委婉的表述。由于苏联的坚持，美国最终不得不妥协，最终双方敲定了"使用一切必要手段"的措辞。显然，如果没有苏联的反对，第 678 号决议势必成为第 83 号决议的翻版。苏联的制衡避免了将"武力"写入第 678 号决议文本之中，"使用一切必要手段"由此成为了授权决议文本的固定用语。苏联的本意是希望尽可能地使用和平性手段解决伊拉克局势，"使用一切必要手段"的表述虽然避免了直接使用武力，但事与愿违。更为严重的是，这种模棱两可的表述为后来造成了不良影响。按照苏联的建议，在第 665、678 号决议中加入"必要""按情况采取必要"是为了对手段和措施加以限制，意思是应该基于情势的需要才能采取武力行动，但实际上由于判断权交给了会员国，对于意欲采取武力行动的国家来说，这一个措辞没有任何的限制意义。然而，"采取一切必要手段"沿用下来成为后来安理会授权决议的习惯性措辞，成为"武力"的代名词之后，给授权行动带来了麻烦。

第一，"采取一切必要手段"含义的广泛性使武力行动的合法性发生争议。对于急于采取军事行动的国家来说，"一切必要手段"毫无疑义地包括了武力手段。但是，对于持审慎态度者或者反对武力行动者来说，武力行动是否"必要"则存在着疑义。也就是说，"采取一切必要手段"的表述未区分和平性手段和暴力性手段，从而使国际社会未能在授权行动中采取一致立场，使所有的武力行动都面临着合法性争议甚至抵制。

第二，"采取一切必要手段"能够解释为可以使用武力，也可以不使用武力；然而，一旦当其被解释为可以使用武力时，"一切必要"的措辞就变成了对武力行动的实施方式、程度等不加以限制的含义。而安理会在决议文本中也并没有对"一切必要手段"的内涵作进一步规定，虽然决议中也出现有"相称的""必要的"等限定词，但是这些抽象的规定并不能起到实质性的规范作用，接受授权的会员国可以根据行动的方便和本国的利益需要对其进行解释。所以，"采取一切必要措施"从源头上导致了行动不受约束。换句话说，授权给予会员国主动、开放和宽泛的武力使用权，缺乏甚至放弃了对武力使用的指导和管理。"采取一切必要措施"没有规定武力使用的方式和武力使用的程度，导致了武力的滥用。

第三，"采取一切必要手段"措辞使一些似是而非的决议被解读为安理会在授权使用武力决议，例如上文所提到的第2249号决议："促请有能力的会员国根据国际法，""在叙利亚和伊拉克境内受亦称为达伊沙的伊黎伊斯兰国控制的领土上，采取一切必要措施，"打击恐怖主义势力及其行为。这一些决议通常使用的措辞模式是"促请"但并未明确注明是"授权"会员国"采取一切必要措施"，由于"促请"（call upon）一词的含义是"敦促、请求、同意"，而授权一词也包含有"同意"之意，两者具有一定的相通性，所以该类安理会决议极容易被解读为授权使用武力，不但引起国际社会的误解，而且引起争议。

在第678号决议的讨论中，有些国家已经注意到了该问题。也门特别指出，第678号决议只赋予了权力而没有规定相关的责任。中国认为"使用一切必要手段"表明允许采取军事行动，因而难以在决策过程中投赞成票。很明显，第678号决议的目的或者说实质预期是在自卫范围之内使用致命武力，但是，以美国为首的多国部队不仅轰炸巴格达，还对高速公路上撤退的伊拉克士兵进行俯冲扫射。在整个海湾战争期间，联军对伊拉克石油平台和设施进行空袭，至少造成160万桶石油泄漏，还对核设施等基础设施进行轰炸，大量使用集束炸弹及类似贫铀弹这样的新式武器。这些措施不仅在战时造成了大量伤亡，并且在战后导致大规模污染和地表破坏，遗留的大量的地雷和未爆弹药以及贫铀弹引发的污染，严重威胁伊拉克和科威特及周边地

❖ 第三章 安理会授权使用武力决议的规范性问题 ❖

区平民安全。① 第678号决议的"采取一切必要手段"笼统表述给了美国自由行动的权力,为了实现决议目标,对伊拉克的攻击的目标、打击力度可以不受限制。

在后来的授权中,"采取一切必要措施"措辞成为不择手段的代名词。在波黑局势后期,为了敦促冲突各方重新回到谈判桌上,北约对塞族军事设施发动了当时北约历史上规模最大的空袭——"解放力量"行动,不仅摧毁了当地的城市,造成了大量武装人员和无辜平民的伤亡,同时也留下了贫铀弹的贻害。索马里维和中,第837号决议授权"使用一切必要手段"打击艾迪德政府,最终导致二期联索行动失去控制,卷入大规模的武装冲突之中。

在利比亚局势中,第1973号决议决定在利比亚设立禁飞区保护平民,授权会员国或区域组织视需要采取一切必要措施,强制执行禁飞。根据字面意思,禁飞区内禁止的只是航空器而非地面部队,其目的在于减少空中力量对地面的伤害,所以冲突各方的航空器都应当禁止飞行,由有绝对优势的第三方力量确保不合规定的航空器禁飞。但是"一切必要手段"的表述导致了一系列可能的解释。② 一个严格的逻辑关系允许实施国家只能将对平民造成迫在眉睫威胁的军事目标作为打击对象。③ 而一个更宽松的关系要求检验军事目标的危险性,不管它是否构成迫在眉睫的威胁。最宽泛的概念关系则是认定卡扎菲政权具有普遍性的危险,任何总体上巩固这一政权的军事目标都是合法的打击对象。④ "采取一切必要手段"的授权字眼则让美法等国和北

---

① 贾珺:《高技术条件下的人类、战争和环境——以1991年海湾战争为例》,《史学月刊》2006年第1期。

② Julian M. Lehmann, "All Necessary Means to Protect Civilians: What the Intervention in LibyaSays About the Relationship Between the Jus in Bello and the Jus ad Bellum", *Journal of Conflict and Security Law*, Vol. 17, No. 1, 2012, pp. 130 – 131.

③ Ibid., p. 120.

④ Mehrdad Payandeh, "The United Nations, Military Intervention, and Regime Change in Libya", *Virginia Journal of International Law*, Vol. 52, No. 2, 2012, p. 384.

约以预先性目的对地面防空目标进行摧毁,甚至是对方的地面部队。①事实证明,在这些行动中还引起了大量平民的丧生,而他们本来是这些行动保护的目标。

"采取一切必要措施"的措辞意味着同意授权行动的实施国以任何方式实现目的,这显然不符合武力使用的相称性原则。作为一种战争行为,授权必然要考虑到诸多的战争法规的限制:"第一是'节制性原则'(Proportionality of Means),即交战各方使用的武力必须有节制,尽量避免使用可能导致不必要破坏的手段。第二是'区别性原则'(Discrimination),即交战各方有义务在合适与不合适打击目标间做出区别,这种区别的目的是保护非战斗人员尽可能免受战争的蹂躏,意味着非战斗人员的生命和财产及某些类型的民用目标不应成为军事打击的对象。"② 这些原则从早期的正义战争理论到武装冲突法(国际人道法)再到《联合国宪章》,已经有了充分的论述。但是,在"采取一切必要措施"的措辞的宽泛授权下,行动实施国为了建立军事优势,突破了相称性原则。使用武力已经是最极端的做法,安理会和行动实施国"有责任考虑在策划军队攻击时可能会造成的不受他们控制的潜在危害"。③ "采取一切必要措施"显然是不可取的,过度使用武力摧毁了一国经济基础,影响安理会授权使用武力机制最终目标的实现。

### 三 授权权限过于宽泛

"恢复该地区和平与安全"是作为安理会授权使用武力的目标而规定在决议中的惯用语,其中存在的问题是,在何种程度上才算是恢复了该地区的和平与安全?显然,这里有一个程度把握的问题,不但

---

① 赵广成:《从禁飞区实践看人道主义干涉的效力和局限性》,《国际问题研究》2012年第1期。

② 吴征宇:《"正义战争理论"的当代意义论析》,《现代国际关系》2004年第8期。

③ Mathew Truscott, "The effect of Security Council mandates on the proportionality analysis in humanitarian interventions", *South African Yearbook of International Law*, Vol. 37, 2012, p. 59.

## 第三章　安理会授权使用武力决议的规范性问题

授权适用的空间范围不明确，而且武力使用的程度也不明确。国际和平与安全在《联合国宪章》中是一个没有明确定义的概念，这就使将其作为目标的授权使用武力缺乏法律标准，而所有的授权决议也没有对其详细解释。于是，这样一个表述不清的概念所描述的大而化之的目标，由授权参与国自行把握，于是，"授权进行大规模的军事行动，往往会被视为已经给予了广泛的自由裁量权，从而使行动者可以有效地操作应对不可预知的军事情况。"① 最终必然性导致授权执行国利用其中宽泛的权力将安理会授权行动肆意扩大。

在海湾战争中，第 678 号决议对于"恢复该地区的国际和平与安全"也没有予以明确规定，因此有国家借此认为对伊拉克的所有军事行动都是在执行第 678 号决议。就像朝鲜战争的情况一样，评估"恢复该地区的国际和平与安全"的确切含义到底是什么更加困难。在这里，安理会使用非常宽泛的语言，并把行动范围的界定权留给了会员国。其意图可能是扩大行动的范围，从将在科威特境内的伊拉克军队驱逐出去这一限定目标扩大到可以采取额外措施以保证科威特和其他伊拉克邻国的安全。因为决议中规定的是"地区的和平与安全"，而不是科威特。显然，这一规定包含禁止伊拉克在该地区所有军事活动的目的，例如对以色列或沙特阿拉伯的导弹袭击或在南部边境集结大规模的陆军。甚至可以据此认为第 678 号决议授权多国部队可以占领伊拉克的任何部分领土。对于第 678 号决议中"恢复地区和平与安全"的解释可能包括"进军巴格达，推翻萨达姆·侯赛因政权或保护库尔德人。"② 而所有这些都违背了安理会的初衷，早在第 660 号决议的第 2 段，安理会已经明确规定："要求伊拉克立即无条件地将

---

① Jules Lobel&Michael Ratner, "Bypassing the Security Council: Ambiguous Authorizations to Use Force, Cease-Fires and the Iraqi Inspection Regime", *The American Journal of International Law*, Vol. 93, No. 1, 1999, p. 127; Erika de Wet, *The Chapter VII Power of the United Nations Security Council*, Oxford: Hart Publishing, 2004, p. 269.

② David Raic, "The Gulf Crisis and the UN", *Leiden Journal of International Law*, Vol. 4, No. 1, 1991, p. 119.

所有部队撤至 1990 年 8 月 1 日所在的位置。"这表明安理会授权的地域范围应当限于驱逐科威特境内的伊拉克军队。

在索马里局势的第 794 号决议中，安理会第一次明确地将一国内部的人道主义危机断定为国际和平与安全的威胁。[①] 决议第 10 段规定："根据《联合国宪章》第七章授权秘书长及合作执行上文第 8 段所述意愿的会员国采取一切必要的办法，为索马里境内的人道主义救济行动尽快建立安全的环境。"该表述虽然将地域范围限定在"索马里境内"，但是决议没有对"建立安全的环境"作任何进一步的说明。这使其同"恢复地区和平与安全"措辞相类似，都是一个含义模糊、广泛的目标，给行动的执行方——秘书长、美国和其他参与行动的国家留下自行决定的权利。对于这一行动目标，美国的解释是为了在索马里南部的战乱地带建立起安全区域和援助物资的运输路线。[②] 这其中涉及两个主要的港口和机场，它们关系到物资的安全抵达和储存。然而，秘书长关于任务的范围却持不同的意见，认为为了结束针对国际救援行动的暴力行为，"至少需要将有组织的派系所持有的重型武器中立化并置于国际控制之下，以及解除非法团伙和部队的武装力量。"[③] 于是，解除军阀派系的武装成为"建立安全的环境"主要任务。在秘书长看来，安理会在第 794 号决议序言第三段中认定的"对国际和平与安全的威胁"仍然存在。因此如果不根据《联合国宪章》第七章赋予二期联索行动部队执行权，它将无法完成上述任务。[④] 安全理事会同意了秘书长的观点，通过了第 814 号决议，开始了第二期联索行动。二期联索行动的任务包括巩固、扩展和维护整个索马里的安全环境，以及秘书长报告中提到的一系列职能。[⑤] 通过考

---

① Elina Kalkku, "The United Nations Authorization to Peace Enforcement With the Use of Armed Forces in the Light of the Practice of the UN Security Council", *Finnish Yearbook of International Law*, Vol. 9, 1998, p. 374.
② 参见安理会主席给秘书长的信件 S/24976。
③ 参见秘书长给安理会主席的信件 S/24868, p. 3。
④ 参见秘书长给安理会主席的信件 S/25354, pp. 2, 13。
⑤ 参见秘书长给安理会主席的信件 S/25354，第 56 段。

◆ 第三章　安理会授权使用武力决议的规范性问题 ◆

察安理会的两次授权决议（第794号和第814号）可以看出，正是由于第794号决议没有对"建立安全的环境"做出限定性解释，导致在第814号决议中权限进一步扩大，索马里维和行动演变为大规模的武力行动，最终招致了失败。

在利比亚危机中，安理会通过的第1973号决议要求卡扎菲政府立即停止对平民的暴力行为，并授权使用武力保护平民。看似授权行动的目标是明确的，但是由于授权决议文本措辞的模糊，权限的规定并不清晰，对利比亚实施军事打击和保护平民之间的关系界限不明确。北约军队因此将卡扎菲政权统治下的一切地区及其设施都作为空袭的目标，增加了平民伤亡风险。许多学者后来对此发出了一连串的疑问：将卡扎菲政权作为打击目标是否合法？[1] 干预是否有权影响利比亚政权的变化？[2] 授权是否允许地面部队实施短期占领？[3] 授权是否允许干预力量和利比亚反对派进行军事合作？[4] 安理会的授权是否带有推翻卡扎菲政权的意图？[5] 这些关键性的问题因为措辞的模糊，权限的不精确，最终使授权行动演变成为针对卡扎菲政权的武力行动，北约借此实现了地缘政治利益。

另外，授权行动的时间效力范围常常缺乏规定。第678号决议中

---

[1] Julian M. Lehmann, "All Necessary Means to Protect Civilians: What the Intervention in Libya Says About the Relationship Between the Jus in Bello and the Jus ad Bellum", *Journal of Conflict and Security Law*, Vol. 17, No. 1, 2012, p. 143; Christian Henderson, "International Measures for the Protection of Civilians in Libya and Cote d'Ivoire", *International and Comparative Law Quarterly*, Vol. 60, No. 3, 2011, p. 775.

[2] Marcelo Kohen, "The Principle of Non-Intervention 25 Years after the Nicaragua Judgment", *Leiden Journal of International Law*, Vol. 25, No. 1, 2012, p. 162; Christian Henderson, "International Measures for the Protection of Civilians in Libya and Cote d'Ivoire", *International and Comparative Law Quarterly*, Vol. 60, No. 3, 2011, p. 772.

[3] Mehrdad Payandeh, "The United Nations, Military Intervention, and Regime Change in Libya", *Virginia Journal of International Law*, Vol. 52, No. 2, 2012, p. 386.

[4] Christian Henderson, "International Measures for the Protection of Civilians in Libya and Cote d'Ivoire", *International and Comparative Law Quarterly*, Vol. 60, No. 3, 2011, pp. 771-772.

[5] Mehrdad Payandeh, "The United Nations, Military Intervention, and Regime Change in Libya", *Virginia Journal of International Law*, Vol. 52, No. 2, 2012, p. 386.

措辞模糊，没有规定授权使用武力行动的截止时间，虽然常理的解释应该是在伊拉克退出科威特后，决议的时效即行终止，但是"恢复该地区的国际和平与安全"含义的广泛性，使安理会在随后通过的所有相关决议都可能被看作是第678号决议之下的广泛授权，武力行动可以随时启动。

在伊拉克停止敌对行动后，安理会成员便开始协商起草第686号决议。美国提交的草案超越了第678号决议中包含的各项规定，申言如果伊拉克不履行，就要恢复多国部队的军事进攻。苏联对美国的观点提出了反对，主张限制多国部队最初在第678号决议中被授予的"恢复地区和平与安全"广泛权力，但是美国仍然坚持保留了"第678号决议第2段的规定仍然有效"这一内容。最终通过的决议第4条规定："承认在伊拉克遵守上文第2和第3段所需的期间内，第678（1990）号决议第2段的条款仍然有效。"这实际已经表明了第678号决议的时效性不受限制。第686号决议以11票对1票（古巴）、3票弃权（中国、印度和也门）通过。也门认为决议的第4条已经严重越权，古巴也认为这是安理会失职的表现。① 事实上，在1990年2月27日伊拉克同意撤军、请求停火之后，第678号决议的时效就应当到期，第686号决议成为了延续第678号决议授权的首次实践。

1991年3月20日，美国在没有事先同其他国家磋商的情况下起草了一份提案，划定了伊拉克、科威特和岛屿分配的国际边界，并提出了一个极为广泛的对伊制裁决定。在安理会常任理事国的内部磋商中，这个决议草案被批评是一种严重的越权。但最终，在美国的操纵下，提案在安理会以第687号决议的形式通过。决议第4段规定："决定保证上述国际疆界的不可侵犯性，并根据《联合国宪章》，酌情采取一切必要措施，以达此目的。"这些规定都表明会员国（主要是美国）保留了对伊拉克发起军事行动的权力，"酌情"即意味着美国可以自行判断何时发起攻击。也门、印度等国对此甚为担忧，奥地

---

① 参见联合国安理会1991年3月2日第2978次会议记录S/PV. 2978，pp. 27, 32。

◆ 第三章 安理会授权使用武力决议的规范性问题 ◆

利指出,未来安理会授权使用武力可能需要包含更多的细则和控制武力的规定,建议从联合国在海湾危机中的制裁措施中汲取教训。①

2002年联合国通过了第1441号决议警告伊拉克一直严重违反之前包括第687(1991)号决议在内的所有相关决议中规定的义务,但是"第1441号决议没有说明,在伊拉克进一步实质性违反安理会决议的情况下,安理会必须通过新的决议来作为使用第678号决议的武力措施的依据。"② 而美国希望借此彻底推翻萨达姆政权从而实现自己对中东地区的渗透与控制,再次对伊拉克发动了军事打击。其依据是"海湾战争即使实现了停火,授权使用武力的第678号决议仍然是有效的"。③ 显然,第678号决议的时限漏洞为美英联军发动对伊拉克的军事进攻提供了借口。第678号决议及其之后的相关决议成为美国军事行动的法律依据,在2003年的第二次海湾战争中达到了顶峰,④ 这被称为"系列决议授权论"。⑤ 联合国在海湾战争中建立起的声誉在第二次伊拉克战争中被彻底葬送。决议的时效不明"让国家有了广泛的自由裁量权,从而个别国家可能会利用决议的含糊宽泛,对行动的开始、实施和终止进行控制。这与授权的宗旨、目标以及其他成员国的观点形成冲突。"⑥

---

① 参见联合国安理会1991年4月3日第2981次会议记录S/PV.2981, pp.46, 78, 121。
② John Yoo, "International Law and the War in Iraq", *The American Journal of International Law*, Vol.97, No.3, 2003, p.571.
③ Ibid., p.563.
④ William H. Taft IV&Todd F. Buchwald, "Preemption, Iraq, and International Law", *The American Journal of International Law*, Vol.97, No.3, 2003, p.557.
⑤ 曾令良主编:《21世纪初的国际法与中国》,武汉大学出版社2005年版,第54—57页。
⑥ Jules Lobel&Michael Ratner, "Bypassing the Security Council: Ambiguous Authorizations to Use Force, Cease-Fires and the Iraqi Inspection Regime", *The American Journal of International Law*, Vol.93, No.1, 1999, p.125.

# 第四章　安理会授权使用武力实施的规制性问题

　　国际机制的有效性直接取决于其实施的过程。由于《联合国宪章》第四十三条没有生效，安理会不具备实际的武力强制措施执行能力，只能以"合同外包模式"将其委托给会员国代理执行。"合同外包"是委托代理关系的一种，它使武力强制措施的所有权和使用权发生分离。委托代理关系的基本原理告诉我们，欲使维持国际和平与安全的目标得以实现，就必须对使用权的行使实行规范化，这既需要联合国对执行行动进行监控，也需要参与国的代理执行遵守安理会的要求和规定。但是，由于美国的反对，授权行动的指挥权从一开始被参与国掌握，也由于美国的刻意安排和联合国的失误，作为代理契约的安理会授权决议在监督措施的设置上是粗疏而流于形式的，未能起到实际的监督作用。而美国作为授权行动最主要的代理执行者，也充分利用其权力地位和联合国监控机制的不足，突破授权的公益目标为自己谋取私利。从国际社会的反应和学界的研究成果来看，实施过程已经成为授权机制弊端的集中体现，是最为诟病的地方。所以，对于授权机制的改革来说，安理会在授权之后必须采取哪些控制措施来限制参与国的自主性以减少代理损失，是提高授权行动有效性的重点问题。

# 第一节　理论上对安理会授权使用
## 武力实施的定性研究

### 一　委托代理是安理会授权使用武力行动的实施方式

安理会授权使用武力机制和《联合国宪章》原定的武力使用机制最大的区别在于执行者的不同，此后的一切问题皆因此而起。如何从理论上理解这一问题？民法理论中的委托代理（agency by agreement）理论为我们提供了视角。所谓代理，是代理人以被代理人的名义做出一定的法律行为。而委托代理是指代理人的代理权是根据被代理人的委托授权行为而产生的。这一理论能够恰当地解释安理会授权使用武力机制中安理会和授权行动参与国的关系。

安理会是委托授权者，构成被代理方。依据《联合国宪章》第二十四（1）条的规定："为保证联合国行动迅速有效起见，各会员国将维持国际和平及安全之主要责任，授予安全理事会，并同意安全理事会于履行此项责任下之职务时，即系代表各会员国。"该条款表明了联合国试图将维持国际和平及安全方面的权力集中于安理会的决定，并要求会员国必须接受这一集权的决定。而在后面的《联合国宪章》第七章《对于和平之威胁、和平之破坏及侵略行为之应付办法》中，开篇第三十九条即规定："安全理事会应断定任何和平之威胁、和平之破坏及侵略行为之是否存在，并应该做成建议或抉择第四十一条及第四十二条之办法，以维持或恢复国际和平及安全。"该条不但将维持国际和平及安全方面的权力划分为安全情势的判断权、决策权和执行权，而且将这些权力规定为安理会专属。也就是说，安理会既是集体武力使用权的所有者也是行使者。

然而，由于《联合国宪章》第四十三条的"停摆"，安理会行使武力的执行权已经不可能，因此就采用了授权会员国使用武力的方式，使武力强制措施依然能够得到实现。所谓授权（authorization），即认可、批准、委任，指因特殊事由或为特定目的把权力委托给他人或机构代为行使。因此，参与授权行动的会员国就构成了安理会执行权的代理方。

所以，安理会授权、会员国接受授权采取行动进而实施的模式实质上构成了委托代理关系，每一次授权使用武力行动都是会员国代理安理会执行权的过程。安理会授权使用武力可以定义为安理会将其武力行动的执行权委托给会员国代理行使的过程。而授权决议则可以视为代理合同或代理协议。安理会授权使用武力的这一内在特征已经被西方学者研究发现，例如，罗贝尔和莱特纳将安理会授权使用武力的模式视为一种"合同外包"模式，布洛克也认为这是一种"委派的执行行动"，是会员国单边武力与《联合国宪章》主张的集体安全之间的"折中方案"。① 他们以"委托—代理"关系探讨授权行动与《联合国宪章》规定的差异，并试图以此定义授权使用武力行动的基本模式。

委托代理关系的形成必然导致权力的所有者和行使者发生分离。所以，安理会授权使用武力意味着安理会放弃了武力的使用权，会员国则相应地成为武力使用权的实际拥有者。从历次武力行动的实施来看，美国及其盟国是主要的授权接受者和参与者，因此也就是武力行动的主要实施者。在所有的安理会授权使用武力案例中，首先由安理会对安全情势做出断定，对是否使用武力做出抉择，再交由会员国具体实施，这个流程已经成为授权使用武力的基本模式。在这个模式中，安理会依然保留了武力使用的所有权，而放弃了使用权，所以授权的出现意味着安理会执行行动的决策者与实施者发生了分离。"这从本质上讲是特许联合国成员代表组织采取行动。虽然联合国根据第四十二条享有采取武力执行行动的专属权力，但是通过授权，联合国也就放弃了对单个国家采取的实际军事行动的控制权。"②

---

① Neils Bloker, "Is the Authorization Authorized: Powers and Practice of the UN Security Council to Authorize the Use of Force by 'Coalitions of the Able and Willing'", *European Journal of International Law*, Vol. 11, No. 3, 2000, pp. 541–568.

② Jules Lobel & Michael Ratner, "Bypassing the Security Council: Ambiguous Authorizations to Use Force, Cease-Fires and the Iraqi Inspection Regime", *The American Journal of International Law*, Vol. 93, No. 1, 1999, p. 126.

## ❖ 第四章 安理会授权使用武力实施的规制性问题 ❖

民法上的代理理论告诉我们，代理是代理人以被代理人的名义做出的法律行为，必须以实现被代理人的利益为最终归宿。而政治学原理也告诉我们，权力是权力主体谋取利益的工具，脱离利益目标的空洞权力在现实中是不存在的。对于权力的这种工具属性，霍布斯很明确地总结道：权力是为取得未来具体利益的现有手段。① 当权力的所有者和行使者发生分离的时候，行使者以他权谋己私的可能性就已经存在了。为此，代理权限必须清晰，权力行使的过程必须受到监督。

安理会授权使用武力以"委托代理"为基本实施模式，造成了集体武力所有权和使用权的分离。加入联合国的世界各国接受《联合国宪章》，同意将维持国际和平及安全的权力集中于安理会，此时，安理会的断定权、决策权和执行权已经是一种"国际公共权力"，谋取的国际公共利益，即维持国际和平及安全。而接受授权的会员国虽然在联合国的旗帜下，被置于公共利益的需要之下，但为防止其公权私用，夹带"私货"，就必须在授权决议文中对会员国的代理权限进行明确规定，而且必须对参与授权的会员国实施武力的过程进行监督。而这正是当前授权使用武力机制制度化、规范性不足的地方，导致参与授权行动的会员国趁机以联合国的名义谋取自己的国家利益，使安理会授权使用武力机制招致质疑。所以，这部分的改革无疑是必须关注的重点。

巧合的是，国际政治学界也有学者运用"委托—代理"理论（the theory of delegation-agency）② 研究国际组织，其思路、观点和成果为我们研究安理会授权使用武力机制的改革提供了启发。

委托—代理理论是20世纪60年代末70年代初由经济学延伸到政治学的一种分析框架。③ 该理论起源于社会分工和专业化，认为当

---

① ［英］霍布斯：《利维坦》，黎恩复、黎廷弼译，商务印书馆1985年版，第62页。
② 也有学者使用 principle-agent model，一般指相同的意思。
③ 马克·波拉克认为是肯尼斯·谢普瑟将委托—代理理论开创性地应用在美国国会机构的作用研究中谢普瑟认为国会机构特别是委员会系统，通过决策过程中决定某些政策可行或不可行，和不同行为体的投票权和否决权，可以形成"结构导向均衡"。参考 Mark Pollack, "Delegation, agency, and agenda setting in the European Community", *International Organization*, Vol. 51, No. 1, 1997, p. 100。

一方和另一方签订契约，授予后者代表前者执行某些功能和行动权威时，就产生了委托—代理关系。① 总体来说，委托—代理关系理论对国际组织的研究主要侧重于"成员国—国际组织"层面：一国政府将任务委托给某一国际组织来执行以获得收益，一国所要获得的收益实际上通过发挥国际组织的功能来实现，为此，双方所订立的契约必定会给予该国际组织一定的权威或权力（delegation of authority to an agent by a principal）。由此，国家与国际组织的委托—代理关系形成，委托者（国家）向代理者（国际组织）有条件地授权权威，使后者有权力代表前者行动。② 委托—代理关系理论对国际组织的研究是将国际组织视为以不同方式对成员国负责的代理者，从而考察国际组织的角色和功能。

委托—代理关系理论应用到联合国研究中，能够很好地解释安理会的职权问题。《联合国宪章》第二十四（1）条规定，联合国会员国将维持国际和平及安全的权力授予了安全理事会，在国际和平及安全的维持方面，会员国与安理会就构成了委托代理关系。显然，这只解释了安理会决策权的问题，虽然与安理会授权使用武力机制有关联，但却不是核心内容所在。

但是，委托—代理关系理论在国际组织研究中的应用不但解释委托者的授权原因和动机，也研究代理者和被代理者出于利益动机而产生的明争暗斗。委托—代理关系理论指出，委托—代理关系是一种相互关系，集中体现为双方所订立的契约。契约一旦订立，代理者基于授权即有了一定的自主性（autonomy）或自由裁量权（discretion）。从理论上说，代理者只能根据契约来采取行动措施，理想的代理者应该完全履行委托者在契约中的要求，但实际上，由于委托者与代理者

---

① 张建宏、郑义炜：《国际组织研究中的委托代理理论初探》，《外交评论》2013年第4期。
② [美]戴伦·霍金斯等：《无政府状态下的授权：国家、国际组织与委托—代理理论》，载戴伦·霍金斯等主编《国际组织中的授权与代理》，白云真译，上海人民出版社2015年版，第4—7页。

之间的利益或偏好不完全一致，也有可能是因为信息分布的不对称，代理者并不总是按照委托者的意愿行动，这被称为代理懈怠（agency slack）。代理懈怠脱离委托者的利益预期，会导致委托者利益受损，造成代理损失（agency costs，或称代理损耗 agency loss），因此委托—代理问题的实质就是委托者如何通过各种控制手段、措施减少代理损耗，以使自己的利益最大化的问题。① 分解来说就是：委托者在授权之后会采取哪些控制机制来限制代理者的自主性以减少代理损失？代理者又会运用什么策略来加强自身的自主性？这种研究对于我们研究安理会授权使用武力机制授权文本的完善和加强实施的监督是有重大启示意义的。

## 二 美国与安理会相互"委托—代理关系"的构成形式

纵观安理会授权使用武力机制的形成与发展过程，可以说，美国在其中起到了决定性的作用。朝鲜战争中安理会授权使用武力的首次出现是美国推动的，海湾战争中安理会授权使用武力机制的形成也是美国促成的。其后，在绝大多数安理会授权使用武力行动中，美国都扮演了举足轻重的角色。美国可谓是安理会授权使用武力机制最为主要的缔造者，在机制的运行中居于主导性地位。我们说，安理会授权使用武力行动已经取代了《联合国宪章》第四十二条预想的执行行动，实质是以美国为主代理执行的行动成了安理会武力强制措施的实施办法。

第二次世界大战后的国际秩序是按照美国的意愿建立起来的，尤其是以联合国为基础的政治与安全秩序，是在战时英美合作的基础上建立起来的。1941年8月14日由美国总统罗斯福与英国首相丘吉尔联合签署的《大西洋宪章》为战后的秩序定下了基调，后来苏联、中国等国加入并在此基础上形成了《联合国宪章》。而且，"二战"结束后美国

---

① 张建宏、郑义炜：《国际组织研究中的委托代理理论初探》，《外交评论》2013年第4期。

一枝独秀的超强实力也为其称霸世界提供了物质基础。因此,"二战"结束以后美国一直以"世界警察"的身份自居,扮演国际秩序的维护者角色,武力手段是其打击国际秩序挑战者的基本手段之一。"冷战"期间,美国的武力使用以单边主义为主,或以意识形态或以自卫权为自己的武力行动做合法性辩护。"冷战"后,从1991年海湾战争、1992年波斯尼亚—黑塞哥维那"禁飞区"、1993年索马里维和、1994年海地局势、2008年打击索马里海盗到2011年利比亚局势等,美国都以联合国安理会授权的名义进行武力行动。当然,在寻求安理会授权而不得的情况下,美国就回归单边主义,以自卫权为自己的武力行动辩护,例如,2003年对伊拉克的军事行动就以"预先性自卫权"为由。

在联合国集体安全机制中,安理会授权使用武力的过程是一个"会员国—安理会—会员国"的链条,在这一链状过程中,包含有两层"委托—代理"关系。由于美国不仅是安理会决策最为主要的发起者和推动者,也是武力行动最为主要的执行者,考察授权行动从决策到实施的过程,可以肯定地说,美国与安理会授权使用武力机制之间已经形成了一种相互的"委托—代理"关系。

"会员国—安理会"构成了第一层"委托—代理"关系,即会员国将国际和平及安全情势的决策权和执行权委托给了安理会,此种"委托—代理"在《联合国宪章》第二十四(1)条中已经予以明确规定:"各会员国将维持国际和平及安全之主要责任,授予安全理事会,并同意安全理事会于履行此项责任下之职务时,即系代表各会员国。"又由于安理会授权使用武力在《联合国宪章》中没有明示依据,所以授权决定总是在会员国的动议下进行的,而美国常常是决策的推动者。虽然也有秘书长提请安理会授权使用武力的情况,但秘书长总是与安理会常任理事国尤其是美国开展磋商,以使授权动议得以顺利通过。所以,第一层"委托—代理"关系常常表现为"美国—安理会",其隐藏的幕后真相是美国意欲对某一国际安全情势采取武力行动时,但却先将决策权委托给了安理会。

"安理会—会员国"构成了第二层"委托—代理"关系,安理会

❖ 第四章 安理会授权使用武力实施的规制性问题 ❖

鉴于《联合国宪章》第四十三条拟议的联合国军未能建立,缺乏实际的执行能力,不得不将执行权委托给会员国代为行使。虽然,从授权决议的文本看,凡联合国会员国均可接受授权,参与武力行动的实施,但是,大多数国家或能力不足,或意愿不强,只有美国既能以其超强实力也以"世界警察"的意愿予以承担,所以大多数授权或是由美国单独或是由美国组建、领导的国家集团来实施。由此,第二层"委托—代理"关系的常态是"安理会—美国",安理会将武力行动的执行权委托给了美国,或者说美国代为执行了安理会授权使用武力行动。

委托代理理论认为,当一方和另一方签订契约,授予后者代表前者执行某些功能和行动权威时,就产生了委托—代理关系。[1] 总体来说,委托代理关系理论对国际组织的研究主要侧重于"成员国—国际组织"层面:一国政府将任务委托给某一国际组织来执行以获得收益,一国所要获得的收益实际上通过发挥国际组织的功能来实现,为此,双方所订立的契约必定会给予该国际组织一定的权威或权力(delegation of authority to an agent by a principal)。由此,国家与国际组织的委托代理关系形成,委托者(国家)向代理者(国际组织)有条件地授予权力,使后者代表前者行动。[2] 虽然,委托代理关系理论的研究志趣是将国际组织视为对成员国负责的代理者,从而考察国际组织的角色和功能。但是,委托代理关系理论在国际组织中的应用主要解释两个问题:(1)为什么委托者会将一项任务授权给代理者而不是采取单边行动?它在授权中会获得什么收益?(2)委托者在授权之后会采取哪些控制措施来限制代理者的自主性以减少代理损失?代理者又会运用什么策略来加强本国的自主

---

[1] 张建宏、郑义炜:《国际组织研究中的委托代理理论初探》,《外交评论》2013年第4期。
[2] 戴伦·霍金斯等:《无政府状态下的授权:国家、国际组织与委托—代理理论》,载戴伦·霍金斯等主编《国际组织中的授权与代理》,白云真译,上海人民出版社2015年版,第4—7页。

性？因此，委托代理理论能够解释美国与安理会授权使用武力机制在两个层面上的关系及其运动过程，而且可以同时达到制度分析和政治分析的效果。

第一步，美国推动安理会做出决策对某一安全情势授权使用武力，其实质是美国将使用武力的决策权委托给安全理事会，委托者是美国，安理会是代理者。显然，委托代理理论的应用必须回答美国为何要授权安理会而不是采取单边行动，进而解释在不同情势中美国授权的态度发生差异的原因。

第二步，在美国授权安理会成功之后，安理会也就不得不授权给美国，安理会从代理者身份转变为委托者，美国则从委托者身份转变为代理者。这里要回答的问题是：美国是否忠实地执行了安理会的授权，安理会又是否采取了相应的监控措施限制美国的自主权，防止行动偏离预定的目标。这其中的关键点是安理会不具有实际的执行能力，不得不将其专属的武力措施的所有权和使用权分离，将使用权（执行权）交由会员国代为行使。所以执行中的委托—代理关系就是一些学者所说的"合同外包模式"（contracting out mode）[1]，这非常类似于经济行为中的委托—代理关系，如公司治理中作为委托者的公司所有者与作为代理者的经理人员之间所形成的委托—代理关系。

## 三 美国与安理会相互"委托—代理关系"形成的原因

美国为什么要将使用武力的决策权委托给安理会？作为当今世界唯一的超级大国，美国有能力单独行动而不必寻求安理会的授权，这种单边主义的武力无论是"冷战"期间还是"冷战"结束之后，美国都使用过。而我们也看到，这种委托决策未必总是能够如愿得逞。安理会是一个受联合国全体会员国委托的国际和平及安全机构，美国

---

[1] Jules Lobel and Michael Ratner, "Bypassing the Security Council: Ambiguous Authorizations to Use Force, Cease-Fires and the Iraqi Inspection Regime", *The American Journal of International Law*, Vol. 93, No. 1, 1999, p. 125.

❖ 第四章　安理会授权使用武力实施的规制性问题 ❖

试图通过安理会授权使用武力常常会受到其他会员国,尤其是俄罗斯、中国甚至其盟国的反对而夭折。但是美国依然不遗余力地寻求安理会的授权,如果我们去翻阅联合国的卷宗就可以发现,几乎每一次对外使用武力的前期,美国都努力在安理会开展活动。只有在寻求授权不得的情况下,美国才使用单边武力,2003年对伊拉克的武力行动即是如此。

美国为什么要尽力寻求安理会的授权来对外使用武力,而尽量避免单边主义行动呢?

首先,通过安理会授权使用武力提高了美国对外行动的合法性、权威性。自国际体系形成以来,国家间的战争给人类造成了巨大灾难,废除国家的战争权一直是国际社会的共同愿望,这个愿望直到联合国成立才得以实现。在《联合国宪章》下,只有自卫和安理会决策所使用的武力才是合法的,也就是说,国家发动战争权的判断标准已经从正义性转变为合法性。而在这两种合法的武力行动中,安理会决策所使用的武力行动最具有权威性,自卫权的判断不但和正义性一样有自身立场、主观性质,还存在着协定法和习惯法的冲突,容易招致诟病。美国、以色列等国家在"二战"后多次以自卫权所发动的战争不能为国际社会所接受,被指责为单边主义的非法武力。

所以,尽管美国军队的单独行动在大多数情况下比多国部队效率还高,但是选择安理会作为决策的代理者可以为美国提供一种重要资源——行动合法性。在禁止使用武力相威胁或使用武力原则下,安理会作为垄断武力强制行动唯一的合法机构,其行动代表各会员国,通过授权安理会可以赋予行动的合法性,为美国基于本国利益出发的行动披上集体行动外衣,此举不仅可以免受或少受国际社会的质疑,还可以把美国一国的战争行为变成一种"警察行动",使其看起来完全符合《联合国宪章》的精神。[①] 在海湾战争中,美国竭力推动安理会

---

① [美]阿伦·米利特等:《美国军事史(1607—2012)》,张淑静等译,解放军出版社2014年版,第415页。

授权使用武力，其真实目的在于加强对海湾地区的地缘政治控制，为美国所构想的"国际新秩序"做准备，但是安理会的授权使美国的武力更像是打击侵略者的无私、正义行为。联合国的权威让美军在海外维和与救援中的表现更像是一支和平工作队，而不像是世界上最强大的军事力量。①

在安理会授权的包装下，美国不但可以使武力行动免除其他大国干扰、阻挡、介入的可能性，还可以充分利用联合国的动员能力，组建联合同盟，获得实际帮助，这在单边武力行动中是难以获得的。海湾战争中安理会的授权使美国招募了一支真正的国际部队：另外23个国家贡献了空军和地面部队，包括从整个师到医疗队和化学战部队，共23支海军、11支空军和22支陆军参与了中东和地中海地区的军事行动，还有主要来自海合会、日本、德国和韩国达540亿美元的"联合资金"，以及基地使用权、实物、救济款和补助金，帮助美国减少战争直接损失大约1000亿美元。② 在其他行动中联合部队也在军事、交通和财物方面不同程度地给予支援。可以说，安理会授权使用武力巨大的动员潜能使美国会尽可能地利用这一方式使用武力。回溯历史，我们可以推断，"冷战"期间如果不是苏联在安理会的阻挡，美国在朝鲜战争后会一直沿用该模式，将武力使用的决策权委托给安理会。展望未来，美国也会尽可能地通过安理会来使用武力。

其次，通过安理会授权使用武力与美国的国内政治体制密切相关。在美国三权分立政体中，战争与和平的权力由国会和总统共享，总统拥有统帅军队和指挥战争的权力，宣战、招募军队、供给军需、制定军队法规等重要权力则属于国会，总统在使用武力时必须得到国会的授权。③ 美国对外战争权在形式上存在两个决策权威，

---

① [美]阿伦·米利特等：《美国军事史（1607—2012）》，张淑静等译，解放军出版社2014年版，第545页。
② 同上书，第535页。
③ 杨永康：《美国宪法军事条款的渊源与变迁》，法律出版社2012年版，第77—80页。

❖ 第四章　安理会授权使用武力实施的规制性问题 ❖

虽然实际情形中美国总统在战争权方面始终处于优势地位，国会对总统不经宣战或授权便动用军队、发动战争的行动经常持默许和支持态度，美国总统已经几乎垄断了战争权，① 甚至形成了"总统战争"之说。② 但是，国会可以利用其控制预算的权力来限制军队的规模和武力行动的期限，包括设定严格的报告要求、落日条款、预算限定以及拨款限制等，特别是被认为只具有"象征性意义"的《战争权力法》在法律和道德上限制着总统的行为。此外，美国总统决策战争的过程中国内舆论、利益集团等因素也发挥着一定作用和影响。

安理会的权威性使其授权与美国国会乃至国内社会的倾向具有相互促进的效果，这为意欲对外采取武力行动而又渴望得到国会支持的总统提供了迂回渠道，握有外交大权的总统可以先期谋求安理会的授权，然后再以安理会的授权在国会进行动员，如此往往就能够减少国会中党争的阻力。海湾战争中布什为了得到国会的支持，就向国会提交了根据安理会第 678 号决议要求授权使用武力的议案，最后国会顺利通过了《授权对伊拉克使用武力的决议案》；相反，因为未得到安理会的授权，国会在讨论小布什总统提交的《2002 授权对伊拉克使用武力决议案》时，军事委员会主席卡尔·莱文和外交委员会主席约瑟夫·拜登都对该决议案提出了修正意见，要求对伊动武必须先获得

---

① 据统计，美国历史上经国会正式宣战的行动只有五次，而未经国会批准的多达 200 次左右。宣战的五次为 1812 年美英战争、1846 年美墨战争、1898 年美西战争、1917 年"一战"向德奥宣战以及 1941 年"二战"向德意日宣战。在许多其他的情况下，国会制定了具体的立法进行授权使用武力，包括 1798 年美法短暂冲突、越南战争、阿富汗战争和伊拉克战争。而越来越频繁的是总统在没有任何国会许可的情况下部署军事行动。Geoffrey R. Stone, Can Donald Trump Use Military Force Anywhere In The World Whenever He Wants? http://www.huffingtonpost.com/entry/can-donald-trump-use-american-military-force-anywhere_us_58fa33b3e4b0f02c3870e953。

② 1793 年英法战争中，总统乔治·华盛顿发布《中立文告》宣布保持中立，托马斯·杰斐逊认为此举缺乏宪法依据，是对国会战争权的篡夺，亚历山大·汉密尔顿则认为总统作为对外事务决策人和武装部队总司令在国会休会时有权发布这样的文告，双方因此进行论战。但最终华盛顿于当年 4 月 22 日正式签署《中立文告》。参考徐更发《美国总统和国会战争权之争》，《政治学研究》1985 年第 4 期。

联合国的授权。①

而且,安理会的授权能够使美国总统在决策战争的问题上获得额外的权力。美国法律规定,美国所签署、批准的国际条约自动在国内生效,安理会授权决议虽然不是正式的国际条约,但是《联合国宪章》是美国已经正式批准的法律文件,《联合国宪章》将维持国际和平及安全的权力授予了安理会,安理会所做出的决议是具有法律效力的,因此在美国国内也就变相地具有一定的法律地位,渴望有所作为的美国总统可以借此先行行动而后再补充国内程序。在美国通过安理会授权对外使用武力的历次实践中,总统几乎都没有经过国会的同意就动用军队直接发兵海外:海湾战争中当年8月2日安理会通过第660号决议之后,美国的"独立号"航母等6艘舰只迅速开往海湾,并且制订了"沙漠盾牌"计划,向沙特和海湾地区大举运兵,11月8日布什政府宣布继续增兵,而1991年1月12日国会才投票对战争表示支持。在索马里、波黑以及海地局势中总统都在未经国会投票的情况下进行军事部署。

当然,获得安理会授权后的美国总统依然受到国内因素的制约。例如,美国终止索马里行动的原因是国内舆论的压力和众议院援引《战争权力法》要求必须于1994年3月31日之前撤军。美国后来愿意启动对卢旺达局势的授权是迫于大屠杀所引起的舆论压力。② 此外,国内舆论在波黑局势以及科索沃、利比亚等授权行动中也扮演了相当重要的角色。

## 第二节　联合国对授权使用武力实施的监督控制

### 一　指挥职权的丧失

作为集体安全行动,理应由国际公共机构指挥,对此,联合国在

---

① 蒋晓燕:《"9·11"事件对美国总统和国会战争权之争的影响——〈授权对伊拉克使用武力决议案〉个案研究》,《国际观察》2003年第5期。

② [美]弗雷德里克·埃克哈德:《冷战后的联合国》,J. Z. 爱门森译,浙江大学出版社2010年版,第162页。

❖ 第四章 安理会授权使用武力实施的规制性问题 ❖

构建集体安全机制时已经做了充分考虑。《联合国宪章》第四十七条规定，在安理会权力之下设立军事参谋团（military staff committee），由安理会各常任理事国的参谋总长或其代表组成，统率由安理会支配的军队，并负战略指挥之责任。简单地说，联合国集体安全行动由安理会全权负责，安理会则在此职权下组建军事参谋团负责具体实施，如此确保决策权和执行权的集中统一。依据规定，1946年军事参谋团成立，次年4月30日军事参谋团依据《联合国宪章》第四十六条向安理会提出一项关于武力使用计划的报告。但是，对于报告中提出的一般组织原则，安理会各常任理事国之间未能达成一致。随后《联合国宪章》第四十三条停摆，联合国未能建立预想的常设部队，军事参谋团成为一个摆设，名存实亡。[1]

对比《联合国宪章》第四十二条可知，安理会授权使用武力行动并不是完全意义上的、原构想的执行行动，授权参与国基于一次授权所提供的武装力量也并不是第四十三条意义上的"联合国军"。因此，授权使用武力行动的指挥权就成为一个有待商榷的问题。至少，安理会不能强制性地要求参与国将其部队交于联合国统率，参与国也没有这种必然性的义务。只有在参与国自愿的前提下，安理会才能掌握授权行动的指挥权。这一切都有待于联合国与会员国进行协商。然而，由于美国对指挥权的坚持，也由于联合国自身的处理不当，联合国最终彻底丧失了对授权使用武力行动的指挥权。

在"冷战"时期安理会授权使用武力的第一阶段，联合国主动放弃了行动的指挥权。在南罗德西亚局势中，安理会直接授权英国采取武力，决议没有提及指挥权问题。在整个"冷战"时期，军事参谋团被淡忘，它在《联合国宪章》中的各项职能也逐渐被裁军委员会类型的各种机构所取代。

在海湾战争中安理会授权使用武力的第二阶段，美苏两大霸权的

---

[1] Eric Grove, "UN Armed Forces and the Military Staff Committee: A Look Back", *International Security*, Vol. 17, No. 4, 1993, pp. 172–182.

关系趋向缓和，终结了在安理会对抗的历史，联合国迎来了复兴的历史契机，国际社会尤其是安理会常任理事国较之以往更容易达成一致，军事参谋团的复活有了可能。然而，在确立授权使用模式的海湾战争中，由于美国的阻挠，军事参谋团未能在授权使用武力行动的指挥中占有一席之地。

美国认为，鉴于伊拉克武力吞并科威特的紧张局势，武力的使用已经不可避免。但是对于武力使用的方式问题，联合国及其会员国却各有主张。对于联合国来说，这是恢复安理会在国际和平与安全主导权的历史性契机，秘书长因此竭力主张安理会的执行权。处于崩溃边缘的苏联回归多边主义，希望在联合国框架内解决问题，达到制约美国的目的，因此反对依靠武力，反对单方面的决定来解决争端，主张通过集体努力，充分利用联合国的机制，重新恢复军事参谋团的作用，并宣布自己准备立即在安理会军事参谋团中展开磋商。美国为了赢得苏联的支持，也表示同意重新检视陷入停滞的军事参谋团的地位与作用，但是认为军事参谋团只能限于对监测和实施禁运的信息交换，只能在海湾地区舰队的各个国家间发挥协调作用，而不能拥有类似于联合指挥的权力。经过一系列的外交磋商，1990 年 8 月 25 日通过的第 665 号决议在第 4 条规定"酌情利用军事参谋团的机制"。第 665 号决议强调了安理会对制裁行动的控制权，赋予了军事参谋团一个协调者角色，虽然未能全面恢复其地位和作用，但为复苏打开了希望之门，这是美苏妥协的结果。随后，从 1990 年 8 月底至 10 月底，安理会多次就科威特局势在军事参谋团中举行非正式磋商。

然而，处于内忧外患之中的苏联已经无力再继续与美国讨价还价，在安理会正式决定授权使用武力的第 678 号决议中并没有再次提及军事参谋团，而只是简单声明"维护并执行第 660（1990）号决议及随后所有有关决议"，该措辞看似维持了第 665 号决议中提出的军事参谋团的地位和作用，但其实表明行动将淡化军事参谋团的作用，随后的事实也证明了这一点。海湾战争开始后，多国部队根本不向安理会做任何报告，更不用说军事参谋团的军事指导作用。海湾战争确

❖ 第四章 安理会授权使用武力实施的规制性问题 ❖

立了安理会授权使用武力的基本模式，这种模式的基本内容之一就是由提供军队的国家或其联盟领袖自己行使指挥权。在随后的安理会授权行动中，都没有再次重启军事参谋团，军事参谋团复苏的希望转瞬即逝。

固然，军事参谋团的指挥权依赖于联合国军的建立，而参与授权行动的军队并非第四十三条所构想的联合国军，而是会员国自己的部队，所以军事参谋团发挥作用的预设前提不存在。但是，安理会在授权文本中赋予军事参谋团实际有效的职能仍然是有可能的，第665号决议已经证明了这一点。当然，前提是参与授权行动的会员国愿意将自己的部队，至少是在紧张的安全情势存续期间，交于军事参谋团指挥，这相当于在一定程度上临时性的生效《联合国宪章》第四十三条。然而，由于美国的反对，这一期望成为泡影。这一情形说明，虽然"冷战"终结了，但联合国成员国尤其是大国之间的合作依然是有限度的，尤其是美国的单边主义及其利益需求使其不愿意将武力行动置于联合国框架之下。所以，安理会主导授权行动，军事参谋团指挥权的政治基础依然不存在。

在扩大适用的第三阶段，安理会授权使用武力与联合国维持和平行动交织在一起，成为强制和平的手段。联合国维持和平行动在长期的实践中形成了一套相对完整的体系，在决策权和指挥权方面，虽然安理会仍然是最高的权力机构，但联合国大会多次援引"团结一致共策和平"决议独立授权组织维持和平行动，秘书长在其中享有独立判断和主导行动的职权。可以说，"冷战"期间的历次维持和平行动，绝大多数都是由秘书长筹划和指挥的，"受秘书长指挥"已经是联合国维持和平行动的一个必要条件。[1] 即使后来权力的火车头从联合国大会开回安理会之后，秘书长的权力地位也并未因此被削弱。所以，依照惯例，在一定程度上建立秘书长在维持和平行动中的授权使用武

---

[1] *Peacekeeping*: *Answers at Your Finger-Tips*, New York: United Nations Department of Public Information, p. 1409.

力的指挥权、部署权、协调权等，是有可能的。但是事情的发展并未如此，在索马里局势和波黑局势中的两次强制性的维持和平行动，使联合国彻底丧失了对授权使用武力行动的指挥权。

索马里维持和平行动是最早最典型的强制和平行动。索马里发生内乱后，联合国采取的应急措施并未得到其境内不同派别领导人的同意和支持，实施的传统型维持和平行动只完成了部分部署。到1992年11月，局势已经很清楚地表明，联合国无法通过第一期联索行动达成预想的人道主义目标。加利秘书长因此多次强调要重新审查和规划联合国的行动，给安理会提供了五种方案：（1）继续执行第一期联索行动；（2）撤回军事部署与设施；（3）联索部队在摩加迪沙使用有限武力；（4）安理会授权成员国实施索马里全国范围内的执行行动；（5）在联合国的指挥和控制下实施执行行动（然而联合国目前没有这种能力）。然而，加利秘书长的倾向性是明显的，他在安理会举行的非正式磋商期间与美国进行了额外的接触，建议使用武力。

在12月1日举行的安全理事会非正式磋商中，美国、英国、日本和匈牙利发表声明表示赞成第4种方案，美国表示愿意提供军队，但坚持保留指挥权。俄罗斯则仍然主张在联合国的主导下展开行动。法国、比利时、摩洛哥和奥地利更倾向于第5种方案，但在秘书长解释了该方案的困境后，也准备接受第4种方案。最终通过的第837号决议选择了第4种方案，授权使用武力正式应用到维持和平行动中，加利秘书长的强制和平理论正式付诸实践。对此，他解释说，这不是一个"传统"的第七章执行行动，而是创造了一种新型的国际警务行动来实施人道主义援助。在这轮外交中，秘书长一方面主张把任务交给一个固定的常任理事国，并且主要由它为行动提供军队，因此与美国在使用武力的问题上达成了一致；另一方面，在关于军队的部署问题上，他认为部队最好在联合国的指挥和控制下展开行动，为此同美国为了行动的主导权展开了激烈的斗争。最终的妥协是由秘书长制订行动方案，美国则获得了行动的指挥权。

然而，获得行动指挥权的美国行动却并不顺利，在维和部队获得

❖ 第四章 安理会授权使用武力实施的规制性问题 ❖

授权对艾迪德实施搜捕的过程中,联索部队人员伤亡惨重。授权行动遭遇挫折之后,美国政府逐渐改变策略,开始提倡孤立艾迪德而不是实施抓捕,并要求将自己的战斗部队从巡逻队和舰船中撤回。美国提出必须于1994年3月31日完全撤军,希望更侧重政治途径解决危机,提出"非洲领导人帮助我们找到一个解决非洲问题的非洲方案"。但秘书长认为,第837号决议使他有义务追捕艾迪德,任何限制美国快速反应部队的做法都将会削弱联索部队解除所有派别武装的能力,撤走军队并向摩加迪沙艾迪德武装投降有损联合国的威望。同时,秘书长还对"非洲解决方案"持保留态度,认为这一方案的可行性并不乐观。但此时,大部分的安理会成员已经明显偏向美国,对秘书长的领导能力产生怀疑。

与海湾战争相比,索马里的武力维持和平行动同联合国机构的联系有了一定程度上的增强,然而索马里维和失败对秘书长在授权使用武力行动中的职权问题产生了负面影响。国际社会批评认为,索马里行动不断升级并走向失败,应归咎于指挥系统的缺陷、一个激进的秘书长以及美国国内政府的换届,但是秘书长的冒险政策应当负主要责任。安理会对索马里危机的激进反应主要是由于秘书长的施压,须防止秘书长权力膨胀威胁到安理会决策的公正性与客观性。

在非洲地区的索马里授权使用武力行动陆续铺开的时候,东欧地区的波黑局势也进入了紧张阶段。安理会在波黑地区实施禁飞令后,截至1992年12月22日,违反禁飞令的报告数量已经达到了350个,联合国因此决心采取进一步行动,但是关于行动的指挥和控制的问题又成了局势相关国家争论的焦点。法国坚持认为只有将行动置于联合国指挥之下,才能充分体现其维持和平行动的性质和人道主义救援的目的。由于行动必须依赖于北约的力量,法国的立场是不切实际的。南斯拉夫问题国际会议联合主席、联保部队指挥官、联合国难民署以及参与行动的加拿大、挪威和印度,都对此表示严重担忧。

在授权使用武力的安理会第816(1993)号决议通过后,美国主导北约开始了对波黑的空袭行动。1993年7月30日,美国国务卿克

❖ 安理会授权使用武力的国际法问题研究 ❖

里斯托弗致信秘书长称，塞族人扼杀萨拉热窝的意图明显，如果塞族不停止军事进攻，美国将寻求北约盟国的同意动用空中力量，自行决定对波斯尼亚塞族目标的打击。秘书长在8月2日回信作答，不反对扩大空中力量的使用以保证萨拉热窝的安全，但是坚持认为针对该地区首次使用空中力量应该由秘书长发起实施，因为根据联合国决议，在波黑使用空中力量必须始终取决于秘书长。8月4日，北约委员会举行了一场讨论会，会上加拿大、英国、比利时、法国等对联保部队派遣军队较多的国家都特别强调应当由联合国对整个行动实施控制指挥，但美国认为，只有在使用空中力量保护联保部队时才接受联合国的指挥，其余针对波斯尼亚塞族目标的其他军事行动则无须如此。但美国在盟国强大的压力下，最后放弃了立场。然而，具有讽刺意味的是，秘书长几周后要求将"近距离空中支援"扩大至整个克罗地亚的领土范围，以加强联保部队的安全，此举迎合了美国的战略目标。

两次在维持和平行动中授权使用武力联合国都没有获得完全的指挥权，但是秘书长在一定程度上有参与，相比于海湾战争，已经有了比较大的改观。但是，由于有能力实施强制和平的国家不愿意把自己的力量放在联合国机构的指挥之下，也由于秘书长的处置失当，西方国家在此后的授权行动中，越来越多地加强自身对行动的主导。联合国机构，无论是安理会还是秘书长，都在行动的具体实施中被边缘化，"委托代理"成为授权使用武力的执行方式。授权使用武力的决策权与执行权发生分离，在一定程度上脱离了联合国的既有组织框架，必然性地降低了联合国对具体行动的管控能力，使其被大国左右，从而削弱了合法性和有效性。因此有学者指出："安理会授权行动其实是一种虚假的多边主义，更多的是一种隐藏于多边主义之下的单边主义。"①

---

① Charles Krauthammer, "The Unipolar Moment", *Foreign Affairs*, Vol. 70, No. 1, 1990, p. 25.

❖ 第四章 安理会授权使用武力实施的规制性问题 ❖

## 二 监督措施的不足

在《联合国宪章》下，安理会对于非自卫性武力的使用是首要的执行者和监督者，而授权使用武力将决策权与执行权分离开来，因此有学者专门对此提出了"联合国对军队行动的控制"问题。① 在大多数情况下，会员国的国家利益及其外交和安全政策目标是其参与授权最具决定性的考量因素。所以，多数学者坚持认为："武力的使用必须基于国际社会的利益而实行控制，而不是被个别国家所操纵。"② 集体行动的公共利益价值取向要求联合国安理会对授权使用武力行动实施严格的控制。③

但是，目前安理会对授权行动仅有的监督措施是简单地要求接受授权的国家提交报告，"对于这一宽泛义务的履行，一些国家仅仅是向安理会提交正在进行中的关于武力行动的简短、一般性的报告，"④ 起不到任何实质性的督导作用。实施中的放任使授权使用武力名义上是联合国的集体安全行动，实际上却变异为授权参与国谋取私利的工具。联合国由此沦落成为"橡皮图章"，甚至成为霸权主义和强权政治的合法外衣。历次决议都没有对行动实施有效的监控，这成为授权使用武力行动被国际社会诟病的最大问题。"安理会无法控制其决议的执行是集体安全体系中的黑洞，这造成了信任危机问题。"⑤

监督措施不到位、不得力早在第一次授权时就出现。对南罗德西亚局势的授权，安理会再次依靠一个已经在当地部署了大量军力的常

---

① Greenwood, "New World Order or Old? The Invasion of Kuwait and the Rule of Law", *The Modern Law Review*, Vol. 55, No. 2, 1992, p. 168.

② Jules Lobel & Michael Ratner, "Bypassing the Security Council: Ambiguous Authorizations to Use Force, Cease-Fires and the Iraqi Inspection Regime", *The American Journal of International Law*, Vol. 93, No. 1, 1999, p. 125.

③ Erika de Wet, *The Chapter VII Power of the United Nations Security Council*, Oxford: Hart Publishing, 2004, pp. 265–266.

④ [意] 安东尼奥·卡塞斯:《国际法》, 蔡从燕等译, 法律出版社2009年版, 第461页。

⑤ Editorial, "A Black Hole in the System of Collective Security", *Journal of Conflict and Security Law*, Vol. 16, No. 3, 2011, p. 416.

任理事国英国来执行,但在关键的监督方面,第221号决议甚至没有要求英国就可能采取的行动做出报告。

海湾战争中,安理会监控措施的缺乏后来被广为批评。虽然安理会的决议中都包含有做出报告的规定,但是这些规定只是停留在决议文本之中。第661号决议中决定设立一个委员会,由安理会全体成员组成,其职责是向安理会就局势的进展做出报告并提出意见和建议。在随后的授权决议中,关于委员会的规定也都出现在有关条款当中。第一项请求使用武力的决议是第665号决议,该决议要求适当发挥军事参谋团的作用,最后要求在同秘书长协商后,向安全理事会及它所设的委员会提交报告从而对行动实施监测。然而事实证明,安理会第665号决议和之后的决议文本中所使用的"在安全理事会权力下"的措辞,并不意味着各国军队是要置于安全理事会的控制之下,而是一种政治姿态。因此,第665号决议中提及的军事参谋团在后来的文本中没有再出现也就不难理解。第670(1990)号决议第10段要求各国对所要采取的行动向委员会做出汇报说明,强调该行动必须限定在国际法和《芝加哥公约》的范围内,这种措辞在监督意义上是抽象的、粗疏的。在最终通过的第678号决议中,联合国并没有制定出任何具有实际意义的监督方案,只是在第4段中作了简单的规定:"请有关国家将所采取行动的进展情况,随时通报安全理事会。"同朝鲜战争一样,安理会没有规定实施第678号决议的任何方式,由美国领导的多国部队自行组织并决定最终军事行动的战略领导和指挥方式。联合国对第678号决议执行的作用仅仅限于安理会接受关于行动进展情况的信息,"安理会给了联合国会员国一张(1991年)1月15号以后在伊拉克自由行动的许可证,准许他们选择以任何形式和方法发起战争。"[1]

---

[1] Burns H. Weston, "Security Council Resolution 678 and Persian Gulf Decision Making: Precarious Legitimacy", *The American Journal of International Law*, Vol. 85, No. 3, 1991, p. 526.

## 第四章　安理会授权使用武力实施的规制性问题

海湾战争之后，授权成为联合国武力使用方式的常态，是否授权使用武力的争议性减弱，而军队的指挥权和控制权问题则日益成为焦点。由于第678号决议做出了几乎不受约束的授权，因此国际社会要求控制授权的声音开始多起来。在随后的案例中，联合国也致力于加强决议对授权的控制，联合国机构的作用开始增强，特别是在实施经济禁运或加强维和行动应对人道主义危机时。前南斯拉夫和索马里的决议都涉及重要人道主义因素，对安理会本身和秘书长的作用都做了相应规定。这些案例中，安理会通常有权接收关于行动执行进展情况的报告，并且决议关于这种报告的规定也变得更加定期。在随后的卢旺达和海地的授权案例中，关于报告的规定也大抵如此。尤其在海地案例第940号决议的第5条中，安全理事会批准了秘书长的建议，对多国部队的行动派遣国际监察员，加强了对行动的监测，具有重要意义。但从总体上讲，这些授权案例中对行动监督的规定还是浮于表面，报告制度往往流于形式，它至多只能起到信息反馈的作用，并不能对行动产生任何实质性的约束和影响。

在前南联盟地区的系列授权行动中，联合国基本是旁观者，以美国为首的西方国家掌握着控制权。第787（1992）号决议授权拦截船舶以确保对南斯拉夫禁运的实施，要求有关国家将上述行动同秘书长协调并报告安理会，以监测行动执行情况，随后的第816、836号决议中也都对报告制度进行了规定，增强了秘书长的作用，要求秘书长同会员国和联保部队密切协调，同时要向安理会提出报告，报告制度包括对总体情况的定期报告和根据授权所采取的武力行动的报告。在波黑冲突各方签订了和平协议之后，安理会于1995年12月15日又通过第1031（1995）号决议，授权成立一支北约领导的多国执行部队取代在波黑的联保部队。该决议规定多国执行部队必须每月向安理会报告行动情况，密切了同安理会的联系。但是这一决议更多体现的是北约成员国的意志，例如在第21条关于审查授权是否延期的规定中，"根据执行部队参加国的建议和高级代表通过秘书长提出的建议"的先后顺序已经表明参加国的建议最为重要，联合国的地位则是次要的。

在索马里维和行动中,联合国效仿海湾战争中的做法,第794号决议成立了一个特设委员会,向安理会报告行动的进展情况。与之前的行动相比,联合国的作用在总体上有所增强,这主要体现为秘书长在行动中的地位。第794号决议规定秘书长也必须定期向安理会做出报告,对第一份报告的时间也做了限定,必须在决议通过的十五天之内。第814号决议中遵照秘书长的建议扩大了联索行动部队的编制和任务,并在第10段规定了秘书长可以就"必要时采取更有效措施的任何建议向安全理事会提出报告。"从决议文本表面看,秘书长似乎发挥着决定性作用,但大部分的行动都是美国所实施的,很难认定联索行动是美国在接受联合国指挥的前提下采取的,联合国对于二期联索行动的控制基本上只停留在决议文本中。之后,秘书长态度的转变和冒进恰巧迎合了美国的战略意图。在接下来的行动中,虽然秘书长开始意识到联索部队越来越偏离原来的目标,但此时联合国已经完全失去对授权行动的监控,只能听任美国对艾迪德政权实施抓捕行动,最终酿成了大规模武装冲突,导致大批维和人员以及平民的伤亡。索马里维和以失败告终,而之后美国和联合国之间又不断相互指责、推卸责任。

在最近的一次对利比亚问题的授权中,安理会重蹈覆辙。第1973(2011)号决议同样也没有提出任何督导方案,只是简单要求"有关会员国应立即向秘书长通报为履行授权而采取的措施,包括提供行动构想";"请秘书长向安理会通报有关会员国为履行授权而采取的任何行动,并在七天内向安理会报告本决议执行情况","其后每月报告一次"。这种没有任何实质意义的报告制度使安理会再一次失去了对军事行动的监督和控制,"在利比亚的授权使用武力行动中,安全理事会在很大程度上将第七章的权力转让给了干涉国,既没有保留自身的权威,也没有对干预实施控制。"[1] 北约国家虽然遵守了决议不

---

[1] Mehrdad Payandeh, "The United Nations, Military Intervention, and Regime Change in Libya", *Virginia Journal of International Law*, Vol. 52, No. 2, 2012, p. 400.

❖ 第四章 安理会授权使用武力实施的规制性问题 ❖

出动地面部队的规定,但其空中打击就足以置卡扎菲于死地,人道主义目的的授权最终演变成了推翻卡扎菲政权、扶植亲西方政府的战争,授权的性质发生了根本性的改变,成为西方国家谋取地缘政治利益和石油利益的工具。

对于安理会授权使用武力机制在实施过程中的规范性问题,应该说联合国已经做出了努力。鉴于海湾战争中安理会作用的最小化和对行动监控的缺失,联合国试图改正授权使用武力行动中存在的问题。在海湾战争以后,安理会授权使用武力机制的实施在多方面受到了限制。[①] 在波斯尼亚、海地和卢旺达的授权增加了广泛咨询的要求,并且在决议中规定目的一致性和以联合国为主的控制,或者至少授权秘书长对武装行动实现更多的监管;在波斯尼亚和索马里行动中,安理会没有像在第83、678号决议中那样宽泛地委派,代之以武力使用等级的逐渐提高和目的上更加精确描述。在波斯尼亚,安理会首先授权使用武力进行人道主义支援,接下来建立禁飞区,然后建立安全区;在索马里,第794号决议的宽泛授权是要求在使用武力的同时处理其他一些维和的任务,而在第814号决议就开始明确授权联索部队在索马里采取武装行动,在艾迪将军攻击联合国部队之后,第837号决议也是明确逮捕他,给每个行动规定具体的任务。授权使用武力打击索马里海盗行动时,不仅在限制任务范围、限定任务时间和充分报告等方面予以规范,并且还明确规定不作为先例和遵守《海洋法公约》保证第三国通行的要求,表现出对各国和当事国主权的尊重。[②] 但是这些措施并未实现对授权行动的完全监督,报告和审查更多的只能在程序上有意义,无法纠正在行动中出现的各种不规范行为。

实施中缺乏监督、无法监控已经成为安理会授权使用武力机制的

---

[①] Helmut Freudenschuss, "Between Unilateralism and Collective Security: Authorizations of the Use of Force by the UN Security Council", *European Journal of International Law*, Vol. 5, No. 4, 1994, p. 522.

[②] 参考李伯军《联合国安理会授权会员国使用武力的新变化——以武力打击索马里海盗为例》,《湘潭大学学报》(哲学社会科学版) 2011年第2期。

顽疾。这其中既有联合国自身的原因，更主要的是大国尤其是美国对授权机制的刻意控制。其表现首先是在授权决议中有意淡化监督措施，使用大而化之的抽象措辞来表述监督要求。其次是在授权决议通过后，即使行动实施中出现偏离授权目标的趋势，也"对随后任何关于撤销、修改、澄清授权决议的决议进行否决"。① 形成所谓的"反向否决权"，使其"一旦得到安理会的授权就不能被撤销"。例如在授权军事干预利比亚的行动中，"美国、英国和法国这些具有否决权的安理会成员，都参与了轰炸利比亚的行动，这自然导致安理会无法对正在实施的授权行动进行监督。"②

监督措施的不足导致了授权在很大程度上被滥用，历次行动均出现了授权参与国脱离决议本身要求、偏离甚至背离目标的情况。安理会授权使用武力尽管名义上是一项集体行动，但是联合国已经沦落为一个授权机器，实际行动的控制权都被少数西方大国把持，集体行动有名无实。因此，不只是许多中小国家，还有很多学者对联合国安理会授权使用武力的合法性问题提出了质疑，认为授权行动已经成为参与国谋取私利的工具。

海湾战争中的授权行动完全被美国所掌控，军事行动超出恢复科威特主权的范畴，"美国和英国将打击侯赛因·萨达姆的目的与一次集体行动联系起来，"对伊拉克及该区域造成了更大的伤害。③ 安理会在批准第678号决议采取授权以后便被空置了，既无法协调和监督军事措施，也没有某种临时准备相应的职能性强加的限制，这极大地

---

① David D. Caron, "The Legitimacy of the Collective Authortiy of the Security Council", *The American Journal of International Law*, Vol. 87, No. 4, 1993, p. 577.

② Editorial, "A Black Hole in the System of Collective Security", *Journal of Conflict and Security Law*, Vol. 16, No. 3, 2011, pp. 415 – 416.

③ Burns H. Weston, "Security Council Resolution 678 and Persian Gulf Decision Making: Precarious Legitimacy", *The American Journal of International Law*, Vol. 85, No. 3, Jul., 1991, pp. 523 – 525.

破坏了安理会的组织结构，以至于到了允许联合部队独立行动的地步。① 在维持和平行动与人道主义援助中的授权也因为监控措施的不力，使行动偏离联合国的轨道。在波黑局势中，北约两次空袭塞族阵地，明显偏袒穆族，对其大举进攻塞族的活动不予制止；北约多国部队进入波黑和科索沃后，美、英、法、德、意五国甚至划分好了"势力范围"进行管辖。② 各国在本国利益的驱使下很难保持中立，导致该地区的国际国内形势更加复杂。索马里行动中美国部队行动完全独立，导致联合国成为冲突的一方。

更为严重的是，联合国对滥用安理会授权使用武力的行为没有责任追究机制。到目前为止，所有违反安理会授权使用武力决议规定的行为及其所造成的损害，除了学界在研究中指出以外，联合国都没有对其批评、追责。例如，海湾战争中美国领导的多国部队的行动是否超越了第678号决议授权的范围，至今都没有做出是否违规的判断；北约空袭利比亚造成了人道主义灾难，事后也没有进行性质判定，更没有责令赔偿。无疑，事后责任追究机制的缺失助长了授权的滥用。

## 第三节　会员国对授权使用武力行动的代理执行
### ——以美国为例

#### 一　美国在执行授权决议过程中的代理懈怠

代理关系形成后，代理者必须根据契约来采取行动，理想中的代理者应该严格遵循契约，但实际情形并非如此。代理者得到授权之后即有了一定的自主权（autonomy）和自由裁量权（discretion），由于委托者与代理者之间的利益偏好不完全一致或者信息分布不对称等其他原因，代理者并非总是按照委托者的意愿行动。委托代理理论将这

---

① 泽伟、晓红：《海湾战争：联合国安理会授权的一次滥用——对一位美国学者观点之评介》，《法学评论》1996年第1期。

② 慕亚平、陈晓华：《世纪之交议维和——对冷战后联合国维持和平行动的评价和思考》，《法学评论》2001年第6期。

种情形称为代理懈怠（agency slack）。代理懈怠会导致委托者利益受损，造成代理损失（agency costs，或称代理损耗 agency loss）。因此，对于委托者来说，委托代理关系的实质是如何通过各种控制机制减少代理损耗，实现自己的利益最大化。①

安理会授权使用武力无疑是为了实现国际社会共同的和平与安全，但是，作为代理者的美国在执行安理会授权时出现了两种形式的代理懈怠，使安理会的预期目标实现偏离甚至违背。第一种是卸责（shirking），即没有尽力完成安理会所委托的任务，导致任务失败或受阻。在索马里局势中，美国在任务尚未完成的情况下改变了政策，召回前线部队，主张将更多的努力放在政治解决上面，事实证明没有美国军队支持的授权行动是毫无效果的。② 第二种是偏离（slippage），即美国在行动中因本国利益需要而故意偏离安理会为"公共利益"而使用武力的目的。在海湾战争中，美英两国为了打击侯赛因·萨达姆，将私利与一次集体行动联系起来。③ 在南斯拉夫，美、英、法、德、意五国部队进入波黑和科索沃后划分"势力范围"进行管辖，④ 并且明显偏袒克族，两次空袭塞族阵地；利比亚局势中，法、美、英等国更是将人道主义援助的行动变成了推翻卡扎菲政权的战争。这样的偏离不仅使联合国集体行动蒙上被私有化的质疑，还造成集体行动失败的严重后果。

为什么"安理会—美国"委托代理关系中会产生代理懈怠？而联合国为何不能有效地制约美国的代理懈怠以减少代理损失？

第一个原因在于"安理会—美国"委托代理关系形成时存在着次

---

① 张建宏、郑义炜：《国际组织研究中的委托代理理论初探》，《外交评论》2013年第4期。

② Helmut Freudenschuss, "Between Unilateralism and Collective Security: Authorizations of the Use of Force by the UN Security Council", *European Journal of International Law*, Vol. 5, No. 4, 1994, p. 518.

③ Burns H. Weston, "Security Council Resolution 678 and Persian Gulf Decision Making: Precarious Legitimacy", *The American Journal of International Law*, Vol. 85, No. 3, 1991, pp. 523 - 525.

④ 慕亚平、陈晓华：《世纪之交议维和——对冷战后联合国维持和平行动的评价和思考》，《法学评论》2001年第6期。

❖ 第四章　安理会授权使用武力实施的规制性问题 ❖

优选择。所谓次优选择，是指由于客观条件的限制，委托者无奈选择了并不适合的代理者。一般而言，委托者总是希望能够找到理想的代理者来执行指定的任务，理想的代理者不仅与委托者的偏好一致，并且行动高效，成本低廉。然而，国际社会中的国家实力悬殊，具有符合安理会要求的军事能力者并不多。在出现"危及国际和平及安全"情势时，授权虽然以全体会员国为对象，但是能够实施授权行动的国家基本上都是西方大国尤其是美国，否则就会出现诸如卢旺达大屠杀无人问津这样的困窘局面。因此，授权美国（接受美国对授权行动的参与）是安理会的一种无可奈何的次优选择。在安理会授权的历史上，大多数行动都不得不依赖美国力量，美国也是授权最为积极的响应者。在朝鲜、海地的行动中美国士兵占多国部队的90%以上，海湾战争中美国投入了40万名士兵，波黑局势的空中力量也以美国为主。可以说，在激活第四十三条不现实而国际局势亟待采取武力强制行动时，次优选择甚至逆向选择几乎是不可避免的，而其代价就是安理会必须赋予美国极大的自主权。于是，代理懈怠就成为无法避免的结局。

第二个原因在于"安理会—美国"委托代理关系中的"不完全契约"（incomplete contract）。代理契约具体规定了授权的范围、权限、执行时所必须遵循的程序等，是代理者必须遵循的基本规范。一般而言，委托者总是尽可能地在契约中确定详细规则，以约束代理者。但是代理契约总是处于不完全状态之中的，因为一项契约不可能将委托者所要履行的全部义务进行详尽无遗的规定，双方也不可能在契约中预测到所有可能发生的意外，因此大部分契约都只规定整体关系和在产生问题时的解决程序、决策规则和纠纷仲裁，而不是任务细节。① 正是由于委托代理契约尚无法完备，安理会与会员国之间授权关系中的权利和义务规定就更加只能抽象、模糊了，代理者有很大的空间来解释规则从而获得更大的自主权。

---

① Mark Pollack, "Delegation, agency, and agenda setting in the European Community", *International Organization*, Vol. 51, No. 1, 1997, pp. 103–104.

❖ 安理会授权使用武力的国际法问题研究 ❖

安理会授权会员国使用武力并非《联合国宪章》的原有内容,也无其他相关的法律文件来做具体的说明。① 因此,安理会与会员国授权关系的契约在具体实践中只能是安理会的授权决议。但是,安理会授权决议大多由美英法等国提议并起草,代理者起草委托代理契约,并且利用权力力促契约通过,其结果可想而知。所以,我们看到授权决议的表述都是模糊、抽象,含义宽泛。授权决议文本的措辞模式固定为"根据《联合国宪章》第七章采取行动""授权""采取一切必要手段"和"维持该区域国际和平及安全",这些用语都是不加限定、模糊不清且可以延伸解读的,② 至少存在以下几个方面的疏漏:(1)没有明确区分和平手段与武力手段,没有注意到《联合国宪章》中最重要的原则和目的就是和平解决国际争端,只有在和平方法失败的时候,才能利用纯粹集体的授权和控制来恢复国际和平与安全。③
(2)没有体现使用武力的"相称性",从话语上来说不禁止任何可以达成目标的手段,虽然往往决议中规定有"相称的""必要的"等限定词,但是对这些笼统的规定,接受授权的会员国依然可以根据行动的方便和本国的利益需要对其进行解释。尤其没有注意到,在人道主义干涉中,"必要手段"必须用特别的规则加以限制,以减少对其他平民和设施的伤害。④ (3)宽泛的授权目的容易混淆委托者和代理者之间的关

---

① 联合国至今几份涉及安理会授权使用武力方法的文件没有明确宣布为《联合国宪章》的补充。例如 2001 年干预和国家主权委员会发表的《保护的责任》提出的军事干预的六条标准:合理授权、正当的理由、正确的意图、最后手段、均衡性和合理的成功机会,("The Responsibility to Protect",Report of the International Commission on Intervention and State Sovereignty,http://responsibilitytoprotect.org/ICISS%20Report.pdf.)与名人小组报告一样都是研究报告性质的,而非经联合国大会或安理会通过的正式文件。

② Jules Lobel and Michael Ratner,"Bypassing the Security Council:Ambiguous Authorizations to Use Force,Cease-Fires and the Iraqi Inspection Regime",*The American Journal of International Law*,Vol. 93,No. 1,1999,pp. 124 – 125.

③ Burns H. Weston,"Security Council Resolution 678 and Persian Gulf Decision Making:Precarious Legitimacy",*The American Journal of International Law*,Vol. 85,No. 3,1991,p. 518.

④ Mathew Truscott,"The effect of Security Council mandates on the proportionality analysis in humanitarian interventions",*South African Yearbook of International Law*,Vol. 37,2012,pp. 46 – 47.

系，没有区分一国私利和公共利益之间的差别，需要明确授权的目的是安理会规定任务的目标，而不是国家的目标或者战争本身的目标。[①] 所以，安理会授权使用武力决议对美国没有起到实际的限制作用，美国从其国家利益出发也会充分利用授权决议的缺陷，造成代理懈怠。

第三个原因在于"安理会—美国"委托代理关系中的实施监控机制的不健全。一般而言，为使代理者按照委托者的意愿行动，委托者会在代理契约中规定详细的监督条款，并将这些监督条款付诸代理行动的全过程，形成监督机制，这是保证代理行为不偏离委托者预设目标的重要措施。综观安理会对美国代理执行权的监控是相当简略的，授权决议通常都是简单要求报告、通报行动情况，起不到任何实际的监督作用。海湾战争后，授权决议中虽然有设定一些委员会或专家小组进行报告，但这些报告和审查更多的是通讯性质，起不到监控作用。监控机制方便委托者在评估当前行动的基础上改进代理或撤回授权，从理论上来说，在委托代理中可以建立五类监控机制：规则和自由裁量权、监督与报告的要求、甄别与选择程序、制度性制衡以及制裁。委托者在具体情况下以不同的方式进行组合，实施控制，减少代理者的自主选择机会。可以说，安理会在这五个方面都是不足的，无效的控制机制助长、加剧了美国的代理懈怠。

## 二 美国与安理会相互"委托—代理关系"作用的内在机理

当然，美国对安理会授权的代理执行并不总是负面的，在一定程度上，美国的代理执行使联合国集体安全制度的武力强制措施得以实现，对国际秩序的维护起到了作用。那么在何种情况下，美国与安理会授权使用武力机制之间是相互促进的？又在何种情况下，美国会在代理行为中产生懈怠？厘清这一问题对于如何发挥美国在安理会授权使用武力机制中的作用具有重要意义，毕竟在一个无政府状态中的国

---

[①] Mathew Truscott, "The effect of Security Council mandates on the proportionality analysis in humanitarian interventions", *South African Yearbook of International Law*, Vol. 37, 2012, p. 60.

际体系里,发挥大国对于国际秩序的维护作用是联合国应当考虑的重点问题,而美国在现有的国际格局中是实力最为强大者。要厘清这一问题,首先我们要从理论上认识到,在委托代理关系中,委托者与代理者之间利益偏好的交集是行动得以成功的决定因素,交集面大则代理行为会如委托者之愿,反之,代理行为就会产生懈怠。其次,我们要在思想上认识到,美国利用安理会授权使用武力机制获益是正当的。国际机制的根本目的是让参与国获益,但不能将这种获益理解为均衡获益,在一些特定行动中,允许出力多者获益也多,才是正道,绝对的均衡获益思想将阻碍国际机制的运行,安理会授权使用武力即是如此。

作为委托者的安理会与作为代理者的美国,两者之间的利益偏好不同。对于美国的对外武力行为,无论单边行动还是集体行动,地缘政治因素始终是美国最重要的利益考量。[①] 可以说,美国的对外武力行动与安理会的授权使用武力,一为私利,一为公益。然而,这两者并不是完全冲突的,在一定的情境下会出现交集。

美国是"二战"结束以来的最强国,宣称全球各区域事务均与美国利益相关,而历来国际安全形势紧张的地区大多是地缘政治的重点区域,在维持这些地缘重点区域稳定的偏好上,美国与安理会就有了一定的重叠。安理会为维护"该区域的和平与安全",美国则为维护在该区域的利益,两者在利益偏好上有叠合,基于授权使用武力的委托代理关系就会产生。在海湾战争中,以美国为首的多国部队成功阻止了国际法明令禁止的侵略行为,同时借由安理会行动践行美国战后和"冷战"后的国际秩序观,巩固了美国在亚洲和中东地区的战略布局和同盟关系;在波黑、索马里、海地、利比亚的行动也不同程度地起到了人道主义保护和维持地区稳定的作用,同时也达到了美国的

---

① 对于美国对外武力干涉原因的研究和解释众多。本书根据法国学者雷蒙·阿隆关于地缘政治学是"把外交—战略关系与对资源做出的地理—经济分析以及由于生活方式和环境而引起的对外交态度的解释,从地理的角度加以系统化"的解释,认为美国对外武力干涉中地缘政治是主要考量,其中包括地缘安全、经济和战略等因素。

❖ 第四章 安理会授权使用武力实施的规制性问题 ❖

地缘政治目的。美国在借助安理会谋求本国利益的过程，在客观上也起到了为霸权国提供公共物品维持国际秩序的效果，同时集体行动也为美国行动提供了合法性基础，这是委托者和代理者之间的相互促进作用。

相反，当美国和安理会利益偏好异质性过大时，授权或难以形成或产生代理懈怠。例如卢旺达在地理位置、能源资源等方面均没有美国的利益关切，美国除了派兵保护本国侨民以外没有做出任何积极反应。又如1998年美、英两国借口伊拉克拒绝武器检查对其进行轰炸及2013年对伊拉克再次武力打击，美国寻求安理会授权都没有成果，因为推翻萨达姆政权的目的与国际公共利益相去甚远，美国只好在没有安理会授权的情况下采取单边主义行动。

美国与安理会的相互委托代理关系的前景和走势如何？首先，由于第四十三条"特别协定"未能订立，负有维持国际和平及安全主要责任的安理会没有执行能力，而作为委托者的美国却拥有当今世界最强大的军事实力，在全球各重要区域均有军事存在。而授权使用武力是安理会判断情势之后建议采取的行动，会员国自愿决定是否参与。① 因此，联合国仍然需要借重美国的实力使武力强制措施得以实现，在国际和平与安全情势紧急时候，美国与安理会这组委托—代理关系仍然会出现。其次，安理会与美国利益偏好的差异将使这种关系被严格限制。

一般而言，授权实现的可能性和程度会随着收益和偏好异质性的大小升降，同时决策授权的制度性规则也会对授权的结果形成限制。在实际情况中，复杂和多数的委托者会形成复杂性委托者结构，其中最常见的就是集体委托者。集体委托者在进行授权、改变授权或者重新授权等各个环节的决策均需要在成员之间达成共识，并由汇聚各成

---

① Matthew D. Berger, "Implementing a United Nations Security Council Resolution: The President's Power to Use Force Without the Authorization of Congress", *Hastings International and Comparative Law Review*, Vol. 15, No. 1, 1991, pp. 82–109.

员偏好的决策规则驱动联盟政治来决定国际组织的授权和契约。① 世界银行、国际货币基金组织、联合国安理会、世界卫生组织等都需要多数或超多数成员国的集体决策来决定契约关系,其中联合国的特殊性是不让全体成员参与重要决定,而是将特定的安全情势决策权授予给了安理会。② 由此,投票者就从全体联合国成员国缩小为安理会成员国,包括五个常任理事国和十个任期为两年且不得连选连任的非常任理事国。不过,国际制度中的权力不对称使得政策走向常常被拥有更大政治影响力的强国决定,小国的影响力微乎其微,这在安理会中表现为五个常任理事国的意见具有决定性作用,非常任理事国的意见很难发挥作用。

　　基于"大国一致原则"产生的否决权实际上是一种预防性和禁止性力量,用来阻止有害性决议通过的特权,是一种消极而非积极的力量。③ 因此,否决权并不能促使有利于本国利益的提案通过,对希望通过决议的国家来说是一种限制。"冷战"中超级大国之间的矛盾和否决权的滥用直接造成了安理会的瘫痪,美国也就放弃寻求集体行动的可能实行单边武力干涉。"冷战"结束之后,在国际权力分散化和安全威胁扩散化的环境下,作为唯一超级大国的美国越来越发现自身的力量不足以解决所有安全威胁,"美国实质上并没有比'冷战'开始时更能单方面独断全面问题。美国比十年前更占优势,可是够讽刺的是,权力也更加分散。因此,美国能够运用来改造世界其他地区的

---

　　① 复杂性委托者有两种类型:一种是一个代理者与组织上独特的委托者签订一个以上的契约,称为具有多个委托者的授权关系;第二种是一个以上的委托者与同一个代理者存在共同的契约,称为集体委托者。集体委托的定义和特点参考莫娜·莱恩、丹尼尔·尼尔森、迈克尔·蒂尔尼《谁授权?发展援助中的其他委托模式》,载戴伦·霍金斯等主编,白云真译,《国际组织中的授权与代理》,上海人民出版社2015年版,第46—47页;张建宏、郑义炜《国际组织研究中的委托代理理论初探》,《外交评论》2013年第4期。
　　② 莉萨·马丁:《利益、权力和多边主义》,载莉萨·马丁、贝思·西蒙斯主编《国际制度》,黄仁伟、蔡鹏鸿等译,上海人民出版社2006年版,第35页。
　　③ 刘铁娃:《从否决权的使用看美国在联合国安理会中影响力的变化》,《国际关系学院学报》2012年第6期。

## 第四章 安理会授权使用武力实施的规制性问题

力量,实际上也减弱了"。① 权力格局的多元化将使美国已经难以获得朝鲜战争时和20世纪90年代那样宽松的授权环境了,即使授权能够实现,也会被施以更多的限制,美国也将难以突破公共利益的界限来谋取私利。因此,美国需要用更大的代价和更多的外交努力来施压和行贿(arm-twisting and bribery),在构筑有效的联盟(coalition)的同时采取适当的措施以防止阻碍性或对立性联盟的出现。而当安理会中的各国偏好难以调和时,授权就难以启动,美国重回单边主义的可能性也将大大增加。

---

① [美]亨利·基辛格:《大外交》,顾淑馨、林添贵译,海南出版社2012年版,第828页。

# 第五章　安理会授权使用武力行动的有效性问题

　　法的效果是法的实施对社会所产生的实际影响，法必须产生积极的影响，否则就有改革的必要。在国际机制理论中，这被称为有效性问题。任何国际机制只有对其所指向的国际问题领域实行了有效治理，才有存在的意义，有效性不足或者失效标志着国际机制存在改革的必要。"一般而言，任何试图评估国际制度有效性的研究，都必须审慎思考如下三个问题：评估的目标是什么？评估的标准是什么？通过何种方式实施操作目标和标准的比较？即如何衡量？"[1] 就本书的研究目标而言，评估的目标是要弄清安理会授权使用武力行动的成败得失及其根由，以使后续的改革研究能够对症下药、有的放矢。评估的标准则是考察安理会授权使用武力行动预设目标的实现程度。综合考察安理会授权使用武力行动的所有案例和发展过程，可以发现，行动效果时好时坏，局限性比较突出，无法得到充分保障。国际机制的有效性是机制本身运行的结果，而机制在按照其既有制度运行的过程中，不可避免地会受到外界各种因素的干扰。在明白这一原理后，我们就能够发现安理会授权使用武力行动有效性不足的根本原因在于制度化程度较弱和大国制约两种主要因素。相应地，改革的重点问题应是加强制度建设，提高机制的独立运行能力，削弱外在的大国因素的影响。

---

[1] Arild Underdal, "The Concept of Regime Effectiveness", *Cooperation and Conflict*, Vol. 27, No. 3, Winter 1992, pp. 228–229.

❖ 第五章 安理会授权使用武力行动的有效性问题 ❖

# 第一节 安理会授权使用武力行动有效性的理论分析

### 一 安理会授权使用武力行动有效性理论的引入

在国际机制的研究中,有效性是一个多维度(multidimensional)的概念,这导致对国际机制有效性的内涵理解不一,给我们定义安理会授权使用武力行动的有效性增加了难度。所以,我们必须先在纷繁芜杂的理论观念中厘清国际机制有效性的根本所在,才能进而确立相应的评估标准,开展研究。而结合法律理论,则可能使我们更清晰地厘清这一问题。

西方有很多学者对国际机制有效性进行了专门的研究,美国学者奥兰·扬是其中发表意见较多的人之一,他在多篇论著中提出了多种对国际机制有效性的理解。在《国际制度的有效性:棘手案例与关键因素》一文中,他认为:"有效性是衡量国际机制在多大程度上塑造或影响国际行为的尺度,可以从其能否得到执行、服从并继续维持来加以衡量。有效性是一个程度大小的问题,而不是一个全有全无的问题,只要一种制度的运作能够经受时空变换的考验,就是有效的。"[①]这一认识是从国际机制的基本功能来界定的,国际机制建立的目的在于期望通过制定的规范来规制参与者的行为,以实现利益追逐的有序化。这一观点适用到安理会授权使用武力机制,需要做一定程度的变通。作为一种强制措施,安理会授权使用武力机制是以暴力性的制裁迫使违法国家回归《联合国宪章》规定的轨道,同时对潜在的、蠢蠢欲动的"和平之威胁、和平之破坏及侵略行为"起到震慑、威慑作用,从而塑造和影响联合国会员国的行为。从这个角度说,安理会

---

[①] [美]奥兰·扬:《国际制度的有效性:棘手案例与关键因素》,载[美]詹姆斯·N.罗西瑙主编《没有政府的治理》,张胜军、刘小林译,江西人民出版社2001年版,第186—224页。

授权使用武力机制的产生与存在本身就有着一定的效果,因为它使联合国集体安全机制最有力的强制性手段得以实现。显然,这一认识对我们从宏观上认知安理会授权使用武力机制的作用和意义是有帮助的,但不足以指导对具体个案进行细致的分析。

斯托克则从国际机制运行的层面进行分析,认为国际机制的有效性取决于机制与行为体之间的功利性互动(utilitarian interplay)、规范性互动(normative interplay)、观念性互动(ideational interplay)是"支持性的"还是"阻碍性的"。[①] 显然,在斯托克看来,只要国际机制与行为体之间在利益目标上一致、在思想观念上相互认同,且制度规范得到实施并被遵守,该国际机制就会处于"无碍"的运行状态。其潜台词是只要运行通畅,效果必定良好。反之,则必定会出现有效性问题。这一观点的实质是从过程来推导结果,对于我们认识安理会授权使用武力机制有效性的前期过程是有帮助的,因为作为结果的有效性,其程度必然取决于过程的有效性,至少是密切关联。

纵观对国际机制有效性的理解,可以说形形色色、多种多样,并无统一的观点。造成这种状况的原因既是因为视角的不同,也在于国际机制类型的差别。细究之,国际机制理论把国际机制本身的有效性和国际机制所达到的效果在混合讨论,未对两者进行区分,这非常类似于法律理论上的法的实效和法的效果问题。法的实效一般是指具有法律效力的制定法在实际社会生活中被执行、适用、遵守的状况,即法的实际有效性。法的效果则侧重评价法对社会的实际影响,最重要的是探讨法对社会的积极影响。这两者是既相互联系又相互区别的。

法的效果的判断标准历来是千差万别的,不同的尺度、不同的立场、不同的视角都会得出不同的结论。那么能不能找到一种统一的标准来定义、衡量国际机制的有效性呢?笔者认为,其实这个标准一直是客观存在着的,那就是国际机制预设目标的实现程度。所谓有效

---

① Olav Schram Stokke, *The Interplay of International Regimes*: *Putting Effectiveness Theory to Work*, *FNI Report* 14, Fridtjof Nansen Institute, Oslo, 2001, pp. 5 – 23.

(effectiveness），在词义上无论中外都指的是实现预期目标、产生预期效果。任何国际机制都是基于一定的国际问题领域的治理需要而产生、创建的，只有国际机制实现了预想的治理目标，达到了治理要求，我们才能说这个国际机制是有效的。脱离这一点，国际机制就无以存在，有效性理论就成为虚妄。奥兰·扬实际上注意到了这一根本所在，所以也从结果上直接将国际机制的有效性定义为"国际机制能够在多大程度上成功地解决导致它建立的问题"。[①] 这一定义虽然是针对国际环境机制提出的，但却具有普遍的适用性。

学者们对国际机制有效性的理解发生差异，其实在于他们不但讨论机制的有效性，也讨论如何提高有效性，因此将国际机制有效性的产生过程、影响因素等都考虑进来，甚至混同在一起，但只要仔细揣摩其论证过程及其中蕴含的逻辑关系，就可以发现，其实他们都是从结果意义上的效果进行回推或发散。在明了这一点后，我们可以拨开理论分歧的迷雾，将安理会授权使用武力机制的有效性定义为：会员国在联合国旗帜下所实施的武力行动在多大程度上实现了安理会预设的目标。在这一定义下，我们融合各家观点之长处，不但可以从宏观上、整体上，也可以从微观上、个案上评估安理会授权使用武力机制的有效性；不但可以从每次授权的终端，而且可以从其实施过程、影响因素来进行考察。如此，我们将能够对其有效性做一个全面的分析和认知。

## 二 安理会授权使用武力行动有效性的评估释义

什么是国际机制有效性的评估？评估标准如何确定？厘清了国际机制有效性的根本所在后，可以发现其终极性的评估标准也是存在的，那就是国际机制的预设目标。所有的国际机制在其建立的时候，其实都已经规定了有效性的评估标准，这就是诉诸相关协定、条约、

---

[①] ［美］奥兰·扬：《世界事务中的治理》，陈玉刚、薄燕译，上海世纪出版集团2007年版，第109页。

决议、文本中的"宗旨"。所谓宗旨,就是该机制所预设的要实现的目标。将宗旨与国际机制运行的结果相对比,就是有效性评估。但是,这一理解只是最基本的起点性内容,根据结果对国际机制的有效性进行评估,在实际情形中要复杂得多。奥兰·扬等人就指出,国际机制的有效性不是单一的,可以分为内部效果和外部效果、直接效果和间接效果、有益效果和无益效果等,还可以划分为制度的分配效果、认知效果、进程效果、侧面效果等。[①] 实际上这种划分还可以继续,如阶段性效果和终结性效果、个案性效果和整体性效果,等等。采用不同的评估标准也就是从不同的视角去评估机制的效果,将得出侧重面不同的结论。如此一来,即使我们明白国际机制的有效性及其评估标准,仍然会陷入在多不胜数的"岔道"中无法前进。

在国际机制蓬勃发展的 20 世纪下半叶,随着国际关系研究的科学化,越来越多的科学方法被引进到国际机制研究中,国际机制的有效性及其标准的研究也开始多元化、细致化、复杂化。数理统计学的"定序计量"(ordinal level measurement)是最早被引入国际机制有效性评估标准研究的,这一方法的核心是从问题解决的角度来衡量机制的成败得失。美国学者爱德华·迈尔斯曾经将"定序计量"划分为三种:成功、失败和关于个案的居中分类。[②] 后来,越来越多的制度经济学方法被引进,国际机制有效性的评估标准、方式越来越多样、细致,这固然带来了研究的深入和多元化,但也带来了研究上的紊乱和烦琐。如何在纷繁芜杂的理论中选择出适合安理会授权使用武力机制评估的标准和方法也就成为一个难题。

纵观国际机制的有效性研究,科学主义的多元标准大多出现在"低级政治"的国际事务问题领域,尤其是国际环境保护机制。而在

---

① Oran R. Young, "Inferences and Indices: Evaluating the Effectiveness of International Environmental Regimes", *Globle Environmental Politics*, pp. 113 – 114.

② Edward L. Miles, "Regime Effectiveness in Three Cases, Prepared for the 'Regime Summit'", Dartmouth College, November 1991. Quoted in Arild Underdal: *The Concept of Regimes Effectiveness*, p. 235.

❖ 第五章 安理会授权使用武力行动的有效性问题 ❖

国际安全机制中,这种多元化研究是罕见的,这说明了国际安全机制有效性及其评估标准具有特殊的稳定性。笔者认为,简·浩夫和奥兰·扬等人所提出的国际机制有效性评估指标的分类值得借鉴:"第一是目标获得意义上的有效性(effectiveness as goal attainment),第二是问题解决意义上的有效性(effectiveness as problem solving),第三是集体最优意义上的有效性(effectiveness as collective optima)。"[①] 从"目标获得"视角评估机制有效性是通过将结果对比机制的总体目标来考察其有效性,机制的总体目标通常体现在相关文本中,能够适用于宏观性、整体性的考察;"问题解决"视角则从具体问题的解决程度来考察机制有效性,能够适用于微观性、具体性的考察;"集体最优"意指国际机制效果的惠及面、受益面是普遍性的,实现了"多赢",其视角实际上是试图确定一个最完善的问题解决方法,所提供的理想化方案更多用于为机制进一步改进、改善提供参考。"目标获得""问题解决"无疑是从问题的起点到终点的整个过程来考察国际机制的效果,基本包括了机制有效性的大部分方面。"集体最优"其实是确定了追求有效性过程中的价值要求,因为所有的国际机制都是一种集体机制,"集体最优"必定是国际机制不言而喻的内在规定,它既是一种独立的存在,也贯穿在"目标获得"和"问题解决"两个层面之中。据上所分析,本章将从"目标获得""问题解决"两个层面上分析安理会授权使用武力机制的有效性,而将"集体最优"作为一种内在的价值要求贯彻其中。

安理会授权使用武力机制,作为从联合国集体安全机制中派生出来的特定机制,是为着《联合国宪章》设定的宗旨而产生、存在、运行的。《联合国宪章》第一章"宗旨及原则"第一(1)条规定:

---

[①] Jon Hovi, Detlef F. Sprinz and Arild Underdal, "The Oslo-Potsdam Solution to Measuring Regime Effectiveness: Critique, Response, and Road Ahead", *Global Environmental Politics*, Vol. 3, No. 3, 2003, pp. 74 – 96; Oran R. Young, "Determining Regime Effectiveness: A Commentary on The Oslo-Potsdam Solution", *Global Environmental Politics*, Vol. 3, No. 3, 2003, pp. 97 – 104.

"维持国际和平及安全；并为此目的：采取有效集体办法，以防止且消除对于和平之威胁、制止侵略行为或其他和平之破坏。"据此，是否实现了"维持国际和平及安全"的目标是安理会授权使用武力机制有效性的评估标准。但是，何谓"国际和平及安全"（International Peace and Security）？

"国际和平及安全"是《联合国宪章》创造的一个独特概念，"和平""安全"其实是既相联系又相区别的两个概念，此前这两个概念并没有联用成一个新概念。关于安全的内涵，论述颇多，归结起来说，就是客观上免于威胁、主观上免于恐惧的状态。而和平则是指没有战争的状态。有和平未必有安全，但是没有和平则肯定没有安全。在《联合国宪章》缔结时，应该说，"国际和平及安全"是一个内涵明确的概念。只要国家间没有战争的发生，国际安全就实现了。因此，对于联合国集体安全机制来说，只要制止、消除了国家间的战争，它就是有效的。

但是，自20世纪下半叶以来，全球化的深入发展、人类社会的变迁使这一概念复杂起来。就安全内涵而言，第一，内容多元化，非传统安全被纳入安全谱系，与传统安全夹杂在一起，相互联系、相互影响。而所谓的非传统安全，其内容都属于联合国经济及社会理事会职权范畴，安理会授权使用武力扩大适用于此，不但会引起争议，还给有效性评估带来难题。第二，安全价值主体的多元化，国际安全从关注国家安全到关怀人及人类的安全，使安理会授权使用武力成为人道主义干涉的手段和工具，而人道主义干涉本身就一直存在着合法性质疑，这使效果评估不但难以衡量而且引起分歧。第三，安全威胁主体的多元化，非国家行为体尤其是跨国犯罪组织对国际安全的威胁已经非常严重，但武力打击不但面临一系列的难题，而且效果评价不一。第四，安全威胁来源的多元化，其中最具争议的是国内冲突的国际干涉行动，不但引起合法性争议，而且引起政治争端。

安全内涵的动态变化既是客观现实的变化所致，也有主观认知的原因。在安全概念变化的过程中，西方开始推行"积极和平"思想，

## 第五章 安理会授权使用武力行动的有效性问题

"积极和平"将去除暴力存在的传统和平观念视为"消极和平",认为只有建立在公正、平等等根本因素之上的和平追求才是持久、全面、真正的和平。秉持此种"积极和平"观念的,在西方国家不仅有大量的学者也有大量的政治家。在"积极和平"的旗帜下,西方国家开始推行"新干涉主义",对非传统安全问题、一国内部事务、人道主义危机等新安全问题积极介入,实行干涉。安理会授权使用武力的扩大适用实际上就是西方"积极和平"观念、"新干涉主义"政策推动的结果。

显然,安理会授权使用武力机制有效性的评估标准已经取决于对"国际和平及安全"的理解和解释。但麻烦的是,《联合国宪章》没有明确界定"国际和平及安全"的含义;即使界定了,可能也不适应今天的安全形势。而后来也没有一个权威的法律文件对此予以说明。在今天的世界中,东西国家、南北地区对这个概念的理解是不一样的,这就必然使安理会授权使用武力机制有效性的评估标准产生差异,其中的利益立场、意识形态因素更有可能使对立的双方对有效性的认知持截然相反的态度。例如,对利比亚卡扎菲政权的干涉,赞同者会认为这是一次成功的人道主义干涉,反对者则会认为这不仅是对利比亚主权的侵犯、内政的干涉,而且还制造了新的人道主义灾难和地区安全危机。时代变迁已经使"国际和平及安全"的内涵具有相当大的不确定性,所以,也就不具备了作为衡量标准所必须具有的清晰性、明确性。毫无疑问,这必然给有效性评估带来困难和争议。

而且,"维持国际和平及安全"是一个大而化之的宏观目标,在具体个案的有效性评估中,它可以作为终极性的价值目标存在,但其宽泛性、抽象性却不宜于作为具有特殊性个案的具体评估标准。任何国际机制对宗旨的实现都是步骤性的、阶段性的、逐案性的,其总体目标的实现是靠着一个又一个具体问题的解决来逐步推进的。因此,在每一个具体问题的解决中都必须设立具体的、详细的标准,以利于有效性评估的实际操作。尤其是对于像"国际和平及安全"这样随着时代变迁而内涵不确定的宗旨,具体个案更应该设立清晰、明确的具体标准。但可惜的是,在每一次安理会授权使用武力的案例中,决议文本都是照搬《联合国宪章》的原文,简单地将目标规定为"恢复该地区的和平与安全",少有根据实际情形制定明确的、清晰的具体目标的。这不但影响了其有效性,而且给有效性评估平添了难度和争议。

### 三 安理会授权使用武力行动有效性的影响因素

奥兰·扬将国际机制有效性的影响因素分为两类:"制度安排本身的特性、属性是内在因素,制度运行于其中的广泛社会条件或其他环境条件是外在因素,即内生变量和外生变量。"[1] 这是一种宏观的划分方法,它指出了国际机制有效性的影响因素既存在于机制本身,也存在于外部世界的现实环境。阿里德·翁德达尔认为机制有效性取决于问题性质(nature of the problem)、集体能力(group capacity)和机制特征(regime characteristic)三个方面,三者相互联系、相互作用所形成的复杂关系决定了制度的有效性。[2] 这一观点更具体地将影响因素集中于三个方面,并指出了其动态性特征。除这两种观点外,其他一些普遍性的影响因素也都被挖掘和认知,例如机制决策和运行的透明度问题、实施相当的成本问题、合法性问题、公平和正义的善治要求,等等。这些研究为我们研究安理会授权使用武力行动有效性的影响因素提供了启示。

国际机制的有效性是国际机制的原则、准则、规则、规范和程序适用于其所指向的国际问题领域后产生的结果。要想结果良好,首先需要国际机制本身是有效的,即国际机制的原则、准则、规则、规范

---

[1] [美]奥兰·扬:《国际制度的有效性:棘手案例与关键因素》,载[美]詹姆斯·N. 罗西瑙主编《没有政府的治理》,张胜军、刘小林译,江西人民出版社2001年版,第199—214页。

[2] Arild Underdal, *Methodological Challenges in the Study of Institutional Effectiveness*, in Arild Underdal and Oran R. Young eds., *Regime Consequences: Methodological Challenges and Research Strategies*, Dordrecht: Kluwer, 2004, pp. 39 - 41.

## 第五章　安理会授权使用武力行动的有效性问题

和程序必须是完整的、精确的、系统的、合理的。一个粗糙的不成熟机制在运行中必定漏洞百出，难以保证效果尽如所愿。其次需要考量目标问题的具体性、特殊性，机制的制度设计是抽象性的、宏观性的，适用于解决具体问题时就必须针对性地、灵活性地运用。最后需要考虑集体行动实施过程中可能会产生作用的各种政治、经济、文化等因素。唯有如此，才有可能完整地挖掘、认知安理会授权使用武力机制有效性问题中的影响因素，做出较为全面的认识和分析。

毫无疑问，国际机制有效性与其影响因素之间存在着因果关系，有效性是因变量，影响因素是自变量。在国际机制的每一次行动中，众多的影响因素共同作用所产生的"合力"促成、决定了行动效果。正如奥兰·扬所指出，这些因素来自两个方面，一方面是内生于国际机制本身的制度性因素，另一方面是外在而又作用于国际机制的运行过程的非制度性因素。内生因素由机制本身的特征决定，外部因素千差万别，是一个广阔的存在，只要能够作用于国际机制的制度及其适用，任何事物均可以构成国际机制的外部影响因素。外部因素的存在和作用显然在不同的国际机制中各有不同，但是，外部因素是通过作用于国际机制的制度规范起作用的。

在制度性因素方面，制度化不足是安理会授权使用武力行动的现实状态，也构成了其有效性最大的影响因素。机制意味着组织化和制度化，组织化和制度化的程度对国际机制的有效性具有重大影响，这就是奥兰·扬所说的内生因素所指。一般而言，正式的国际机制，原则明确，规则清晰，程序规范，更容易取得效果；而非正式机制，通常是为一定的利益而达成的松散联系，在运行中难免会出现因对原则、规则等方面理解的差异而发生争议甚至争端，从而也就会削弱有效性，甚至使之失效。由于安理会授权使用武力行动是一种非正式机制，缺少一个正式机制应有的清晰的原则、规范、规则和决策程序，有效性必然是没有保障的。

制度化不足影响了安理会授权使用武力行动实施的规范性。所谓规范性，是指国际机制的运行合乎制度性规范，受到制度的规制。这不但需要一整套明确、清晰的国际制度存在，其表现就是一系列原则、规则、准则和程序的建立，而且需要制度是正当的、合理的、可行的。如果说目标是彼岸，制度则是桥梁。一个制度性不足的国际机制会造成实施的不规范，必然会削弱有效性。可惜的是，制度性不足正是安理会授权使用武力行动的严重缺陷。如同维持和平行动机制一样，安理会授权使用武力是联合国在实践中发展、建立起来的一种机制，至今都没有建立起一整套明确的、合理的制度，仅凭一些惯例来作为实施的规范。

安理会授权使用武力的整个流程为"安理会决策—发布授权决议—会员国接受授权实施武力行动"，在这个流程的每一个环节，都因为制度化不足而呈现出规范性不足。安理会决策是授权使用武力的起点。所谓决策，就是由安理会对"和平之威胁、和平之破坏和侵略行为"三种安全情势做出断定。国际社会对安理会决策之诟病由来已久，"和平之威胁、和平之破坏和侵略行为"缺乏权威解释，基本听凭安理会自由裁决，而安理会的决策不透明，常常被大国操控，致使决策缺乏公正性、公平性和合理性。授权文本，也就是安理会的授权决议，是联系决策和实施的中间环节，地位和作用至关重要。安理会决议文本尽管形成了固定模式，但是并不是根据《联合国宪章》明确的条款，而是大国之间的相互妥协而成。为了行事便宜，充分发挥会员国的主动性，并不是每次授权都能清晰表达，其使用的搭配用语均带有一些模糊性。而对授权行动的实施，联合国没有建立监督机制，掌握了指挥权的参与国对权限宽泛、模糊的决议文本根据自己的利益需要进行解释，行动必然会依据会员国本身的意愿偏离集体利益目标。在国际机制有效性的研究中，很多学者将参与者的"遵守条约""履行约定"作为重要的影响因素来进行研究，对于安理会授权使用武力机制的参与者来说，几乎是"无约可依"。

在非制度性因素中，大国权力的影响最为重大。联合国在成立之时就赋予了大国的特殊地位，"大国一致原则"成为联合国集体安全机制的政治基础。作为派生机制，安理会授权使用武力行动不但会必

❖ 第五章 安理会授权使用武力行动的有效性问题 ❖

然性地受到这一原则的限制,而且进一步强化、发挥大国的作用。这表现在决策必须依靠大国,而且实施也必须仰仗大国。安理会授权使用武力行动的有效性,从根本上说,是在多大程度上实现了国际社会的共同利益。共同利益是任何国际机制得以存在的根本,然而,在国际机制中,始终存在着国家个体利益与国际社会共同利益的矛盾,这一矛盾会限制着国际机制的有效性,而对于以委托代理形式来运行的安理会授权使用武力行动来说,这一限制作用更大。

纵观整个授权使用武力行动,从决策到实施都不得不依附于大国,这使机制本身的独立性很弱。在国家利益的激励下,大国将授权作为一种策略性工具,"一旦安理会或秘书长提出集体控制的要求,这些国家便凭借其军事力量讨价还价。"① 借机获得最大化的自由裁量权,操控授权行动。在所有的授权使用武力行动中,迄今无一例是完全由联合国指挥和控制的。实施行动的大国不愿意将指挥权交给联合国,也不愿意接受严格的监控规则约束,根本原因在于私心作祟,脱离联合国的控制更易为自己牟取私利。

## 第二节 安理会授权使用武力行动有效性的综合评估

### 一 "问题解决"层面上的有效性评估

"问题解决"层面上的有效性评估是通过评价导致机制形成问题的解决程度来评估机制的进步性。② 而所谓的问题,对于机制来说是一个领域性的存在,但其在现实中的表现却是由一个又一个的具体

---

① Helmut Freudenschuss, "Between Unilateralism and Collective Security: Authorizations of the Use of Force by the UN Security Council", *European Journal of International Law*, Vol. 5, No. 4, 1994, p. 515.

② Ronald B. Mitchell, "Evaluation the Performance of Environmental Institutions: What to Evalute and How to Evaluate It?" In Oran R. Young, Leslie A. King and Heike Schroeder eds., *Institutions and Environmental Change: Principal Findings, Applications, and Research Frontiers*, Cambridge, Mass: MIT Press, 2008, p. 88.

个案组成的。所以,"问题解决"层面上的有效性其实就是对具体问题的解决程度。导致安理会授权使用武力机制产生、存在和实施的问题起因是"和平之威胁、和平之破坏和侵略行为",安理会在断定这三种安全情势问题的存在后才启动授权使用武力机制。所以,这三个方面安全问题的解决程度也就构成了安理会授权使用武力机制在"问题解决"层面上的有效性。

对"侵略行为"的授权使用武力仅仅出现在机制的形成阶段,基本上都促成了问题的解决。"侵略"在《联合国宪章》中并未界定,这导致"安理会在对某一安全情势做出断定时,往往由于有关事情是否已经发展到侵略的程度而引起各种尖锐和激烈的争论"。[①] 为此,联合国大会于1974年12月以第3314号决议的形式通过了《侵略定义》,决议以列举的形式在规定了七项行为构成侵略后,又补充说:以上列举并非详尽无遗,安理会断定的某些其他行为也构成《联合国宪章》规定下的侵略。所以,现实中的一种安全情势是否已经发展到侵略的程度,依然由安理会判断决定。迄今为止,针对侵略行为所实施的授权只有朝鲜战争和海湾战争。

在海湾战争中,安理会断定伊拉克吞并科威特的行为构成侵略,多国部队不仅在短短几周的时间内击溃了伊拉克侵略军队,将其逐出科威特。而且,随后安理会通过第686、687号决议,规定了伊拉克正式停火的条件:伊拉克必须承认科威特的主权独立,接受伊、科之间的现有边界;在伊、科边界设定非军事区;伊拉克应在国际监督下销毁现有的生物、化学和射程超过150公里的弹道导弹,保证停止其研制工作,并将核材料完全置于国际原子能机构的监督之下;伊拉克应就其侵略行动给各国造成的损失进行赔偿;继续对伊拉克进行经济制裁。战败的萨达姆被迫表示无条件接受。这些决议加强了对伊拉克的制裁和监管,和平状态得以保持。对此,有学者评论说:"海湾战争是典型意义上的联合国集体安全行动,

---

① 梁西:《国际组织法(总论)》(修订第五版),武汉大学出版社2001年版,第183页。

❖ 第五章 安理会授权使用武力行动的有效性问题 ❖

整个行动是在联合国的名义下进行的,联合国安理会的决议使之拥有充足的合法性,美国领导组织的多国部队发挥了积极的作用,其有效性有目共睹。"① 总体来说,在打击侵略方面,安理会的授权往往能够使得侵略行径得到遏制并最终停止,授权行动的目标一般都得到了初步实现。

对"和平之威胁、和平之破坏"问题授权使用武力,是机制的扩大适用阶段,有效性则复杂得多。"和平之威胁、和平之破坏"在《联合国宪章》中也未得到界定,实践中完全听凭安理会视具体的安全情势进行裁决。海湾战争后,大规模的侵略行为再未发生,安理会授权使用武力扩大适用于国内冲突及其引起的人道主义危机、非传统安全等方面,是因为安理会将这些方面断定为"和平之威胁、和平之破坏"。在具体的实施中,有成功实现目标,也有无功而返,甚至一败涂地的。

在建设和平中授权使用武力,安理会的目的是平息一国的动荡局势,帮助恢复和稳定国内秩序,避免危机溢出国界。在波黑冲突中,前期国际社会所倡导的和平方案多次无果而终,一直到安理会授权使用武力之后,局势才得到了有效的控制。美国凭借北约的军事力量对塞族实行空袭打击,强大的军事威胁使塞族军队不得不最终妥协,停火接受《代顿协议》,基本解决了南斯拉夫地区的冲突问题。但是,同样的授权却未能平息索马里内战和科特迪瓦内战。

索马里维和是安理会授权使用武力建设和平的第一次惨痛失败。在加利秘书长的建议下,1993年3月26日安理会通过第814号决议,决定用28000名维和人员替换联合行动部队,开始二期联索行动,联合国对索马里维和行动的政策由传统的维和转向授权使用武力。整个索马里维和行动耗时27个月,耗资20多亿美元,夺去了132名维和士兵和1万多名索马里平民的生命,但随着美国的退出最终走向了失

---

① [澳]约瑟夫·A.凯米莱里、吉米·福尔克:《主权的终结?》,李东燕译,浙江人民出版社2001年版,第181页。

败。此后，索马里一直处于部族武装割据的混乱状态，先后多次的和平谈判都以失败告终，国内各派别在这场争斗中也都损失惨重。索马里国内经济彻底崩溃，人民的生活更加苦不堪言，上百万难民长期流亡他乡。"重建希望行动"非但没有带来希望，反倒让索马里陷入更加绝望的境地。"时任美国总统的克林顿促使安理会撤回维和部队的行为不仅没有遭到任何国家的反对，而且联合国也没有官员对之负责。这一情况导致了索马里至今的混乱局面。"① 联合国也为此次失败而遭受巨大非议，有研究者认为："责任本该由美国承担，但是加利为了不使美国难堪而不加辩驳，使联合国广受责难。"② 但实际上，秘书长的激进思想和政策失误也有相当大的责任。

在预防性外交中授权使用武力基本都促使问题得到了解决。海地危机"从1991年军事政变到1994年阿里斯蒂德重新回国执政的三年间，军队、支持政变的武装组织'阿塔奇'以及准军事组织'海地进步阵线'对海地民众进行了残酷镇压，约5000名阿里斯蒂德的支持者和民主人士被杀。"③ 依据安理会通过的第940号授权决议，美国所采取的军事行动帮助海地恢复了民选政府，结束了国内的混乱局面。在东帝汶的行动中，联合国的行动效果更为显著。安理会不仅通过授权采取军事行动制止东帝汶的暴乱，还通过第1272号决议，成立了联合国东帝汶过渡行政当局，全面接管东帝汶内外事务，实现对东帝汶局势的长期监管。最终东帝汶局势得到了有效控制，顺利实现了和平过渡。"对东帝汶的干预是人道主义干预的典型案例，因为以国际社会名义集结的军事力量迅捷有效地制止了暴行的进一步发展。"④ 这些案例应该说是成功的典型，充分说明了在一定条件下安

---

① Jeremy A. Rabkin, *Law without Nations? Why Constitutional Government Requires Sovereign States*, Princeton: Princeton University Press, 2005, pp. 179 – 180.
② ［美］弗雷德里克·埃克哈德：《冷战后的联合国》，J. Z. 爱门森译，浙江大学出版社2010年版，第158页。
③ 赵重阳、范蕾编：《海地·多米尼加》，社会科学文献出版社2009年版，第68—72页。
④ Sabine C. Carey & Mark Gibney & Steven C. Poe, *The Politics of Human Rights: The Quest for Dignity*, Cambridge: Cambridge University Press, 2010, pp. 178 – 179.

❖ 第五章 安理会授权使用武力行动的有效性问题 ❖

理会授权使用武力是能够取得预期效果的。

在缔造和平中授权使用武力对问题的解决，效果难以做出明确的评估，因为此时武力仅仅只是作为一种辅助性的措施存在，起主导性作用的是政治措施。武力的主要作用是威慑，防止大规模冲突的重新爆发。从这个角度说，在授权的规定期限内，科索沃、阿富汗、伊拉克都再未发生大的动乱，可以将授权使用武力在一定程度上视为有效。

授权使用武力实施人道主义援助对问题的解决程度不尽相同。如果单纯从人道主义援助的角度来讲，对冲突地区的任何人道主义援助行动都是有意义的；但是一旦使用武力行动实施人道主义援助，情况则复杂起来，因为人道主义援助的有效性标准是什么？是用武力保护平民，送达救援物质？还是彻底消除人道主义灾难产生的根源？如果是前者，每次行动对问题解决的程度都不一致；如果是后者，人道主义援助就已经等同于使用武力实现强制和平，则问题解决程度勉强算得上较为突出的案例就有利比里亚、苏丹达尔富尔、乍得和中非共和国、利比亚。但从问题本身解决来看，可以说，无一例能够算得上完全成功。人道主义援助实际上开始于索马里维持和平行动，所谓的人道主义援助最终演变成为强制和平行动。在诸多案例中最让联合国招致批评的是未能阻止卢旺达大屠杀，安理会反应迟缓，法国"绿松石行动"也几乎没有取得任何效果。相当多的人认为："各国对卢旺达如此冷漠的原因就是因为卢旺达在地理位置、能源资源和与各国关系上面没有吸引力。"[①]

安理会对非国家行为体授权使用武力仅有一例，也就是打击索马里海盗，解决问题的程度是较为突出的。安理会通过了授权动武打击索马里海盗的决议后，国际社会纷纷响应并派出海军参与到打击索马里海盗的活动中来，包括美、英、法、中、俄五大安理会常任理事国在内的众多国家和国际组织都纷纷参与其中。这也是安理会首次针对国际刑事犯

---

① 贺鉴、汪翱：《从冷战后非洲维和看联合国维和机制的发展——由卢旺达大屠杀与达尔富尔危机引发的思考》，《当代世界与社会主义》2007 年第 5 期。

罪授权使用武力打击,国际犯罪活动开始被安理会断定为国际和平与安全之威胁并授权使用武力,这是史无前例的。在国际社会的广泛合作和共同打击之下,索马里海盗问题得到了有效的缓解和控制。

## 二 "目标获得"层面上的有效性评估

"目标获得"层面上的有效性评估是通过对应机制的正式目标来评估机制的有效性和进步程度。① 在《联合国宪章》中,联合国集体安全机制的正式目标是"维持国际和平及安全",虽然国际社会对"国际和平及安全"的内涵理解不一,但是依据"集体最优"的价值取向,我们依然能够做出相对客观、公正的评估。"目标获得"和"问题解决"不是两分法,仅仅是对同一问题在两个层面上的评估,前者注重机制的价值,后者注重实践的效率。

在"目标获得"的层面上考察,未使问题得到解决的行动显然没有必要进行讨论,需要关注的是已使问题得到解决的案例是否达到了标准。应该说,大部分情形是实现了和平,但未带来安全。真正完全实现了维持国际和平及安全目标,为国际社会所一致称道的案例,少之又少。武力强制措施意味着破坏性极强的军事行动,对于被制裁的国家来说,战争不但会造成民众伤亡,还必定会破坏甚至摧毁其经济基础,使民众在一定时期内生活艰难,形成国内秩序混乱,造成国际难民的难题。如果说,这是战争本身的难以预测性,也是违法国家所必须承受的惩罚的话,那么武力行动过后是否如期恢复了和平与安全,则在事实上标志了授权行动的成功与否。

海湾战争成功击退萨达姆政权的侵略,但是武力行动的后果却是灾难性的,科威特和伊拉克经济都被破坏,倒退了很多年。更严重的是,"海湾战争造成了阿拉伯世界内部的严重分歧,打破了中东地区

---

① Ronald B. Mitchell, "Evaluation the Performance of Environmental Institutions: What to Evalute and How to Evaluate It?" In Oran R. Young, Leslie A. King and Heike Schroeder eds., *Institutions and Environmental Change: Principal Findings, Applications, and Research Frontiers*, Cambridge, Mass: MIT Press, 2008, p. 88.

❖ 第五章 安理会授权使用武力行动的有效性问题 ❖

的平衡,伊朗成为中东军事大国,巴以冲突更加严重,美国在该地区的盟友和敌人对立使该地区局势变得更加紧张和复杂,并由于该地区的重要性波及全世界。"[①] 此后,美国和伊拉克缠斗了很多年,最终在 2003 年再次对萨达姆采取军事打击,在对伊拉克实行军事占领和民主改造后,不但没有平息海湾局势,而且造成了极端恐怖主义势力"伊斯兰国"的崛起,至今中东依然是最为危险的地区,时时处在战争的边缘。如果我们从今天海湾地区的安全情势来看,当年的海湾战争几乎是无效的。

错综复杂的南斯拉夫冲突以《代顿协定》的签订而平息,看似问题已得到了解决。但是从大国利益考量出发的《代顿协定》有很大的偏颇,在领土划分上塞族被打压,波黑的统一也是在大国压力下勉强维持。如此不但没有解决冲突的核心问题,还埋下了冲突恶化的隐患。1998 年前南斯拉夫地区再次爆发分裂主义冲突,科索沃危机牵动欧洲,北约在美国的主导下,在未得到安理会授权的情况下以人道主义危机为名实施了武力行动,这场战争引起的争论至今仍然未能停歇。以此观之,安理会授权使用武力在当时成功解决问题只是表象,是暂时性的弹压,并未触及国际和平与安全的目标。

授权对利比亚进行军事干预的有效性评估在东西方存在着差异。一些人认为,北约击垮卡扎菲政权,已经超越了安理会第 1973 号决议的授权,构成对利比亚内政之侵犯和主权之干涉,是非法的。北约国家以人道主义为借口,最终的目的同海湾战争一样是推翻敌对政权和获取石油资源。但是,国际社会依然有不少声音认为这是"保护的责任"原则的胜利。这一原则认为,如果和平手段不足以奏效并且国家权威明显不能够保护人民免遭种族灭绝、战争罪、种族清洗和危害人类罪时,可以根据《联合国宪章》第七章采取集体行动。[②] 撇开争议不谈,授权使

---

[①] 郭隆隆:《中东的"潘多拉盒"已经打开——试论海湾战争的后果及其影响》,《国际观察》1991 年第 6 期。

[②] Saira Mohamed, "Taking Stock of the Responsibility to Protect", *Stanford Journal of International Law*, Vol. 48, No. 2, 2012, p. 319.

用武力行动是否实现了恢复和平与安全的目标是根本，否则就不能视为解决了利比亚境内的人道主义危机。在卡扎菲政权崩溃后，利比亚境内错综复杂的部族矛盾、宗教极端主义的恐怖势力使利比亚继续处于动荡之中，而欧美用武力强加的制度模式不但未能解决利比亚的治理问题，而且西方模式下各派政治力量的博弈加剧了冲突，战争过后的利比亚处于一个长期的动荡状态。2012年8月美国驻班加西使馆遭到袭击，2014年5月，利比亚政治危机再度爆发。①

另外，武力行动中平民的大量伤亡直接削弱了授权行动的有效性。保护平民是任何武装冲突中的应有准则，根据相称性原则，武力使用的前提必须使平民所遭受的风险降至最低。军队要确保在实施打击的过程中没有对平民造成不相称的伤害。然而，授权实践中产生的问题是，打击目标的确定与实施完全由执行国自己策划，这大大增加了平民伤亡的风险。如果武力的使用造成了大量平民的伤亡，那么这样的授权行动就是失败的。对于这一问题，不能以军事行动的不可预测性作为借口，在历次的授权案例中平民的大量伤亡屡屡发生，实际上大多是由于授权行动的实施国家对武力的滥用所引起的。

海湾战争中，由于第678号决议中只是规定使用一切必要手段驱逐伊拉克，并没有对保护平民做出任何明文规定。因此，多国部队的军事战略必然会偏向打击军事目标而轻视平民伤亡，这给行动的效果埋下了隐患。由此，以美军为主的联军部队认为对伊拉克境内的袭击尽管会危害到伊拉克平民，但对实现行动目标是必要的。这似乎是基于一种战略决策，利用空袭切断伊拉克军队的支持，从而降低他们随后在地面战斗中的抵抗能力。② 从军事的角度来看，这降低了联军地面部队的风险，但增加了伊拉克平民的风险，这显然不符合相称性原则。如果认为让伊拉克平民冒险比让联合部队冒险更有利，那么这就

---

① 秦天：《利比亚新一波政治危机探析》，《国际研究参考》2014年第6期。
② Judith Gail Gardam, "Proportionality and Force in International Law", *The American Journal of International Law*, Vol. 87, No. 3, 1993, p. 404.

违反了《日内瓦公约》第一附加议定书关于保护武装冲突受难者的相关规定。根据《日内瓦公约》的规定，伊拉克和科威特的平民理应得到同等的保护，不能为了保护科威特平民而危及伊拉克平民。但是，授权决议没有规定行动应当如何展开，因此联军部队的目标制定往往根据自身的利益而缺乏对具体手段的制约。愿意冒伊拉克平民伤亡的风险而减少军队的伤亡可能表明，将伊拉克列为侵略者后，对军队自身安全的考虑显然要高于对平民伤亡的考虑。据估计有1000名到3500名伊拉克平民丧生。①

在利比亚局势授权的目的是保护平民，但是它对平民的保护仍然不充分。第1973号决议授权会员国采取一切必要措施保护受到攻击威胁的平民和平民人口密集地区，明确排除了任何外国军队对利比亚的占领。北约在第1973号决议通过后进行了9700多次空袭，最终造成两万多人死亡，百万难民逃离。在"采取一切必要手段"授权下的武力行动，名为维护实现人道主义援助的禁飞区，实则制造了新的人道主义灾难。因此有人批评指出：在人道主义干涉中，如果"一切必要手段"没有用特别的规则加以限制以减少对平民和设施伤害的话，行动结果无疑是与初衷背道而驰的。② 利比亚行动，无论北约及其支持者如何辩护，是不能够认定为实现了既定目标的。

## 第三节　安理会授权使用武力行动
## 　　　　有效性的内在机理

### 一　合法性不足与有效性不足的相互削弱

合法性是影响国际机制有效性的重要内生性因素。合法性缺陷不

---

① Larson and Savych, *Misfortunes of War: Press and Public Reactions to Civilian Deaths in Wartime*, Santa Monica/Cal: Rand Corporation, 2007, p. 22.

② Mathew Truscott, "The Effect of Security Council Mandates on the Proportionality Analysis in Humanitarian Interventions", *South African Yearbook of International Law*, Vol. 37, 2012, pp. 46 – 47.

仅会降低国际机制提供公共物品的效率,而且使行为体对机制的赞同程度受到负面影响,所以,有效性与合法性之间是存在着紧密联系的。① 一般而言,国际机制的合法性包括两个方面:国际机制本身是合法的、国际机制的运行是合法的。由于国际机制的建立是基于参与者的同意,同意即意味着合法性的存在,所以对于正式的原生机制来说,合法性是天然存在的,合法性质疑主要来自国际机制的运行是否符合活动范围的设定和行动的原则、规范、规则、程序等。但是,派生机制是原生机制在运行的过程中的创造,则需要对其存在与运行两个方面都进行全面的审查。由于安理会授权使用武力是从联合国集体安全机制中衍生出来的派生机制,因此不但必须对安理会的这种"创造"进行合法性审查,还必须对这种创造出的新机制的运行进行审查。一直以来安理会授权使用武力机制的合法性都存在诸多争议,因为它在《联合国宪章》中没有明确的条文依据,也因为在实施中具有很大的随意性,虽然在长期的实践中形成了一些惯例,但是这些惯例的约束力不足,也不合理。合法性问题会损害国际机制的权威性,安理会授权使用武力在实施中因此经常遭到质疑甚至抵制,这使其有效性大打折扣。

国际机制的有效性与合法性存在着紧密联系,② 两者呈现一种正比例关系。"合法性能够加强国际机制运行的稳定性和被理解的程度,提高机制的持续性和可信度,便于获取行为体的支持,从而有助于缓解集体行动的困境,"③ 从而为有效性提供支持。反过来看,有效性能够提高参与者对国际机制的认可程度,为国际机制打造一个合法的

---

① 叶江、谈谭:《试论国际制度的合法性及其缺陷——以国际安全机制与人权机制为例》,《世界经济与政治》2005 年第 12 期。

② See Steinar Andersen and Ellen Hey, "The Effectiveness and Legitimacy of International Environmental Institutions", *International Environmental Agreements*, 2005, pp. 211 – 226; Daniel Bodansky, "The Legitimacy of International Governance: A Coming Challenge for International Environmental Law?" *The American Journal of International Law*, Vol. 93, No. 3, 1999, pp. 596 – 624.

③ Mark Suchman, "Managing Legitimacy: Strategic and Institutional Approaches", *Academy of Management Review*, Vol. 20, No. 3, 1995, pp. 574 – 575.

❖ 第五章 安理会授权使用武力行动的有效性问题 ❖

形象,因此有很多人认为有效性也是国际机制合法性的来源之一。一般而言,"国际机制通过广泛的利益相关者的参与能够使合法性与有效性形成积极性的协同关系,但如果这种参与导致成本提升、达成协议困难或决策缓慢、出现次优妥协、责任扩散,那么这种积极关系就难以成立了。"[①] 对于安理会授权使用武力机制来说,这种积极关系显然还没有建立,相反,合法性与有效性之间存在明显的相互削弱:合法性程度的不足影响了有效性的实现,有效性的不足反过来又削弱了合法性。

这个过程解释得到建构主义学者的认同,他们认为合法性是一个主观的判断,是行为体对本身与制度关系的认知,而这种认知可能来自于规则的内容或规则形成的过程和渊源,它将帮助行为体认识利益和义务的所在从而影响它们的行为。[②] 对此,新自由主义理论从功能的角度出发做过透彻的解释,认为国际机制的价值在于克服"政治市场失灵",其合法性建立在有效性的基础之上。

安理会授权使用武力机制是在实践中产生的一种非正式机制,至少是一种不规范的机制,其合法性不足体现在两个方面。

第一,法律依据不充分。作为联合国集体安全机制的一种派生机制,安理会授权使用武力机制并非《联合国宪章》的原有内容。而且,联合国几份涉及安理会授权使用武力的文件都未对其做出明确的界定,更没有明确宣布其已经成为《联合国宪章》的补充。当前,对安理会授权使用武力机制法律依据的解释是安理会在《联合国宪章》中所具有的"暗含权力"。但是,"暗含权力说"是一种学理解释,而且,"暗含权力是依据对建立国际组织基本条约的扩张性解释或目的性解释而来的,本身并不是独立的权力,依然是渊源于组织约

---

[①] Naghmeh Nasiritousi, "Assessing Legitimacy and Effectiveness in a Fragmented Global Climate and Energy Governance Landscape", *Climengo Working Paper Series*, No. 1, 2017, p. 6.

[②] Ian Hurd, "Legitimacy and Authority in International Politics", *International Organization*, Vol. 53, No. 2, 1999, p. 381.

章确定的目的、职能和明示权力。"① 也就是说，这种含混状态的暗含权力即使能够让人接受，也依然会招致质疑和争论。

第二，国际社会的认可程度有限。政治组织合法性的终极来源是民众认可原则基础上的正当性（validity），国际机制的合法性最终还是取决于能够在多大的程度被参与者认可与接受。"安理会授权使用武力行动虽然与世界新秩序所需要的理想方式相距甚远，但的确有助于阻止更严重的灾难发生，从《联合国宪章》的表述和国际社会的反应来看，基本是可以接受的。"② 显然，这种接受是实用主义的观点，是对国际政治现实的无奈妥协。作为一种非正式机制，安理会授权使用武力机制的合法性存在天然性的不足，国际社会的认可程度不高并且也不普遍。

合法性不足影响了授权使用武力机制的有效性。"集体安全保障是一种从整体角度防止或控制战争的国际制度，主要表现在各国共同约定，以暴力改变现状为非法并将受到外交、经济甚至军事等方面的集体制裁，其实施是以各国义务为基础的。"③ 简而言之，集体安全行动需要联合国会员国的协作完成。而"对于安理会建议采取授权使用武力行动，会员国是否提供武力及其他便利完全出于自愿"，④ 当一国认为授权非法时，就会不愿意参与，甚至采取不合作的态度和立场。这类情形在授权的每个阶段都曾经出现。在行动实施阶段，这类情形更多。海湾战争中的授权被视为成功的典范，但也门坚决反对西方军事力量进入阿拉伯国家甚至默许伊拉克坦克过境；在"冷战"后授权扩大适用的每次行动中，都有国家表示反对或进行抵制。显

---

① 饶戈平、蔡文海：《国际组织暗含权力问题初探》，《中国法学》1993 年第 4 期。

② Louis Henkin, "Kosovo and the Law of Humanitarian Intervention", *The American Journal of International Law*, Vol. 93, No. 4, 1999, pp. 824 – 828.

③ 梁西著，杨泽伟修订：《梁著国际组织法》（第六版），武汉大学出版社 2011 年版，第 183 页。

④ Matthew D. Berger, "Implementing a United Nations Security Council Resolution: The President's Power to Use Force Without the Authorization of Congress", *Hastings International and Comparative Law Review*, Vol. 15, No. 1, 1991, pp. 82 – 109.

❖ 第五章 安理会授权使用武力行动的有效性问题 ❖

然,对于集体行动来说,广泛的参与意味着丰富的人力、物力、财力支持,能够提高安全威胁的解决效果。但是,安理会授权行动的合法性不足使其参与者的广泛性也相应地不足,从而对有效性的实现和提高构成了限制。

相应地,安理会授权使用武力机制的有效性不足反过来削弱了其合法性。海湾战争虽然存在很多的问题,但是依然获得了较为广泛的赞誉,因为此次授权不仅意味着大国在安理会对抗的终结,还使人们从中看到了"联合国维持国际和平与安全功能的恢复,并将其视为新世界秩序的开端,许多国家都表达了对联合国发挥更大作用新角色的强烈支持"。① 应该说,安理会授权使用武力在此时得到了国际社会较高程度的认可和接受。但是,"冷战"后,安理会授权使用武力机制频繁启动的效果并没有达到期望,甚至遭遇严重失败。更为严重的是,大国操控授权行动,将其作为谋取私利的工具,联合国的地位和角色被边缘化,集体安全行动变异成为实质上的单边行动,国际社会的认可程度因此不断降低,② 甚至招致指责,"许多国家甚至认为安理会授权带来的不是和平而是战争。"③ 有效性的不足招致了合法性质疑。

授权使用武力并非《联合国宪章》的固有内容,其合法性来源于国际社会安全维护的现实需要,"从世界秩序的长期利益来看,安理会授权使用武力的存在是必要性。在极端的情形比如种族灭绝,安理会如果不授权使用武力的话,可能法律会被千万人生命的丧失所亵

---

① Matthew D. Berger, "Implementing a United Nations Security Council Resolution: The President's Power to Use Force Without the Authorization of Congress", *Hastings International and Comparative Law Review*, Vol. 15, No. 1, 1991, p. 83.

② David D. Caron, "The Legitimacy of the Collective Authority of the Security Council", *The American Journal of International Law*, Vol. 87, No. 4, 1993, pp. 552 – 588.

③ Burns H. Weston, "Security Council Resolution 678 and Persian Gulf Decision Making: Precarious Legitimacy", *The American Journal of International Law*, Vol. 85, No. 3, 1991, p. 518.

渎。在此情况下，必须使违法国家面临全球谴责和被制裁的风险。"①然而，一个无效的国际机制会逐渐丧失正当性，注定是不能被接受的。很多学者指出："虽然国际安全的维护确实需要安理会授权采取武力行动，但是安理会不能成为个别国家使用武力的橡皮图章，如果授权没有效果或者被滥用的话，合法性必定将面临更多质疑和挑战。"② 西方国家对授权机制的刻意利用不但招致了合法性危机，而且重新造成了安理会成员尤其是常任理事国之间的隔阂与分歧，这将有可能使授权难以启动。有学者无奈地说："虽然授权使用武力已经是在当前的国际环境下安理会尽力能够做到的形式了，但是实践已经证明所有对授权使用武力是世界新秩序下多边行动方式的乐观都会落空。"③ 有效性不足引起了国际社会对授权使用武力的二次合法性思考，安理会授权使用武力机制要成为联合国集体安全机制武力强制措施的合法方案，就必须实行改革，提高有效性。

## 二 授权参与国对制度化不足的刻意利用

授权的参与国是谁？表面上看，授权的对象是所有会员国，但实际上只有实力强大的国家才能够接受授权实施行动，因为一场浩大的战争需要强大的国力予以支持，这不是中小国家能够承担的。一次行动即使有很多国家参与，但起主导作用的仍然是少数的几个大国强国，中小国家只是追随者，甚至是仆从国，朝鲜战争、海湾战争等都是如此。所以，授权的对象实际上是大国、强国，更确切地说，是美、英、法等西方大国，尤其是美国，主导了绝大多数授权行动的实施。如果我们查阅

---

① Jules Lobel and Michael Ratner, "Bypassing the Security Council: Ambiguous Authorizations to Use Force, Cease-Fires and the Iraqi Inspection Regime", *The American Journal of International Law*, Vol. 93, No. 1, Jan. 1999, pp. 134 – 137.

② Simon Chesterman, "Legality Versus Legitimacy: Humanitarian Intervention, the Security Council, and the Rule of Law", *Security Dialogue*, Vol. 33, No. 3, 2002, pp. 293 – 307.

③ Helmut Freudenschuss, "Between Unilateralism and Collective Security: Authorizations of the Use of Force by the UN Security Council", *European Journal of International Law*, Vol. 5, No. 4, 1994, pp. 492 – 493.

❖ 第五章 安理会授权使用武力行动的有效性问题 ❖

安理会的会议记录，就能够发现，推动安理会做出授权使用武力决策的也是美国及其盟国。所以，安理会授权使用武力的实质流程是，当一个大国意欲对某一安全情势使用武力的时候，它会推动安理会做出授权决定，而后又以安理会的名义实施武力行动。其情形正如一些批评家所指出的："安理会授权的发起方、决策方和执行方实际上往往是同一个国家或集团，安理会只是一个橡皮图章而已。"①

由此可以说，安理会授权使用武力机制实质上是西方大国所创造的一种机制，西方大国既主导了决策，也主导了实施。从理论上来说，这是一种典型的霸权机制，所谓霸权型的国际机制，是指"国际机制按照霸权国在其中发挥关键作用的行为标准来建构的。"② 霸权国创建国际机制，也提供机制运行所必需的公共物品。在朝鲜战争时，美国推动安理会授权使用武力是一个偶然性的事件；在海湾战争时，美国再次推动安理会授权使用武力，其意也并不是要创建一种国际安全机制。但是，"冷战"终结后联合国出于主导国际和平及安全的雄心，对授权使用武力频繁使用，终于使之成了一种常规性机制。

霸权型的国际机制的维持需要大国的意愿和力量，否则，在出现违约行为时将无力采取惩罚措施。对于安理会授权使用武力机制来说，脱离大国尤其是美国的支持，授权行动是无法进行的。即使是启动，可能也无法取得预期效果。波黑冲突中，法、德等欧洲大国的努力一直未能起到根本性的作用，直到美国介入，冲突才趋向平息。对于霸权机制的这种特点，我们必须一分为二地看待。

首先，霸权国使联合国集体安全机制的武力强制措施变成了现实。在联合国的整个机制中，大国在联合国中的特殊地位一直为中小国家所批评，认为这有违民主原则。但其实，这是一种理想主义的幼稚观点。民主和集中总是相辅相成的，在一个实力悬殊的国际社会

---

① Burns H. Weston, "Security Council Resolution 678 and Persian Gulf Decision Making: Precarious Legitimacy", *The American Journal of International Law*, Vol. 85, No. 3, 1991, p. 523.
② ［美］罗伯特·基欧汉：《霸权之后：世界政治经济中的合作与纷争》，苏长和、信强、何曜译，上海人民出版社2001年版，第71页。

里，不注重发挥大国的作用，任何国际机制都有可能一事无成，沦为民主的"清谈馆"。剔除大国一致原则，联合国可能将不复存在。安理会授权使用武力机制，没有安理会大国的一致同意，是不可能启动的。事实上我们看到，是大国尤其是美国的推动创造了安理会授权使用武力。否则联合国集体安全机制的武力强制措施就可能永远停留在纸面上，遭遇国际联盟同样的命运。而武力行动是"建议"而不是命令，实施完全靠会员国完全自觉自愿，一场耗资巨大的战争是中小国家根本无法承担的，需要大国的支持和参与。所以，对于大国权力因素，我们首先必须予以肯定。不明白这一点，我们的改革建议可能会陷入空想主义的制度主义之中。

其次，霸权国对安理会授权使用武力机制的控制削弱了其有效性。国际关系理论告诉我们，国家参与国际关系的根本目的在于维护和实现国家利益，国际关系史已经反复证明了这一点。所以，霸权国创建国际机制并维护之的根本目的在于追求国家利益，而不是其高调宣扬的国际秩序、人类安全。所以，在私利优先的前提下，安理会授权使用武力机制的有效性必然是不足的。

一般而言，国际机制在建立后，总是希望按照制度化的道路实现既定目标，制度对于外部因素的干扰总是有着天然的抗拒性，制度化和外部因素的干扰作用是成反比的，制度化程度越高，外部因素的作用力就越小；反之，外部因素就能够起到重大作用，甚至是决定性作用。对于安理会授权使用武力这种制度化程度不高的机制来说，外生的非制度性因素的作用是强大的，有时候对于效果甚至能够起到决定性作用。而当前西方国家尤其是美国，在安理会授权使用武力机制中的霸权地位，对于授权行动的有效性正是如此。在安理会授权使用武力成为一种常规机制后，西方国家便刻意利用其制度化不足来实现自己的利益企图。

第一，西方国家充分利用了安理会决策机制的不健全实现自己的战略利益。安理会是联合国的核心机构，决策的制度化不足是联合国的痼疾。美、英、法主导了安全情势性质的断定、授权决议草案的拟定等关键性问题，并充分利用其政治经济上的绝对优势，在磋商过程

❖ 第五章 安理会授权使用武力行动的有效性问题 ❖

中积极开展外交活动,促使契合本国意愿的决议通过。这样的授权行动从一开始就打上了西方利益的标签,为有效性的实现埋下了隐患。

第二,西方国家充分利用了安理会授权决议的模糊性突破授权的实际权限。安理会的决议文本是授权行动的实施依据,但决议文本的措辞模式——"根据《联合国宪章》第七章采取行动""授权""采取一切必要手段""维持该区域国际和平及安全",这些用语都是不加限定、模糊不清且可以延伸解读的。[①] 大国在利益驱动下,将安理会授权决议的宽泛权力进行滥用,安理会的授权行动无法摆脱大国权力和利益的影响,几乎只能借助大国利益的实现而捎带实现预期目标,这其中国际共同利益与国家个体利益的冲突越激烈,授权行动的效果就越难有保证。

"冷战"后,安理会授权使用武力机制的扩大适用事实上是西方国家推动安理会决策的结果,当然,这其中雄心勃勃的秘书长也起到了推波助澜的作用,迎合了西方意图。对于内政、主权、人权等在国际法上不清晰、有争议的问题,不顾其他国家的反对,推动安理会授权使用武力,迫使国际社会接受西方的主权观念、人权规范。这其中虽然有国际安全形势变化的需要,但更多的是西方试图建立以其意识形态为指导的"冷战"后新秩序的战略企图。在西方规则、道德话语的主导下,反对或否决西方国家试图使用武力的意见遭到指责、非议甚至恐吓,被迫选择赞成或弃权,给西方的授权决策让行。由此,安理会授权使用武力机制越来越多地与国内问题、人道主义问题交织在一起,成为西方国家推行其思想观念和战略目标的工具。西方原则、规范成为事实上的"安全之威胁、安全之破坏"的解释。联合国集体安全机制在西方主导的实践中,"转向强国集团利用以实现其政治利益的一种极强的制度,并且对国家主权原则和国际政治秩序构

---

[①] Jules Lobel and Michael Ratner, "Bypassing the Security Council: Ambiguous Authorizations to Use Force, Cease-Fires and the Iraqi Inspection Regime", *The American Journal of International Law*, Vol. 93, No. 1, 1999, pp. 124–125.

成了强烈冲击。"①

在授权行动的实施过程中,大国掌握着行动的主导权,它们总是将自身利益置于国际社会利益之上,使授权行动最终偏离初衷,成为大国谋取私利的工具。美国是授权行动中最主要的参与者,行动所需的绝大多数部队都由美军提供。有学者研究指出,安理会是美国实现自身利益的工具,对于安理会的其他成员来说最根本的问题是"它能否与美国紧密相连,调整自身的权力运作并且抑制自己的冲动。"②是否与自己的利益相切合,成为美国参与授权行动的判断标准。在海湾战争中,美国以联合国的名义率领多国部队驱逐伊拉克,赢得了反抗侵略、维护和平的美誉,但真实的动机是要控制中东地区丰富的石油资源,同时增强美国在海湾地区的地缘政治优势。在索马里维和中,美国大力推进武力使用的目的是控制"非洲之角",形成在北非和中东地区的战略优势。在行动遭遇重大损失之后,美国便急于脱身,把索马里的烂摊子扔回给联合国和非洲国家,所谓的人道主义援助、维持和平等口号统统弃之不顾。在2011年的利比亚危机中,"北约俨然成了反对派武装的帮手,其政治目的就是推翻卡扎菲政府来扶持一个新的亲西方政权。"③"北约劫持了专门保护平民目的的授权使用武力行动,将它作为一种工具来影响利比亚的政权更迭,实现自己更大的政治目的。"④ 英法"在利比亚危机中的行动大大超过了第1973号决议所规定的权限",⑤ 成为新的利益攫取者。

---

① 盛红生、汪玉:《国际法上的"使用武力"问题与联合国集体安全机制的改革和完善》,《国际关系学院学报》2012年第6期。

② David M. Malone, *The UN Security Council from the Cold War to the 21st Century Boulder*, CO: Lynne Rienner, 2004, p. 617.

③ Marcelo Kohen, "The Principle of Non-Intervention 25 Years After the Nicaragua Judgment", *Leiden Journal of International Law*, Vol. 25, No. 1, 2012, p. 162.

④ Julian M. Lehmann, "All Necessary Means to Protect Civilians: What the Intervention in LibyaSays About the Relationship Between the Jus in Bello and the Jus ad Bellum", *Journal of Conflict and Security Law*, Vol. 17, No. 1, 2012, p. 145.

⑤ Editorial, "A Black Hole in the System of Collective Security", *Journal of Conflict and Security Law*, Vol. 16, No. 3, 2011, pp. 415–416.

❖ 第五章 安理会授权使用武力行动的有效性问题 ❖

由于《联合国宪章》第四十三条所构想的联合国军未能建立，安理会授权使用武力的实质是借助大国的力量来实现武力强制措施。但安理会授权使用武力机制是在冲突发生时的"救火"机制，而不是专门性的预设机制，制度化程度很低。既然没有法律程序予以规范，也没有国际科层性机构予以监督，它在将武力使用权转移给参与国后，也授予了极大的自由裁量权，必然会被别有用心的国家加以利用，难以达到预设的目的。而联合国对安理会授权使用武力没有任何事后评估机制和责任追究机制，即使是在最近的一次授权行动中，北约越权空袭利比亚轰炸地面目标并且造成大量平民伤亡，也没有被判定违法，更没有被要求赔偿。这不但不利于纠正在行动中存在的各种不规范行为，而且助长了越权者的投机心理。

# 第六章　安理会授权使用武力
# 机制的制度化问题

国际机制的有效性基本上取决于其运行的规范化程度，一个随意、潦草的国际机制所能够达到的有效性只能是偶然的，安理会授权使用武力机制有效性不足的根本原因正在于此。由于"安理会授权使用武力的做法在《联合国宪章》中并无规定"，① 只能以安理会的"暗含权力"为依据，但"暗含权力"毕竟处于不明确、不清晰的状态，这使授权不但常常招致合法性争论，而且在决策、决议文本、实施等方面因规则的缺失而无法规制具体行动。在未来相当长的一段时间内，激活《联合国宪章》第43条建立联合国部队仍然只能是期望，安理会授权使用武力成为联合国集体武力得以实现的唯一方式。而集体武力是保障国际和平与安全的最有力手段，所以应该将这种武力使用模式法律化、制度化，建立一个完备的授权法律制度，对授权的每一个环节实行法律控制，使其从非正式机制变为一个严谨的正式机制，提高运行的规范性，使之更好地为国际公共安全利益服务。此项改革最为理想的方式是修改《联合国宪章》的第七章，将授权明确列入其中，改暗示权力为明示权力，使之与第四十二条并列成为安理会使用武力的执行行动。但修改《联合国宪章》的难度降低了这种

---

① ［意］安东尼奥·卡塞斯：《国际法》，蔡从燕等译，法律出版社2009年版，第462页。

❖ 第六章 安理会授权使用武力机制的制度化问题 ❖

方式的可行性,① 目前最为切实可行的方式是通过对《联合国宪章》条款的解释来完善授权机制。虽然《联合国宪章》的解释权不明确,但事实上,大会和安理会仍可以通过对《联合国宪章》的解释为授权制定规则,只要这种解释被普遍认可,就会形成法律约束力。因此,大会和安理会可以先期通过一些宣告性文件或决议、建议,为现阶段的授权制度制定初步规则,也为最终的《联合国宪章》修改铺平道路。

## 第一节 安理会授权使用武力机制制度化的理论路径

### 一 制度化的理性主义路径

制度化意味着一系列原则、规则、准则及程序规范的建立,这是人为的结果。改革意义上的安理会授权使用武力机制的制度化实际上就是对其原则、规则、准则及程序规范等方面进行设计,设计不仅仅是一个技术性问题,而是一门科学,在这个方面,"制度设计理论"能够给我们启示,提供制度化的理论路径。

第一次世界大战结束后,在理想主义理论指导下,第一个正式的世界性安全机制国际联盟诞生,到20世纪下半叶各种国际机制如雨后春笋般地涌现,蔚为大观,长期的国际机制的实践提出了一个共同性的难题——"集体行动的困境",这是现有的国际机制理论所无法解决的。一些研究者试图通过对国际机制理论的重新设计予以解决,由此催生了国际机制中的制度设计理论。2001年第4期世界著名的

---

① 《联合国宪章》第一百○八条规定:本《联合国宪章》之修正案经大会会员国三分之二表决并由联合国会员国三分之二、包括安全理事会全体常任理事国,各依其宪法程序批准后,对于联合国所有会员国发生效力。关于修改《联合国宪章》难度的讨论,具体可参见 Cairolyn L. Willson, "Changing the Charter: The United Nations Prepares for the Twenty-first Century", *The American Journal of International Law*, Vol. 90, No. 1, 1996, p. 115; Yehuda Z. Blum, "Proposals for UN Security Council Reform", *The American Journal of International Law*, Vol. 99, No. 3, 2005, p. 648。

《国际组织》杂志组织了一个专刊,以争鸣的形式提出了国际制度设计的命题。专刊首先约请美国芝加哥大学芭芭拉·凯瑞曼诺斯、查尔斯·利普森和邓肯·斯奈德三位理性主义者撰文提出"国际制度理性设计"的研究纲领,而后由建构主义大家亚历山大·温特对三位研究者做出点评,并阐述规范主义的国际制度设计理论。

在研究中,三位理性主义者将国际制度定义为:"国际行为体通过谈判达成的,对行为体起到规定(prescribe)、禁止(proscribe)或者授权(authorize)作用的一系列明确安排(explicit arrangements)。"并在国际机制的成员资格、议题范围、集中管理体制、集体决策方式、后续修改等五个方面提出了设计构想。① 总体来看,"国际制度理性设计"的研究纲领采用的是理性选择的方法解释国际制度设计中国际行为体的行为,认为国际行为体遵循的是"成本—收益"的"功利性逻辑"来参与国际制度设计的。对此,亚历山大·温特在肯定理性主义观点的同时,认为国际制度的形成过程还可以从规范主义角度解释。即国家选择某种国际制度并不都是处于功利性的考虑,有时候遵循的是一种"适当性逻辑",也就是出于一种规范性考虑。② 规范性主义对于理性主义可能是替代性的,也可能是补充性的,替代性即理性设计研究纲领中所提出的所有变量都经过了"规范的过滤",以致"制度要解决的问题是什么,该怎么解决"都带有浓厚的规范色彩。补充性即制度设计面临的问题虽然经过了"规范的过滤",但理性选择逻辑仍然发挥着主导作用。③

《国际组织》杂志组织的这期专刊提供了两种国际制度的设计思路:理性主义从经济学的角度,指出国际制度是国家从自身利益出发

---

① Barbara Koremenos, "Charles lipson and Duncan Snidal, The Rational Design of International Institutions", *International Organization*, Vol. 55, No. 4, 2001; Special Issue.

② Alexander Wendt, "Driving With Rearview Mirror: On the Rational Science of Institutions Design", *International Organization*, Vol. 55, No. 4, 2001; Special Issue, pp. 1019 – 1049.

③ 朱杰进:《国际制度设计:理论模式与案例分析》,上海人民出版社2011年版,第49页。

## 第六章　安理会授权使用武力机制的制度化问题

经过理性选择的结果；规范主义从社会学的角度，指出国际制度是经过社会规范过滤后的产物。实际上，两种理论观讨论的是哪些因素影响了国际制度的设计，换而言之，国际制度在构建的时候应该考虑哪些因素。应该说，两种理论观不但不是矛盾的而且是互补的，因为任何国家利益的实现都是在一定的社会环境中进行的，社会环境中存在的文化观念、价值取向等使国家已经陷入一定的规范中，国家的逐利行为一旦脱离社会规范，就会出现合法性危机。所以，国际制度的设计实际上是权力、利益、原有机制和社会规范共同作用的结果。

所谓理性，是指"在给定的条件下，行为体追求自身利益的最大化"。[1] 理性选择理论是从经济学扩散出来的一种分析方法，以利益最大化、市场均衡、偏好稳定为三个核心假设，认为人类经济行为的理论框架为：想干什么（偏好）——能干什么（约束条件）——最好怎么干（选择）。理论主义的制度设计思想以"经济人"为核心假设，认为国际关系中的行为体是具有理性的"经济人"，在其眼中，国际机制仅仅只是实现国家利益的工具而已，因此国家不但会以"成本—收益"的算计方式来参与国际机制，还会以利益最大化为目标。

安理会授权使用武力机制是一种特殊的机制，其特殊性在于机制和机制的参与者之间并不必然性地存在联系。也就是说，由于安理会授权使用武力在法律上是"建议"性质而不是"命令"性质，联合国会员国没有义务一定为联合国提供武力资源或参与武力行动。也就是说，自愿是会员国与安理会授权使用武力机制联系的内在纽带。理性主义告诉我们，将两者联系在一起的一定是利益，即参与授权武力行动的国家一定有利益牵涉到安全情势中，并试图通过授权武力行动实现这种利益诉求。而且，这种利益一定不能理解为公共利益，只能是国家的私利。国际关系的"搭便车"现象告诉我们，国际公共利

---

[1] Duncan Snidal, "Rational Choice and International Relations", in Walter Carlsnaes, Thomas Risse and Beth Simmons eds., *Handbook of International Relations*, SAGE Publications Ltd., 2002, p. 74.

益受到侵犯的时候，只有利益攸关的国家才挺身而出，其他国家则会持观望态度。安理会授权使用武力的实践也证明了这一点，美国借助安理会授权使用武力干涉海地国内危机是因为牵涉其"后院"的安全和稳定，卢旺达大屠杀被拖延关注是因为没有大国利益牵涉其中。事实上，所有的安理会授权使用武力行动案例都能够从参与者的利益角度得到解释。

所以，安理会授权使用武力机制制度化的第一个要义是承认参与者私利的存在及其借助授权行动实现这种私利的可能。没有这个前提，每一次安理会授权使用武力就可能成为一个"空头的"、不能落实的行动。也就是说，如果不允许参与者借助安理会授权使用武力机制来实现其国家利益，极大的可能性是没有国家会接受授权。因为一场战争耗资巨大，国家会在"成本—收益"的算计中退缩不前，也难以获得国内法的批准。

在承认国家利益的偏好及允许其借助授权行动实现之后，必须对参与授权的国家实行约束，这是理性主义给安理会授权使用武力机制制度化的第二个启示。如果没有约束，以"经济人"思维参与授权的国家一定会以联合国的名义来实现自身利益的最大化。而且，"约束"必须是明确的、清晰的，否则利益最大化的欲望依然会驱使授权参与国充分开发、利用"约束"的模糊地带，如美国在 2003 年利用第 678 号决议未制定时间限制的缺陷，再次采取武力行动打垮了萨达姆政权；在对利比亚的行动中，北约利用了授权决议的不清晰，将一场人道主义干涉的武力行动变成了摧毁敌对政权的行为。实行约束就是制定相应的规则对参与授权的国家的行为进行规制，也就是实行制度化。在安理会授权使用武力机制中，这个制度化必须从宏观和微观两个方面考虑，在宏观方面，建立授权机制的原则、规则等；在微观方面，必须视具体的安全情势及其涉及的问题领域进行规制，这可以在授权决议文本中进行具体性规定。在双重规制下，授权行动的实施就基本可以在既定的轨道上运行，避免参与国突破公共利益的限制谋取"额外"的私利。

❖ 第六章 安理会授权使用武力机制的制度化问题 ❖

理性主义告诉我们,授权行动的参与国总是会在利益目标和约束条件之间选择最佳行动方案。当前,安理会授权使用武力机制最大的问题就是实施中"约束条件"的松弛和不明确,导致了参与国的行为受到很少的限制,从而导致公共利益受损、私利得逞的情形常常出现,引起国际社会质疑。制度化的根本目标是实现参与国私利和国际社会公共利益的"共赢"。这其中有两个思想观念必须转变,第一,任何国际机制建立的根本目的是促进机制参与国利益的实现和发展,因此,授权行动的参与国借助授权机制实现其国家利益不应该视为不正当的行为。第二,要正视授权行动中的获利不均衡现象,行动参与国肯定会比旁观者获利更多,这是授权使用武力机制的特殊性所致。如上文所述,不允许参与者额外获利,授权行动就会落空。均衡获利的唯一方式是激活《联合国宪章》第四十三条,但在目前的国际政治现实中,难度很大,至少在短期内是不可能的。

总结理性主义视角下的安理会授权使用武力机制改革,关键点在于制定规则、制度协调参与者的国家利益和国际社会的共同利益,实现国际社会共同利益和行动参与国利益两者的兼顾和双赢。安理会授权使用武力依靠会员国自觉、自愿为国际社会共同利益的维护提供"公共物品",但在当前的国际政治现实中,会员国接受授权的首要动机是为了维护和发展自身的国家利益,而不是为了国际社会的共同利益。要求国家安居于一个不能获益或获益小于投入的国际机制是不现实的。在当前的国际政治现实中,以大国利益为基础来进一步谋求国际社会的共同利益是比较切合实际的办法,这并不是对大国利益的让步,须知,国际法和国际机制都是因国家利益的需要而产生的,也是为国家利益服务的。脱离了具体的国家利益,不但国际社会的共同利益是空洞的、虚无的,而且任何国际机制的构建和改革设想都会遭到反对,因为不具备可操作性而失败。

## 二 制度化的规范主义路径

何谓国际规范?国际关系理论的建构主义学者对此做出过大同小

异的解释，如彼得·卡赞斯坦（Peter Katenstein）将其定义为："一定行为体在给定身份的情况下对行为适当性的共同预期。"① 玛莎·芬尼莫尔持同样的理解："规范是行为体共同持有的适当行为的共同预期。"② 约翰·鲁杰（John Ruggie）则认为："规范是一种主体间的信念，体现了人们的集体意志，其意义和重要性依赖于时间和空间两个维度。"③ 建构主义认为，在国家开始追求利益的时候，社会规范就已经先验性地存在，它是一种存在并作用于所有国家的观念，并已经成为一种"知识"，不仅影响行为体的行为，还构建了行为体的身份和利益。显然，这是一种组织社会学的视角，作为"社会人"存在的国家，对利益的追逐不可能是随心所欲的，它总是被必然性地经过"规范的过滤"。所以，国际制度的设计不仅仅是理性选择的结果，同时也是在既有社会文化观念、价值取向等社会规范指导下进行的。

需要注意的是，建构主义者所说的国际规范和我们所说的国际机制的本身制度性规范，既相区别又相联系。"规范"一词来源于拉丁文 norma，意为规则、范式、标准、尺度。社会规范规定了行为者的行为模式，指出行为者应该做什么、可以做什么、不能做什么。当社会规范建立的时候，一系列的行为模式也就建立起来用以指导、规制行为者的行为。社会的参与者凭借规范的存在也就可以预先估计到人们相互之间会如何行动，"共同预期"也就实现了。所以，规范主义实质就是规则主义、制度主义。国际机制意义上的规范指的是国际机制得以存在的原则、规则、程序等，它们用以规制国际机制的运行，机制的参与者则借助这些规范实现相互行为的预期。而建构主义所说的规范指的是存在于国际机制之外的广泛意义上的社会规范，它作用于国际关系的所有参与

---

① Peter Katenstein ed., *The Culture of National Security*, Columbia University Press, 1996, p. 5.
② 玛莎·芬尼莫尔：《国际社会中的国家利益》，袁正清译，浙江人民出版社2001年版，第29页。
③ John Ruggie, "What makes the World Hang Together", *International Organization*, Vol. 52, No. 4, 1998; Special Issue, pp. 561–598.

❖ 第六章 安理会授权使用武力机制的制度化问题 ❖

者,既包括国家行为体也包括国际机制这一类的非国家行为体。在一个无政府状态中的国际社会里,并没有一个权威的立法者为世界建立普遍性的规范,普遍性的社会规范是难以界定的,所以建构主义所说的规范实际上是他们所提出的国际社会的"共有观念"。

总结规范主义的制度设计理论,所谓国际机制的制度化,是从普遍性的社会规范到具体问题领域的特定规范的过程。在这个过程中,在一定历史时期的文化中所产生的观念对国际制度具有塑造作用,是国际机制制度化必须考虑的因素。然而,在当代世界,何谓世界各国所共同接受的社会规范?我们只能说《联合国宪章》所建立起来的基本规范已经成为普遍性的国际社会规范。至于其他意义上的社会规范,其实大多都是西方所标榜、所宣扬的话语,建构主义理论本身所认知的规范也没有突破西方话语的范畴,而且将西方话语当作"普世规范",这是不符合国际关系的实际情况的,因为东方国家及欠发达国家对这些"普世规范"未必认同。即使是《联合国宪章》确立的普遍性国际社会规范,因其表述的笼统性、抽象性,东西方国家、南北地区也对其有着不同的认识和理解。所以,规范主义视角下的安理会授权使用武力机制的改革是一个需要慎重对待的问题。

规范主义制度设计理论提出的一个问题是国际机制的合法性问题,即一个国际制度只有符合现有的国际规范,其合法性才能成立。与国际法上通常意义的合法性相比较,这种合法性是政治意义上的。法律意义上的合法性是指行为体对规则、制度遵守的规范性信念,[①]强调的是社会成员对公认的法律体系的遵守,主要关注行动的形式框架。政治意义上的合法性是指一个共同体成员对共同规则接受和认可的程度、状态,[②]主要强调政治权威对行为者的影响,是政治组织在民众认可的原则上实施统治的正当性(validity)。这实际上也提出了

---

① Ian Hurd, "Legitimacy and Authority in International Politics", *International Organization*, Vol. 53, No. 2, 1999, p. 381.

② Mark Suchman, "Managing Legitimacy: Strategic and Institutional Approaches", *Academy of Management Review*, Vol. 20, No. 3, 1995, p. 573.

国际机制改革的方向问题，即国际机制必须朝着国际社会普遍性观念的方向发展。作为安理会在实践中的一种创造，授权使用武力的合法性最终还是取决于国际社会的认同程度，所以，安理会授权使用武力机制的制度化必须符合当前国际社会的普遍性认知，这对于合法性和有效性都是终结决定性的。唯有如此，其行动才能够得到参与国的认可、接受，而且能获取参与者的支持，解决集体行动的困境，实现有效性目标。

海湾战争之后，安理会将授权使用武力扩大适用于国内的政权危机、内战、人道主义危机等问题，实际上是西方观念作用的结果，奉行的是西方规范。如果我们将这种观念作为普遍性的国际社会规范，则制度化建设必定会遭到广大中小国家的反对而未必能够实现，即使实现了也未必能够取得良好的效果，授权使用武力机制扩大适用的有效性不足已经证明了这一点。但是，在问题的另外一面，全球化下新的安全形势及其相互关联性需要联合国采取行动，一种新的安全观念正在形成，并且已现雏形，安理会将授权使用武力的制度化必须接受、容纳这些观念，才是实事求是的态度和秉持了发展的眼光。一种重要的问题是，如何既接纳这种新的安全观念，又通过制度化对其实现规制。所以，改革必须接受授权使用武力的扩大适用，也必须对其实现规制。

## 第二节　安理会授权使用武力情势认定法律依据的完善

### 一　情势认定的法律困境

情势认定联合国集体安全行动的起点。在理论上，争端（dispute）与情势（situation）是两个不同的概念，争端比情势严重，情势有可能恶化为争端。换言之，情势的范围比争端要广，有争端必有情势，但有情势不一定有争端。《联合国宪章》把情势和争端分为两类：一类是一般争端和情势，另一类是其"继续存在足以危及国际和平与安全之维持"的争端和情势。对于前者，宪章规定当事国自行选

❖ 第六章　安理会授权使用武力机制的制度化问题 ❖

择和平的方法予以解决，安理会只在必要时行使调查权、促请权。而后一类则是宪章所特别规定须由安理会加以处理的，一旦安理会对之适用第39条，即可启动宪章第7章规定的相关措施。可见，安理会只关注那些性质严重的争端，而不是一般性的情势。但是第39条赋予安理会自由裁量权，实践中，安理会常常会将认定的范围从争端扩展到情势，因此，一般都把安理会的决策统称为"情势认定"或"情势断定"（determine the situation）。

但情势认定的法律依据从《联合国宪章》生效之时起就是不完善的。作为联合国集体安全制度发生作用的关键条款，[1]"第39条只是一种框架性规定，是安理会在采取执行和平行动时所应遵循的必要程序，而并未对什么是和平与安全以及以何标准断定某一局势是否对和平与安全构成威胁或破坏详加阐释。事实上，后者才是安理会赖以采取行动的法律依据。"[2] 为弥补这一缺陷，联合国大会在1974年的第3314号决议通过了《侵略定义》，但作为联合国大会的决议，《侵略定义》并不具备法律效力，只能为安理会断定侵略行为的发生提供参考作用。而且，《侵略定义》与其他国际法律文件的联系不紧密并缺乏法律实用性，也没有依附于《联合国宪章》的解释，[3] "所提出的公式在实际运用及解释中，仍难适应各种复杂的矛盾"，[4] 在现代国际法体系中，其他相关能够适用的成文法律、法规也很难找到，"不管是《联合国宪章》的宗旨、原则，还是国际法基本原则及具有法律拘束力的国际文书，在实践中对安理会的决策并无实质性的影响作用，并不是安理会采取执行行动的根本依据。"[5] 于是，在国际政治

---

[1] ［韩］柳炳华：《国际法》（下卷），中国政法大学出版社1997年版，第376页。
[2] 张军：《联合国安理会采取执行行动的依据和方式问题》，《中国国际法年刊》1997年，第305页。
[3] 王秀梅：《国际刑事法院研究》，中国人民大学出版社2002年版，第396页。
[4] R. Drming, Man and the World: International Law at Work, 1974, p.137. 转引自梁西《国际组织法（总论）》（修订第五版），武汉大学出版社2001年版，第183页。
[5] 张军：《联合国安理会采取执行行动的依据和方式问题》，《中国国际法年刊》1997年，第306页。

的现实中,"安理会在对某一情势做出断定时,往往由于有关事件是否属于国际问题或者是否已经发展到侵略的程度而引起各种尖锐和激烈的争论。"① 强制措施(enforcement measures)的前提难以确定,执行也就无从得到有效实施。因此,完善情势认定的法律依据是改革联合国际集体安全制度首当其冲的一个问题。

联合国集体安全制度创建遵循的是传统的军事思路,但联合国成立以来,特别是"冷战"后,安理会对传统安全之外的诸多领域适用了第三十九条,越来越多的非战争因素,如恐怖主义、人权危机、国内政治危机等,已经成为导致安理会采取强制性行动的主导性因素。"实践表明,安理会通过其决议已经扩大了对国际和平与安全的解释,并通过自己的实践逐渐改变着宪章。"② 安理会的行为不但超出了第三十九条的立法本意,而且甚至超出了《联合国宪章》的适用范围。固然,"安理会在决定处理某一事项时,可以采用比法庭所用'争端'含义更广的概念,管辖权可以扩展至本质上会产生国际后果的一切事项"。③ 但是,第三十九条赋予安理会对"和平之威胁、和平之破坏或侵略"所享有的自由裁量权并非绝对,作为联合国系统内的一个组织机构,安理会为宪章和其他国际法律规范规定的原则、规则和标准所约束,其对第三十九条的扩大性解释很容易遭受对其适用法律不正确的批评。但在问题的另一面,我们看到,"冷战"后安全情势的变化,确有对新的安全威胁采取集体行动的必要。这就在国际安全情势变迁与现行联合国集体安全制度之间形成了一种紧张关系,使集体安全行动处于一种法律困境之中。

(一) 安全威胁的多元化与集体安全制度"容量"之间的矛盾

虽然,《联合国宪章》和其他相关资料没有明确地界定出第三十

---

① 梁西:《国际组织法(总论)》(修订第五版),武汉大学出版社2001年版,第183页。
② 李红云:《人道主义干涉的发展与联合国》,《北大国际法与比较法评论》第1卷,第23页。
③ Merrills, J. G., International Dispute Settlement, London: Sweet & Maxwell, 1984, pp. 142–143.

❖ 第六章　安理会授权使用武力机制的制度化问题 ❖

九条的"和平之威胁、和平之破坏或侵略"的内涵，但我们运用历史解释方法，结合联合国的宗旨和原则，对此仍然可以做出一个大致的概括：在联合国建立时期的政治、经济、科技条件下，和平与安全即是指没有战争或战争威胁，安全问题主要是指国家的领土安全问题，其内涵相当于我们今天所使用的"传统安全"这一概念。因此，宪章第 39 条的"情势"是指国家之间的争端和冲突，"威胁"或"破坏"的对象是国家安全，"威胁"或"破坏"的来源则是国家行为体本身。在此范围内，安理会采取的集体行动具有《联合国宪章》赋予的合法性。① 但是，在联合国集体安全制度建立半个多世纪以后，国际安全的威胁已经不仅仅是国家发动的侵略战争了，诸多新的安全威胁形式已经涌现出来：贫穷、传染病和环境退化，国家内部的战争和暴力，核武器、放射性武器、化学武器和生物武器的扩散和可能被使用，国际恐怖主义以及跨国有组织犯罪。威胁的主体不仅有国家，也有非国家行为体；威胁的对象不仅有国家安全，也有人类安全；威胁的性质不仅有传统安全，也有非传统安全。②

一个有效的集体安全制度必须充分地、准确地反映这些变化，使安全机关能够合法地对之采取行动。但在现行的国际法体系和《联合国宪章》下，非传统安全问题更多的是经济、社会问题，不属于安理会的职权范畴。安理会对此认定为对国际和平与安全的威胁，并采取强制措施，必然引起国际社会对其合法性的怀疑，更何况安理会的诸多行动并未取得国际社会所期望的效果。所以，在当前的集体安全行动中，一方面，随着人类社会的发展和国际关系的变化，"联合国缔造和平、稳定和安全的努力必须涵盖军事威胁以外的事项。"③ 另一方面，集体安全制度的"容量"则限制、约束着这种"努力"。

---

① 古祖雪：《联合国改革与国际法的发展》，《武大国际法评论》第五卷，武汉大学出版社 2006 年版，第 17 页。
② 《威胁、挑战和改革高级别小组的报告》第一部分提要。
③ 加利：《和平纲领》，联合国新闻部编，1992 年中文版，第 7 页。

(二) 集体安全行动与不干涉内政之间的矛盾

安理会是否有权介入主权国家的内部事务？答案显然是否定的。任何一个政府间国际组织，其权力都来源于成员国的授予，联合国也不例外。正如前联合国秘书长德奎利亚尔所言："联合国并不是凌驾于国家之上的机构，而是一个由一些独立的主权国家组成的组织，它没有自己的主权。它的职责是协调、促进和倡导。"① 正因为如此，《联合国宪章》在宗旨及原则中规定："本宪章不得认为授权联合国干涉在本质上属于各国国内管辖之事项，且不要求会员国将该事项依本宪章提请解决。"不干涉内政原则也成为国际法的基本原则之一。虽然，《联合国宪章》第2条第7款也声明"此项原则不妨碍根据《联合国宪章》第7章内执行办法之适用"，但作为联合国的机构之一，安理会亦应在此原则的指导下，妥善处理好维护国际和平与安全与尊重成员国主权、不干涉其内部事务的关系。② 但是，"冷战"后的安全形势中，国内冲突此起彼伏，种族、民族矛盾，政局的不稳定，都极易引起冲突与战争，国内冲突取代国际冲突成为最主要的安全威胁。实践证明，对于国内冲突确有干涉的必要，"倘若安全理事会在1990年代初在阿富汗认真地致力于巩固和平，那么更多的生命可以得到拯救，塔利班也许根本不会夺取政权，基地组织可能会被剥夺其最为重要的藏身之地。"③ 并且，在全球化的背景下，国内冲突极易"溢出"国界，威胁国际和平与安全，这更使国际社会有对之采取集体行动的必要。

在现行的国际法秩序中，国内冲突仍然是国家主权范围内的管辖事项。现行的联合国集体安全体制是为维护国家主权独立和领土完整而设计的，对一国内部冲突，安理会不得授权对主权国家采取强制行动。因此安理会近些年来处理的很多国内问题，均超出了其享有的权限，有干涉主权国家内政之嫌。但相应的问题是：联合国集体安全行

---

① 《联合国手册》，1987年中文版第10版，前言。
② 张军：《联合国安理会采取执行行动的依据和方式问题》，《中国国际法年刊》1997年，第311页。
③ 《威胁、挑战和改革高级别小组的报告》第86段。

◆ 第六章 安理会授权使用武力机制的制度化问题 ◆

动是应防患于未然,预先介入国内冲突,还是应等到其"溢出"国界之后再采取行动?如果是预先干涉,那么如何在集体行动与尊重国家主权之间保持必要的平衡?

(三) 人权的国际保护与国家主权之间的矛盾

在现行的国际法体系下,人权问题仍然主要是国家国内管辖之事项,人权保护并没有被纳入联合国集体安全范围,"人道主义干涉是《联合国宪章》中没有的概念,也从未成为国际法所确立的概念。"①因此,在联合国所进行的历次人道主义干预中,虽然在程序上由于获得了安理会的授权而具有合法性,但在实体上却在宪章中找不到合法性的依据,于是,往往就受到当事国的抵制和国际社会的质疑。②但是,"冷战"后频发的国内战争所制造的人道主义灾难,有意识的种族灭绝和种族屠杀,证明国际社会确有进行干涉的必要。如在卢旺达的种族屠杀等事件中,"联合国在国内暴力方面的最大失误就是未能阻止种族清洗和种族灭绝。"③ 而且,由于安理会对人道主义干涉合法性的顾虑,阻碍了联合国的集体安全行动,致使一些大国及其控制的区域组织和以人道主义干涉为借口,在国际社会中行使单边武力,形成对联合国权威的威胁。如"在科索沃,安全理事会陷入瘫痪,从而使北大西洋公约组织绕过联合国采取行动。"④

事实证明,联合国集体安全制度是能够为国际人权提供保护作用的,如在东帝汶,安理会"同国家政府和区域性行为者合作,迅速而协调地施加压力,制止了大规模屠杀"。⑤ 但是,集体安全体制与人权保护体制在联合国系统内是互不相干、彼此独立的两种制度安排。即使一国内部发生了严重的人道主义灾难,安理会也不得授权对主权

---

① 李红云:《人道主义干涉的发展与联合国》,《北大国际法与比较法评论》第1卷,北京大学出版社2002年版,第23页。
② 古祖雪:《联合国改革与国际法的发展》,《武大国际法评论》第五卷,武汉大学出版社2006年版,第18页。
③ 《威胁、挑战和改革高级别小组的报告》第87段。
④ 同上。
⑤ 同上。

国家采取强制行动,这在实践上给联合国的集体安全体制带来了两个方面的困境:面对巨大的人道主义灾难,要么因为制度设计上的"画地为牢"而行动迟缓,致使灾难扩大;要么迫于西方大国的压力,对灾难发生国进行人道主义干预,结果其合法性受到广泛质疑。①

## 二 完善情势认定法律依据的必要性

由上可见,情势认定的法律依据不但是不完善的,而且随着国际安全情势变迁,又暴露出滞后性,这种滞后性使当前的很多联合国集体安全行动陷于合法性危机之中,从而削弱了其有效性。但完善乃至改建情势认定的法律依据的必要性还不仅在于此。

改建情势认定法律依据是加强集体安全行动的需要。联合国集体安全制度的实施必须依赖于联合国成员国乃至非成员国的"集体协助",脱离"集体协助"便没有集体安全制度可言。而要通过"集体协助"来实施集体行动,前提条件是国际社会普遍性地认可、接受安理会的决议,使决议产生普遍性的法律效力。反言之,如安理会决议受到国际社会的抵制,"集体协助"便成为镜花水月。可见,安理会情势认定的合法性、公正性、准确性直接决定了安理会执行行动的性质和效力。然而,情势认定法律依据的不完善和滞后性,使国家利益和政治倾向左右了安理会对国际安全情势的认定,而西方大国在安理会的决策中占据了主导地位,情势认定常常是倾向于西方世界的观念和利益。事实上,安理会对国际安全情势的断定,很多是在西方大国的推动下做出的,如对海地问题的执行行动即是在美国操纵下进行的。安理会在情势认定中的偏向性,不可避免地引起发展中国家的不满,甚至引起了抵制,削弱了安理会决议的法律效力。解决这一问题的出路在于为国际安全情势认定建立一个相对完善的法律标准,使安理会对国际安全情势适用宪章第三十九条时有法可依,在决策中加强规则取向,减少政治因素的干扰。否则,联合国很难在预防和消除安

---

① 古祖雪:《从伊拉克战争看国际法面临的冲击与命运》,《法律科学》2004 年第 3 期。

❖ 第六章 安理会授权使用武力机制的制度化问题 ❖

全威胁上采取有效的联合行动。

改建情势认定法律依据是控制安理会权限的需要。《联合国宪章》赋予安理会的权力是巨大的,安理会依据第三十九条对情势的认定是有法律约束力的,可以视为一种"即时"(instant)国际法,它直接为情势与争端的当事国乃至第三方创设了权利和义务。随着安理会决议涉及的领域越来越宽、数量越来越多,它对于国际法的影响也就越来越大。安理会决议在合法性、公正性、准确性的不足,对国际法律秩序产生的负面影响不可小视。比如,安理会所采取的强制性执行行动,本身即是一种战争或战争威胁,只有在不得已的情况下方可使用,而安理会针对非传统安全问题和主权国家的内政问题,授权会员国"采取一切必要措施"进行制裁,是否有滥用武力之嫌疑?而在当前的联合国体系中,除宪章第十五条规定大会对安理会的常年报告享有一般性审查权利外,没有任何一个机构享有对安理会具体决议进行合法性审查的权利,也就是说安理会的权力在很大程度上是"超然"的。实践证明,不能有效地控制安理会的权限,其就不能真正有效地履行维护国际和平与安全的职责。建立一个国际社会成员共同接受的情势认定的法律标准,是使安理会依法行事,并对其权限实行法律控制的有效办法。

完善情势认定法律依据的核心问题是界定"国际和平与安全"概念的内涵。虽然"国际和平与安全"是国际关系中最常见的术语,但却从来没有一个权威文件对这个概念进行具体化和直观化。如前所述,在传统的观念里,和平与安全即是指没有战争或战争威胁。然而,在当今全球化的历史条件下,威胁国际社会和平与稳定的来源、主体、形式、范畴毫无疑问都已经大大超越了联合国集体安全制度最初设计的容量,[①] 这种传统观念已经不足以反映国际和平与安全的现

---

[①] 《联合国集体安全制度改革与中国和平发展的交互影响》,《武汉大学学报》(哲学社会科学版)2006年第6期,中国人民大学复印资料《中国外交》2007年第2期;参见古祖雪《联合国改革与国际法的发展》,《武大国际法评论》第五卷,武汉大学出版社2006年版,第14—23页。

实，我们必须从更大的范畴和更深的层次上来理解和平与安全的含义，使情势认定法律依据能够充分反映安全情势的变化，全面涵盖新型的威胁形式。唯有如此，联合国才能够"筑成一个新的全面集体安全体制。通过这一体制，所有国家都承诺共同行动，以应对范围广泛的各种威胁。"①

第一，视野必须从地缘安全扩展至全球安全。在传统安全观念中，地缘冲突是其最为主要的着眼点，消除地缘威胁即能够达到维护国家安全的目的。但全球化已经把世界紧密化，"结果，系统效应日益重要，发生在某一地方的小小紊乱就有可能波及整个系统。"② 而且，在现在科学技术条件下，大规模杀伤性武器、洲际导弹的出现，已经使地缘在战争中的屏障作用大为降低，地区内部的威胁便足以威胁全球。因此，"对国际安全的各种威胁不分国界，对一国的威胁便是对所有国家的威胁。全球化意味着，任何一种威胁都是对世界各国的共同威胁。"③ 新型的情势认定法律依据必须超越地缘安全、区域性安全的观念，从人类整体性安全的需要出发，以全球视角考察各种安全威胁。

第二，内容必须从传统安全兼顾到非传统安全。政治问题经济化、社会化，经济、社会问题政治化是当前国际关系发展的重要特征，由此使传统安全问题与非传统安全问题交织在一起。高级政治领域的安全问题，往往源于低级政治的经济、社会问题；而低级政治领域的问题常常会加剧高级政治的安全问题。各种安全威胁有着内在的复杂联系，相互影响、相互交织、相互转换，孤立的、片面的观点，都只能使集体安全行动顾此失彼、应接不暇。因此，新型的情势认定法律依据必须对当今世界所面临的安全形势有一种比较全面而深刻的体察，必须把各种安全威胁作为一项系统工程加以综合考虑，统筹

---

① 《威胁、挑战和改革高级别小组的报告》第24—28段。
② Robert Jervis, System Effects: Complexity in Political and Social Life, Princeton: Princeton University Press, 1997, p. 86.
③ 《威胁、挑战和改革高级别小组的报告》第17—19段。

兼顾。

第三，关注对象必须从国家安全延伸至人类安全（human security）。人权的国际保护是20世纪后半叶以来国际法发展最为突出的特征之一，人本化是现代国际法的发展趋势。①"尊重人权正在成为国家主权的要义。"② 国际法的人本价值取向使"人类安全（human security）——即人民的安全—逐渐成为全球安全的一个全新的衡量标准和全球性国际行动的一个刺激因素。"③ 由此，越来越多的人认为"一国内部冲突的大规模侵犯人权或违反人类生命的行为也构成世界和平之威胁，可成为安理会采取行动的理由"；④ 新型的情势认定法律依据不能只应对国家之间的权力纷争和领土冲突，必须满足以集体行动保护人权的需要。

### 三 完善情势认定法律依据的主要问题

综上所述，新型的情势认定法律依据是建立在"综合安全"观基础之上的，它把联合国集体安全体制发展成为"广义的集体安全体制"，⑤ 与当初《联合国宪章》的起草者所设计的集体安全体制相比，不但"容量"已经增加，职能也相应扩大。在"综合安全"观中，"情势"不但是指国家之间的争端和冲突，而且也包括一国内部的冲突；"威胁"或"破坏"的来源不但有传统安全，还有非传统安全；"威胁"或"破坏"的主体不但有国家行为体，还有非国家行为体。"威胁"或"破坏"的对象不仅是国家安全，还包括人类安全；以此来界定联合国的集体安全行动的范围，将能够解决当前存在的一些法

---

① 曾令良：《现代国际法的人本化发展趋势》，《中国社会科学》2007年第1期。
② 王逸舟：《王逸舟谈伊拉克危机（之三）》，《世界知识》2003年第13期。
③ 张春：《人类安全观：内涵及国际政治意义》，《现代国际关系》2004年第4期。
④ ［德］马蒂亚斯·海尔德根：《联合国与国际法的未来》，《世界经济与政治》2004年第5期。
⑤ 《威胁、挑战和改革高级别小组的报告》第184段。

律争议。① 但是，一个新型的法律依据不是没有"边界"的，仍然必须在尊重现行国际法律秩序的前提下来制定，因此，以下两个方面的问题必须予以考虑。

第一，必须在扩大适用范围与把握尺度之间保持平衡。一方面，随着国际安全情势的变迁，必须对宪章第 39 条作扩大性解释，将集体安全制度的适用范围从传统安全扩大到非传统安全，以赋予安理会采取的扩大性集体行动具有毫无争议的合法性。使联合国可以针对威胁国际和平与安全的任何情势，都可以采取包括军事行动在内的任何行动，而不受国际社会的质疑和当事国的抵制。另一方面，必须避免安全概念的泛化。非传统安全问题是不是都应该成为安理会关注的对象，值得商榷。毕竟在安理会之外，联合国还有经社理事会和其他机构承担着经济、社会事务的职责。将人类面临的所有社会、经济、政治等问题都加上"安全"一词，可能导致政策重点不突出、力量使用分散、疲于应付的局面。②

第二，必须实现集体干涉与尊重国家主权的统一。一方面，新型的情势认定法律依据要通过对"国际和平与安全"概念的扩展，为联合国实施集体干涉寻求实体法依据，使一国内部冲突可以成为安理会采取行动的理由。特别是对于国内人权危机，改革必须通过强调主权在国际法上"保护本国人民"的责任内涵，提出一种新的规范，即当一个主权国家没有意愿或者没有能力"履行其保护本国人民和避免伤害自己邻国的责任"的时候，"集体安全原则则意味着上述责任的某些部分应当由国际社会予以承担，依照《联合国宪章》和《世界人权宣言》采取行动，根据情况建立必要的能力或提供必要的保护"，③ 从而，使依《联合国宪章》建立起来的集体安全体制在作为保护国家主权（国家安全）体制的同时，也成为一种保护基本人权

---

① 古祖雪：《联合国改革与国际法的发展》，《武大国际法评论》第五卷，武汉大学出版社 2006 年版，第 17—18 页。
② 李东燕：《联合国的安全观与非传统安全》，《国际政治》2005 年第 1 期。
③ 《威胁、挑战和改革高级别小组的报告》第 29 段。

❖ 第六章 安理会授权使用武力机制的制度化问题 ❖

(人类安全)的体制,使调整国家之间关系的国际法同时也具有协调国家权利与人民权利的宪法功能。① 另一方面,建立新型的情势认定法律依据不能以削弱主权为代价。"主权原则是联合国的基本原则,违反这一原则就意味着和平的终结、联合国的终结。"② 改革联合国集体安全制度是为了更好地保护主权国家,提高国家保护"保护本国人民"的能力,而不是将主权"收缴"到安理会。而且,国际法的有效性并不依赖于制裁,而必须以各国的善意为基础,毁弃这个基础就毁弃了国际法本身。③ 集体安全制度的效力是以主权国家积极、有效的参与为前提的,改革必须以增强国家负责任地行使主权的能力为重要目标。

完善情势认定的法律依据需要国际社会成员对"国际和平与安全"概念达成共识,"如果对威胁没有共同认识,便没有集体安全可言。结果将是各自为政,互不信任,长期互利合作将无从谈起。"④ 但是,联合国倡导的"综合安全"并没有获得国际社会的一致认同,造成这种分歧的原因是联合国各会员国不同的立场和需要。对于广大的发展中国家来说,发展问题是其面临的首要问题,长期存在且至今没有得到纠正的国际政治、经济旧秩序使发展中国家一直承受着发达国家的盘剥,致使在加速发展的全球化进程中,拉大了与发达国家的差距。因此,发展中国家强烈要求发达国家做出让步,帮助其实现经济腾飞,而不是一味去关注"新安全"。对于发达国家来说,传统的安全威胁并没有解除,全球化却又带来了各种新型的安全威胁,使其面临着一系列的新挑战,这需要动员世界各国和各种政治力量采取共同行动,以对付新老威胁。不同的需要产生不同的政治立场,对安全

---

① 古祖雪:《联合国改革与国际法的发展》,《武大国际法评论》第五卷,武汉大学出版社 2006 年版,第 19 页。
② Baily Sydney D., Intervention: Article 2.7 versus Articles 55 – 56, International Relations, Vol. XIII, Number 2, August 1994, p.5.
③ [奥] 菲德罗斯等:《国际法》,李浩培译,商务印书馆 1981 年版,第 777—780 页。
④ 《威胁、挑战和改革高级别小组的报告》第一部分提要。

威胁的认识自然也就有很大的差异，因此，达成安全共识还需时日。联合国应加强外交攻势，弥合分歧，并就已经达成共识的部分安全问题先行立法，形成具体的制度，逐步推进，直至建立一个完整的情势认定法律依据。

## 第三节 安理会授权使用武力机制制度化的主要内容

### 一 改革授权决策机制

为提高授权使用武力机制的合法性起见，应该将其由《联合国宪章》的暗含权力改为明示权力，让安理会在授权决策时有明确的法律依据，减少合法性争议，增强实施的规则取向。安理会授权使用武力机制之所以面临着质疑，与其合法性不足有密切的关系。虽然授权使用武力根据安理会"暗含权力"的观点已经得到较为普遍的承认，但是国际组织的"暗含权力"是一个法律解释问题，由于解释的不同，依然会产生争议和抵触。所以，要彻底解决安理会授权使用武力机制的合法性问题，最好的办法是将其列入《联合国宪章》，可在第七章中另辟条款专门予以规定，或者直接在第四十二条中增补规定："在第四十三条及其相关条款生效以前，安理会可授权会员国代为实施执行行动。"鉴于《联合国宪章》直接修改的艰难性，可以由大会或安全理事会发布专门性的文件，以对《联合国宪章》第七章进行解释的方式，对授权使用武力进行规制。文件要在总结实践经验的基础上，尽可能完整地、清晰地表述安理会授权使用武力机制的准则、规则、监督和控制等内容，使其从派生机制和非正式机制变成正式机制。

改革授权决策机制的核心问题是安理会的决策权问题，这也是联合国整体改革、联合国集体安全机制改革的核心问题。自2003年美国以"预先性自卫权"为依据对伊拉克发动军事打击后，安理会的改革一直为国际社会所热议，各种改革方案都被提出，但十多年来几

## 第六章　安理会授权使用武力机制的制度化问题

乎毫无进展，到现在已经是一个老生常谈的问题。当前，安理会授权使用武力完全依据第三十九条进行情势判断，但授权程序基本上被美国及其盟友操纵，决策经常被质疑为缺乏公正性、合理性，改革是国际社会的共同期望和努力目标。然而，决策机制的完善只能取决于安理会的改革进展，包括在安理会、大会、秘书长、国际法院等架构之间进行职权分配的问题、为安理会制定明确的工作细则以加强其依法决策的问题，等等，这些方面已经有相当多的研究成果，无须笔者赘述。

对于安理会授权使用武力机制的决策来说，有一个方面仍然是值得讨论的：何种程度上的安全威胁或者说一种安全情势发展到何种程度，安理会才能够对其采取武力强制措施。换而言之，授权使用武力的具体标准或者条件应该如何确定，如何使授权及时有效，这是启动授权的关键性问题，应该制定法律标准或有相应的判断机制。

武力行动是一种以暴制暴的方式，破坏性是极其强大的。安理会授权使用武力的实践证明，无论是对侵略还是在维持和平行动中使用武力，军事行动都使当地的经济、社会急剧衰退，更不用说人道主义保护中使用武力实行人道主义援助，本身就制造了更大的人道主义灾难，如在索马里、利比亚等地的行动中不仅造成大批平民的死亡，而且引发了大规模的难民潮。从安理会授权使用武力机制的有效性分析可知，单纯的武力行动不可能实现国际和平及安全的目的，必须充分发挥联合国和平解决国际争端机制的作用，把武力当作最后的手段和措施。

运用和平解决国际争端办法的关键点和难点是对穷尽和平方法的把握和判断问题。以美国为首的西方大国出于其利益目标的需要，对安全情势从一开始就径直奔向武力措施而不是首先尽量、充分利用和平手段解决问题。在海湾局势中，安理会通过第660号决议后，美国的"独立号"航母等6艘舰只迅速开往海湾，并且制订了"沙漠盾牌"军事计划，向沙特和海湾地区大举运兵，英、法等北约国家也纷纷派出军事力量。8月10日阿拉伯首脑会议召开，20个阿拉伯国家中有埃及等12国同意派部队保护沙特，不久，20个国家参加的多国部队进驻沙特，到10月下旬双方各增兵20万和25万，实际上战事已经一触即发。并且侵略发生以后，美、英、法等国与伊拉克断绝了直接官方接触，更不要说官员往访。① 在海地局势中，美国海军曲解安理会决议，过早将军舰开往海地进行海上封锁；在利比亚局势中，北约对使用武力迫不及待，第1973号决议一通过便投入到空袭之中，与支持建立禁飞区的阿拉伯国家联盟以及其他国家最初的想法相悖，而2011年3月卡扎菲政府宣布接受安理会决议停止军事行动并且对对话持开放态度，说明了和平解决机会是存在的。这样明显的缓急不分地使用武力毫无疑问会被质疑为是否违反了和平解决国际争端原则。

"《联合国宪章》中最重要的原则和目的就是和平解决国际争端，只有在和平方法失败的时候，才能利用纯粹的集体授权和控制来恢复国际和平与安全。"② 和平解决国际争端原则不仅是对联合国会员国的要求，也是安理会所必须遵循的基本原则。对某一安全情势，安理会必须逐步加大制裁的力度，实现从和平性手段到武力授权的过渡，否则会被批评为滥用武力。这一点安理会在对安全情势的处理中已经注意到，在海湾局势中安理会并没有一开始就决定对伊拉克实施全面的军事行动，而是首先通过一系列决议进行经济制裁，压迫伊拉克撤军。在索马里维和中，安理会逐渐加大制裁的力度，实现联合国索马里行动从传统的维和发展到大规模使用武力的转变。联合国对波黑冲突的处理也是采取逐步升级的方式，加大授权的力度。然而，这里仍然有一个疑问，安理会在此过程中是否穷尽了和平解决争端办法？而又如何证明已经或者没有穷尽了和平解决争端办法？

海湾局势最终在美国的外交攻势之下走向了授权使用武力，在第

---

① 潘鹏：《海湾战争前夕随钱其琛出访中东四国——中国前驻伊拉克共和国大使郑达庸访谈录》，《百年潮》2015年第6期。

② Burns H. Weston, "Security Council Resolution 678 and Persian Gulf Decision Making: Precarious Legitimacy", *The American Journal of International Law*, Vol. 85, No. 3, 1991, p. 518.

## 第六章　安理会授权使用武力机制的制度化问题

678号决议规定的最后期限之前，第665号决议所实施经济制裁已经实施了五个多月。这就产生了一个问题，即在安理会决定采取武力行动之前，如何证明之前的经济制裁不充分？有学者认为在海湾战争中，美国从第660号决议开始就已经给伊拉克和平解决的机会，第678号决议也给予伊拉克最后的机会并且将行动时间后延到次年1月15日，这是用尽和平方法的表现。对这种认知，也有人表示反对，比如1990年12月萨达姆通过释放西方国家人质透露和解愿望。在索马里维和中，安理会反复加强授权的力度，最终导致行动由传统的维和演变为大规模的武装冲突。1993年3月26日安理会通过了第814（1993）号决议，用28000名维和人员替换了联合行动部队，这被称为二期联索行动。这个决议基于秘书长的一份报告，他在报告中指出，虽然，联合行动部队控制区域的总体安全形势已经慢慢改善，但是安理会在第794号决议序言第三段中认定的"对国际和平与安全的威胁"仍然存在。因此，如果不根据《联合国宪章》第七章赋予二期联索行动部队武力执行权，将无法完成上述任务。索马里行动最后失败，一个激进的秘书长显然未穷尽和平解决国际争端的方法，急于采用武力实践他的强制和平理论。在波黑局势中，从1991年9月25日到1995年4月28日的长达四年的时间里，安全理事会总计通过了73项关于南斯拉夫问题的决议，安全理事会主席补充了70条关于危机的陈述，[①] 联合国多次实行"救火式"的授权，以应对不断升级的危机局势，在北约实施了大规模空袭之后，波黑局势才最终趋于稳定。我们似乎可以认定安理会已经穷尽了和平解决国际争端的方法，但这也是基于经验主义得出的结论。

总结以上三个案例，安理会在授权使用武力决策的过程中坚持了和平解决国际争端的原则，但是由于穷尽和平解决国际争端方法的标准难以把握，最终还是因为各种因素留下了质疑的空间。所以，在这

---

① Murphy, S. D., *Humanitarian intervention: The United Nations in an evolving world order*, Philadelphia: University of Pennsylvania Press, 1996, p. 216.

个方面建立制度很重要,一个有效的办法是设立专门的专家团在授权之前评估和平解决国际争端的可能性及其效果,也广泛地向会员国及区域组织征询建议,为安理会决策授权使用武力提供咨询意见。"联合国是为关注国际争端的和平解决创立的,依靠军事手段的政策只是极端的、最后的办法。安理会授权使用武力必须根据《联合国宪章》关于减少国际社会中的暴力的目的来解释,不应当认为安理会授予的是可以根据宽泛的授权而推导出的大量使用暴力的权力。"① 无论如何,不能匆忙启动授权,也不因应各种因素的影响而终止和平方法,始终把授权置于以下五个正当性的基本标准之下:威胁的严重性、正当的目的、万不得已的方法、相称的手段和权衡后果。②

## 二 规范授权决议文本

安理会是联合国集体安全行动的共有决策机关,所以授权使用武力行动的真正开始其实是授权决议的发布。由于授权使用武力在《联合国宪章》中并无规定,授权决议几乎成为行动实施的唯一文本依据;而又由于授权使用武力是以委托代理的形式实施,决议实质上就是联合国与授权接受国家的"委托代理合同"。实践发现,决议文本最大的问题在于使用概括性、抽象性的模糊语言,为授权参与国的越权留下演绎和引申的空间。"基于《联合国宪章》的和平解决冲突和集体安全的原则,授权应该明确表达并客观使用,模糊不清的决议应该谨慎使用。"③ 作为整个授权行动实施的规范性文件,安理会授权决议文本措辞必须精确、严谨而不能含混不清,内容规定必须具有周

---

① Jules Lobel & Michael Ratner, "Bypassing the Security Council: Ambiguous Authorizations to Use Force, Cease-Fires and the Iraqi Inspection Regime", The American Journal of International Law, Vol. 93, No. 1, pp. 128 – 129.

② 名人小组报告《一个更安全的世界:我们共同的责任》,http://www.un.org/chinese/secureworld/ch9.htm。

③ Jules Lobel and Michael Ratner, "Bypassing the Security Council: Ambiguous Authorizations to Use Force, Cease-Fires and the Iraqi Inspection Regime", The American Journal of International Law, Vol. 93, No. 1, Jan., 1999, pp. 124 – 125.

❖ 第六章 安理会授权使用武力机制的制度化问题 ❖

全性、可识别性和可操作性,以使实施授权的国家按章行事,避免由授权决议的不明确造成实施上的偏离。

对于授权决议文本的缺陷,海湾战争后联合国和国际社会都有了反思,美国对武力的滥用更是引起了广泛的警惕。所以,相比于第678号决议寥寥数语的简单表述,此后的授权决议更详尽、更全面,看得出安理会试图对决议文本进行完善,力图以文本对行动实现规范。

在波黑局势中,安理会分阶段规定授权的任务,从确保运送人道主义物资的安全到执行禁飞区,再到保护安全避难所,逐步升级,将授权的目的进行分解。对索马里的人道主义干预安理会不但采取了类似的做法,而且第816号决议要求行动的执行日期要经过各方协调一致。同时,它增强了秘书长的作用,要求参与国必须与秘书长和联保部队密切协调,规定行动必须向安理会报告,报告包括对总体情况的定期报告以及对任何武力使用做出立即报告。在科特迪瓦局势中,安理会授权的目标和权限更明确,只能保护迫在眉睫的暴力威胁下的平民。[①] 授权决议的这些变化开始改变第678号决议"一授了之"的状态。另外,"限时条款"决议在波黑局势、索马里局势、卢旺达局势中都出现了。第814号决议按照秘书长的要求和美国的意愿将第一期联索行动扩大为第二期联索行动,但对于任务期限作了明确规定:"核可扩大的联索行动(第二期联索行动)最初的任务期限至1993年10月31日止。"在第886号决议中,安理会再次延长第二期联索行动的任务期限至1994年5月31日止。第929号决议对授权行动的时限作了明文规定:"决定同秘书长合作的会员国的任务期限限于本决议通过后的两个月,除非秘书长提早确定扩大的联卢援助团已能执行任务。"

但是,这些改变是零碎的、随机的,而当时所取得的效果正如有学者评论指出的:"在我们看来,安全理事会最近做出的努力以控制

---

[①] Christian Henderson, "International Measures for the Protection of Civilians in Libya and Cote d'Ivoire", *International and Comparative Law Quarterly*, Vol. 60, No. 3, 2011, p. 768.

授权的范围和程度，效果甚微。"① 由于授权协议的通过在安理会磋商的艰难性，第678号决议所形成的模式成为一个省时省力的通道，必须突破这个模式才能真正实现决议文本的完善，达到所期望的规范作用。从委托代理的执行方式来说，授权决议不仅仅是一个授权文本，也应该是一个限权文本——对接受授权的国家的代理行动实行限制；授权武力行动的实践证明，决议文本必须对授权的目的、效力范围、权限等实体性问题和程序性规则做出清晰、具体的规定，并成为一个完整的系统。

第一，在决定使用武力时，必须杜绝"采取一切必要手段"的笼统、模糊措辞，明确以"武力"代替之。实践已经证明，"采取一切必要手段"的措辞对于意欲采取武力行动的国家来说，不但没有任何的限制意义，而且纵容了其不加限制的武力使用手段和方式。必须对于武力使用的方式、手段、程度根据战争法、人道主义法和具体情况加以必要的限制。安理会授权使用武力需要引入相称性的概念，② "相称性应该是联合国安理会所有根据第七章做出的决议的一个基本原则，"③ 是使用武力的基本法律原则，④ "决定了实现目标真正所需要的力量"⑤，遵循相称性原则做出的决定才能称之为一个合理的

---

① Jules Lobel & Michael Ratner, "Bypassing the Security Council: Ambiguous Authorizations to Use Force, Cease-Fires and the Iraqi Inspection Regime", *The American Journal of International Law*, Vol. 93, No. 1, 1999, pp. 143 – 144.

② John Quigley, "The United States and the United Nations in the Persian Gulf War: new order or disorder?", *Cornell International Law Journal*, Vol. 25, No. 1, 1992, p. 17.

③ Julian M. Lehmann, "All Necessary Means to Protect Civilians: What the Intervention in Libya Says About the Relationship Between the Jus in Bello and the Jus ad Bellum", *Journal of Conflict and Security Law*, Vol. 17, No. 1, 2012, p. 133; Christian Henderson, "International Measures for the Protection of Civilians in Libya and Cote d'Ivoire", *International and Comparative Law Quarterly*, Vol. 60, No. 3, 2011, pp. 767 – 769.

④ Judith Gail Gardam, "Proportionality and Force in International Law", *The American Journal of International Law*, Vol. 87, No. 3, 1993, p. 391.

⑤ Judith Gail Gardam, "Legal Restraints on Security Council Military Enforcement Action", *Michigan Journal of International Law*, Vol. 17, No. 2, 1996, p. 305.

❖ 第六章 安理会授权使用武力机制的制度化问题 ❖

政策。①

第二，在授权使用武力的地区范围和任务规定上，尽量不要含混地使用"维持该地区国际和平及安全"的笼统性表述，而应该对地区范围做出限定，"执行授权的国家如果需要扩大行动范围必须申请额外的授权。"② 对目标任务做出具体的规定，"维持国际和平及安全"只能作为"目标获得"意义上的存在，必须在"问题解决"层面上依据具体安全情势做出具体的目标任务规定。一个可行的办法是分解执行，分地区、分步骤地授权，直至达到全部的授权目标。

第三，授权文本必须注意对每一个授权决议的时效做出明确的规定，不能交由会员国自行判断授权的开始和终止，以免留下后患。对持续时间长需要多次通过决议的安全事项，安理会应对每一次授权决议都设立"功能性最后期限"（functional deadline）。采取分阶段授权是一个很好的办法，在每一个阶段都"迫使安理会成员重新评估情势，根据形势的需要对干预行动做出调整。"③

第四，每次授权决议文本都应开辟专门的章节，用以建立专门的行动监督委员会和制定完善的报告制度，要求接受授权的会员国必须在行动中接受委员会的监督，应经常性地向安理会或其他监督机构提交详尽的、全面的报告。此项义务不能是一般的、松散性的，而是强制性的。

对于授权决议文本的完善，特别需要指出的是，必须注意决议文本规范的相对性。在任何的委托代理关系中，如果委托者不承认代理者的利益，委托代理关系就不能成立，委托者的利益因此也就无法实现。理性主义理论告诉我们，必须承认授权参与国的利益在其中的存

---

① Judith Gail Gardam, *Necessity, Proportionality and the Use of Force by States*, Cambridge: Cambridge University Press, 2004, p. 12.
② Jules Lobel & Michael Ratner, "Bypassing the Security Council: Ambiguous Authorizations to Use Force, Cease-Fires and the Iraqi Inspection Regime", *The American Journal of International Law*, Vol. 93, No. 1, 1999, p. 142.
③ Mehrdad Payandeh, "The United Nations, Military Intervention, and Regime Change in Libya", *Virginia Journal of International Law*, Vol. 52, No. 2, 2012, p. 400.

在，而且这种利益是高于其他旁观国家的额外利益。严苛的决议文本意味着对授权更多的限制，在限制代理者自主性的同时，也会降低会员国合作的意愿，而利益攸关国家则可能拒绝接受这种严苛的束缚。所以，授权使用武力机制改革隐藏的最重要问题是：在当前的授权模式下，必须接受以国际社会名义发动的战争在实现国际社会公共利益的同时，也实现授权参与国家的私利；更严格一点儿说，由于联合国力量的不足，其所期望的公共利益其实是随着授权参与国私利的实现而实现的。这其中一个可行的办法是安理会在拟定授权决议文本时，与有意参与授权行动的国家预先协商，就双方的利益需求和目标商定后，拟定相关条件写入决议文本。如此安理会也可以在其中挑选最适合行动的国家，对其指定性授权，而不必大而广之地"授权会员国"。这一措施的额外收益是减少了安理会授权行动中委托代理关系的逆向选择。

决议文本规范的相对性还在于军事行动的灵活性需要。严格的限制有可能导致授权变得过于狭窄，这会挫伤授权执行国完成任务目标的积极性，并且很有可能使国家无法充分有效的履行有关职责。[①] 因此，对于波黑、索马里和卢旺达等案例的借鉴需要有所甄别。换句话说，授权决议文本的完善需要确保相对和适度，需要根据具体的情形而定，不可能搞"一刀切"的统一标准。总之，在制定授权决议的过程时也必须留有一定的弹性空间，这样才能确保行动的执行国在一定程度上自由行动的权利，提高它们的积极性，从而增强授权机制的有效性。对于如何既保持军事行动灵活性的需要又能够实现规制，安理会在起草决议文本时应该进行军事评估，此项工作可以由军事参谋团承担。

---

[①] Tamar Hostovsky Brandes, Ariel Zemach, "Controlling the Execution of a Security Council Mandate to Use Force: Does the Council Need a Lawyer?" *Frodham International Law Journal*, 2013, Vol. 36, No. 3, pp. 682 – 683.

### 三 完善行动监督机制

授权行动实施脱离联合国的"视线"是安理会授权使用机制被诟病的最大问题。迄今为止,大多数授权在行动中都脱离了联合国控制,成为事实上的单边主义武力。就改革来说,仅仅完善决策机制和授权决议文本是不够的,因为无论如何精致设计的机制都会在实际运行中变形、走样。单靠规则,"无论阐述得多么细致,都不能使各国以文明的方式行事,"[①] 也不能保证其目的与价值的实现,授权行动不同于安理会的执行行动,要求接受授权的国家将军事指挥权交给联合国,可能性不大。为确保授权不被滥用,联合国应对其进行监督,为此,必须建立监督机构。

授权行动实施所面临的基本现实是行动的主导权被执行国所掌控,这是问题产生的原因。从根本上解决问题的方案当然是要求会员国将军队交由联合国指挥,这相当于在授权有效期间临时激活《联合国宪章》第四十三条,但这个构想在当前几乎是不可能实现的。在当代国际政治的现实中,由于国际社会无政府的结构性制约,民族国家对于自身安全的警惕和敏感是根深蒂固的,没有任何国家会轻易将军队的指挥权让渡给联合国。而且,授权本身往往针对的是比较严重的安全危机,行动的风险很高,国家出于自身军队的安全和行动成本也不会交出行动的指挥权。在问题的另外一个方面,即便会员国同意将指挥权交付联合国,安理会是否有足够的能力来组织协调来自不同国家的军队,也值得怀疑。"实际的作战指挥,更多的还是要靠各国自身的武装力量以及彼此间的联盟关系来实现,而不是简单地依靠联合国的组织架构。"[②] 所以,对于授权的具体实施所要做的不是对行动指挥权的争夺,而是应当更多地考虑如何建立行动监督机制,规范授

---

① I. Brownlie, *International Law at the 50<sup>th</sup> Anniversary of the United Nations: General Course on Public International Law*, 225 Recueil des Cours 1995, p. 209.

② Roberts, "The UN and International Security", *Survival*, Vol. 35, No. 2, 1993, pp. 15 – 19.

权参与国在行动中的行为，防止执行授权的会员国必定会因自己利益的需要而恣意使用武力，脱离联合国的轨道，偏离预定目标。

"权力的委派意味着某一实体（委托方）对其具体权力的转移，或者至少是对行使该项权力之权利的转移，这种权力的转移不一定是永久性的，委托方可以扭转权力的转移，并通过一定的方式对权力的行使做出进一步限制。"① 这种限制首先必须在授权决议文本中建立督导方案，其次要建立专门性的行动监督机制，监督机构随军行动，对整个行动过程进行监督，有权要求实施授权的国家对军事行动进行整改。由于军事参谋团本身出自《联合国宪章》规定，因此可将军事参谋团改造成为一个授权行动的监督机构或赋予其相关的职权。这样既避免了大幅度的修改《联合国宪章》，又在一定程度上增强了安理会对授权的控制力，相信该方案是能够为国际社会所接受的。

在对行动的监督执行中，发挥秘书长的作用也是重要的监控方法。《联合国宪章》第九十九条赋予秘书长将其所认为的可能威胁国际和平及安全之任何事件提请安理会注意的权力，在具体的实践中，秘书长的职权具有相当大的弹性。例如，在联合国维持和平行动上，秘书长形成了独特的危机处理机制，其中包括预防外交、情报网络信息、斡旋谈判机构以及秘书长派驻冲突地区的高级代表等。秘书长在调查研究的基础之上，可以对国际危机和安全情势享有更大的发言权，对安理会的授权决策和具体行动等相关事宜提出建议。"基于秘书长在国际争端解决中不断加大的作用，联合国应制定决议文件，进一步发挥秘书长的政治主动作用，同时也要对之进行规范。"② 在授权的实施过程中，秘书长也可以通过报告制度进一步约束有关的行

---

① H. Schermers & N. Blokker, *International Institutional Law*, *Unity within Diversity* (3rd revised edition), The Hague: Martinus Nijhoff Publishers, 1995, p. 156; Danesh Sarooshi, *The United Nations and the Development of Collective Security*, *The Delegation by the UN Security Council of its Chapter VII Powers*, Oxford: Oxford University Press, 1999, p. 7.

② 戴轶：《联合国集体安全制度改革问题研究》，中国社会科学出版社2014年版，第53页。

动。在这方面已经有很多先例,例如第 1973 号决议第 12 段规定:"请秘书长立即向安理会通报有关会员国为履行上文第 8 段的授权而采取的任何行动,并在 7 天内向安理会报告本决议执行情况,包括关于违反上文第 6 段规定的禁飞的信息,其后每月报告一次。"因此,应当赋予秘书长在这一环节中更多的权力,协助安理会对授权行动实施监督。例如规定秘书长有权要求授权参与国对行动做详尽的报告,秘书长有权派遣自己的高级代表展开调查研究,对行动中存在的问题给出自己的观点和建议,然后起草一个附属文件连同会员国的报告一并上交安理会,并提请它注意。

**四 建立效果评估机制**

迄今为止,联合国从未对任何一次授权使用武力行动在事后进行有效性评估,更没有对行动参与国的越权行为进行责任追究,这不但不利于总结经验,改正缺陷,对授权使用武力机制进行改进提高,而且责任机制的缺失会使授权参与国明目张胆,有恃无恐,不利于授权有效性的提高。因此,一个完整的授权使用武力机制应该包括行动结束后的评估机制,这个评估机制应该包括紧密相连的两个方面,一是效果评估机制;二是责任追究机制。

所谓效果评估机制,就是在每一次授权行动结束后,对有效性的程度进行评估,对其中存在的问题进行审查。鉴于推动授权、实施授权的国家主要是安理会常任理事国,为保证评估的公正性,评估权应该交由联合国大会执行。

依据《联合国宪章》的规定,大会是可以赋予此等职权的。首先,《联合国宪章》赋予了大会有参与讨论安理会有关事项并作出建议的权力。《联合国宪章》第十条规定:"大会得讨论本宪章范围内之任何问题或事项。"第十一条规定:"凡对于需要行动之各该项问题,应由大会于讨论前或讨论后提交安全理事会","大会对于足以危及国际和平与安全之情势,得提请安全理事会注意。"大会的这一权力在国际司法实践中得到了证明,国际法院在"关于某些经费案"

中的咨询意见中认为,《联合国宪章》第十一条所指的"行动"应当是安理会根据第七章规定所采取的强制行动,而不是大会所要采取的一切行动。① 所以,该项权力能够适用于安理会授权使用武力行动。其次,《联合国宪章》赋予了大会对安理会职权行使的审查权。第十五条规定:"大会应收受并审查安全理事会所送之常年报告,该项报告应载有安全理事会对于维持国际和平及安全所已决定或施行之办法之陈述。"第二十四条规定:"安全理事会应将常年报告、并于必要时将特别报告,提交大会审查。"可见,安理会理应要对大会负责。总之,《联合国宪章》的规定潜在地赋予联合国的第二大核心机构大会在维护国际和平与安全中的突出地位。② 大会作为联合国名义上的最高权力机关,对授权使用武力行动进行评估是其职权范围之内的事情,安理会及其他任何大国均无法阻止。

所谓责任追究机制,就是大会将在效果评估中发现的越权行为做出专门报告移交给国际法院,由国际法院做出裁决追究违法者的责任。"在其责任规则上首先要区分由安理会承担的责任和由行使授权的会员国承担的责任。对于超出授权目的、权限,滥用授权的行为,自然应追究相应行为者的责任。其次要规定违反授权规则后承担责任的具体性质和方式,赔偿或承担战后一定范围的重建应是主要的责任形式。"③ 在过去长期的安理会授权使用武力行动中,"一个国家联盟的成员在安理会授权之下采取行动违反战争法、违反国际人道主义法公认的准则,它们的所作所为是不是符合国际法下的国家义务,实际上将不会被有效地仔细检查(或称'调查')。"④ 责任追究机制将改

---

① Certain Expenses of the United Nations (Article 17, paragraph 2, of the Charter) (Advisory Opinion) [1962] ICJ Rep 151, at 178.
② AJ Carswell, "Unblocking the UN Security Council: The Uniting for Peace Resolution", *Journal of Conflict & Security Law*, Vol. 18, No. 3, 2013, p. 455.
③ 戴轶、李文彬:《试论安理会授权使用武力的法律规制》,《现代国际关系》2008年第4期。
④ [奥]汉斯·科勒:《联合国、国际法治与恐怖主义》,何志鹏译,《法制与社会发展》2003年第6期。

变这种状态,这是震慑接受授权国的不轨企图、制约滥用授权的有效手段。

## 第四节　安理会授权使用武力扩大适用的法律控制

### 一　对人道主义危机授权使用武力的法律控制

人道主义干涉(humanitarian intervention,也称人道主义干预)现象可以追溯到16世纪,甚至更早,到19世纪则已频繁出现,[①] 各个时期都有国际法和国际政治学者对其从不同的方面开展研究。人道主义干涉,就其本质而言,是外部力量对一国内政的强力干预。当前,国际社会出现了两种并行的情况:一是传统的由一国或多国联合采取的单方面干涉(unilateral intervention),1999年的北约干涉南联盟事件将之推到了一个新的高潮;二是依据联合国宪章第七章,由安理会授权采取的集体干涉(collective intervention),即"联合国人道主义干涉"(U.N. Humanitarian Intervention),[②] 这类情形在20世纪90年代后已多次出现。人道主义干涉的合法性一直存在着争议,争论的各方各执一词,未有定论。

一些国际法学者认为人道主义干涉已经构成习惯国际法。方廷(Fonteyne)认为:"虽然,对于在何种条件下能够诉诸人道主义干涉,以及人道主义干涉应该采取何种手段,存在着明显的分歧,但

---

[①] 主要事例有:1827年英、法、俄三国支持希腊反土耳其的起义。1856年英国和法国对西西里的干涉。1860—1861年英、法、奥、普、俄对叙利亚的干涉。英、法、俄等国相继于1866—1868年干涉克里特岛,在1876—1878年干涉波斯尼亚、黑塞哥维那、保加利亚和马其顿。美国在1898年干涉反对西班牙在古巴的行动。

[②] Richard B. Lillich, The role of the U. N. Security Council in Protecting Human Rights in Crisis Situations: U. N. Humanitarian Intervention in the Post-Cold War World, Tulane Journal of International & Comparative Law, Vol. 3, 1994.

是，人道主义干涉原则本身已被广泛地接受为习惯国际法的组成部分。"① 持这种观点的学者主要依据格劳秀斯等早期国际法学家的学说——早在17世纪，格劳秀斯就提出，在原则上，一国君主得向正为反对本国暴君而斗争的他国人民提供合法的援助。伊恩·布朗利对此总结道："万国公法的古典法理学家，包括被称为国际法之父的格劳秀斯，都认为惩罚不法行为的战争是正义战争。大多数法理学著作均承认，到19世纪末已存在着一种称为人道主义干涉的权利。"② 另外，还有些学者认为，联合国成立以来人道主义干涉的实践并没有停止的事实，③ 足以确认人道主义干涉是持续有效的一项习惯国际法上的权利。

但另外一些国际法学者持反对意见。贝耶林（Beyerlin）认为："由于少数学者以严格的不干涉原则为依据，坚决否定人道主义干涉的学说，因此，近代人道主义干涉是否已明显地确定为习惯国际法存在着争论。尽管有许多所谓人道主义干涉的先例，但是通过更仔细的研究就能发现，仅仅只有几个案例能证明是名副其实的人道主义干涉的例子。"④ 伊恩·布朗利在研究人道主义干涉的历史后，更是持坚决的否定态度："从来就没有真正的人道主义干涉的实例。"⑤

国际法学者争论的焦点实际在于是否有真正的人道主义干涉实

---

① L. Fonteyne, The Customary International Law Doctrine of Humanitarian Intervention: Its Current Validity under the U. N. Charter, California Western International Law Journal, vol. 4, 1974.

② Ian Brownlie, International Law and the Use of Force by States, Oxford University Press, p. 338.

③ 1945年以来发生了若干以人道主义为理由的对他国的单方面武力干涉事件。例如，1948年的第一次阿以战争，1964年美国和比利时两国在刚果的军事营救行动，1965年美国入侵多米尼加共和国，1971年印度入侵东巴基斯坦，1975年印尼入侵东帝汶，1976年南非入侵安哥拉，1978年比利时和法国在扎伊尔的军事营救行动，1983年美国武装干涉格林纳达等。参见黄惠康《国际法上的集体安全制度》，武汉大学出版社1990年版，第257—261页。

④ Beyerlin, Humanitarian Intervention, in R. Bernhardt ed., Encyclopedia of Public International Law, vol. II, Amsterdam, 1995, p. 927.

⑤ Jan Nederveen Pieterse ed., World Orders in the Making: Humanitarian Intervention and Beyond, London, 1998, p. 198.

## 第六章　安理会授权使用武力机制的制度化问题

践的存在,仔细分析19世纪以来的实例,可以发现,人道主义干涉只是干涉国推行其政治、经济或其他利益的借口,一旦没有利益牵涉其中,各个国家就明显的没有兴趣参与干涉行动。这一点不但和人道主义干涉所强调的单纯人道主义动机是相违背的,而且使之缺乏反复且前后一致的行为实践,因而也就难以在国际社会形成一致的法律认知。因此,无论从形成习惯国际法所必备的"物质因素"还是"心理因素"来看,人道主义干涉都不能成为一项习惯国际法。

另外,从存在的证据来看,无论是在国家间的条约、宣言、声明等各种外交文书中,还是在国际组织的判决、决议和实践中,都找不到支持人道主义干涉成为国际习惯规则的证据。不只是发展中国家,一些西方国家政府也曾经明确反对将人道主义干涉看成是习惯国际法上的一项既有权利。英国外交部的一份政策文件对此曾如此评评:"当代国际法学者中的绝大多数反对国际法中存在着一项人道主义干涉的权利,主要原因有三:一是《联合国宪章》及现代国际法制度中都未明确纳入这项权利;二是国家实践中只有为数不多的人道主义干涉先例,然而对过去两个世纪中特别是1945年以来的先例加以仔细评估,实际上真正为人道主义而使用武力的情形一个也没有;三是从谨慎的立场上看,对人道主义干涉的权利加以滥用的程度足可以否定这项权利的产生。"[①]

从另一方面说,即使人道主义干涉已经形成习惯国际法,但随着联合国的成立,除自卫权外的单方面武力已被宣布为非法,任何单方面的干涉行为因此也应废止,这在联合国的司法实践中已经多次得到了确认。例如,1949年,国际法院在"科孚海峡案"中判称:法院只能把英国所主张的干涉权看成是武力政策的表现,这种权利在过去曾多次被严重地滥用。当今,不论国际机构有多少缺陷,这种权利都

---

[①] 李兆杰:《国际法上的"人道主义干涉"问题》,http://www.lawintsinghua.com/content/content.asp? id = 170。

不能在国际法中有任何地位。以本案中这种特定形式进行（在阿尔巴尼亚领土上收集证据）的干涉同样是不能被接受的，因为从事情的本质来看，这种权利会保留给最强大的国家，并且可能会很容易地引起对执行国际法本身的滥用。1986年，国际法院又以同样的理由在"尼加拉瓜军事和准军事活动案"中判称：在当代国际法中，不存在一项一般的干涉权，如果一行为构成对不干涉原则的破坏，并由此引起直接或间接的使用武力，这一行为同时构成了对国际关系中不使用武力原则的破坏。

所以，人道主义干涉已经构成习惯国际法的理论是不能成立的，无论在理论上还是实践上，都无法确认是一项既有的国际法上的权利，国家不能以人道主义灾难为由主张对他国使用武力。

20世纪70年代，美国一些学者又纷纷提出人道主义干涉合法的新论说。他们认为，对《联合国宪章》第二（4）条应作限制性解释，即禁止使用武力或武力威胁原则仅仅是直接针对侵犯各国"领土完整"和"政治独立"的行为，对保护人权并没有形成限制。因为，从广义来说，对人权的国际保护也包含在联合国宗旨之中，如出现特别严重侵犯人权的情形，使用包括武力在内的各种措施是符合宪章规定的，出于人道主义动机的武力使用，不但不与联合国宗旨相抵触，而且能够提供必要的人权保护措施，所以，《联合国宪章》第二（4）条并没有将使用武力的特殊形式——人道主义干涉排除出去。

以美国这些国际法学者为主体的人道主义干涉的支持者们又进一步提出，由于宪章第二（4）条规定的目标是将在国际关系中使用武力的可能性降至最低程度，在某些极端的情况下，这与宪章的另一个目标——对人权的国际保护，必然发生冲突。因此，他们主张，在特定情况下，必须在冲突的最低限度化和人权的法律保护这两种目的之间保持适当的平衡，当人权受到严重侵犯时，保护人权原则要优先于禁止使用武力原则。赖斯曼与麦克杜格尔教授为此还引用宪章第五十

## 第六章 安理会授权使用武力机制的制度化问题

五条和第五十六条来加强这一观点。① 简而言之,他们认为宪章第二(4)条的法律效力是以联合国成功地履行其保护人权的职责为前提条件的,如果联合国不能有效地采取措施保护人权,那么其他国家则有权对严重违反人权的国家实行人道主义干涉。这种观点实质上是主张把人道主义干涉作为禁止使用武力或武力威胁原则的一项例外。

这种观点从《联合国宪章》本身出发,依附于宪章的宗旨、原则来进行论证。联系这种观点提出的时间段,我们可以发现,它其实是人权保护随着人类社会的发展越来越受到重视的结果,是对《联合国宪章》相关条款在新的时代背景下的重新阐释。这种新观点在国际法上提出了一个新的人权价值取向问题,主张人权价值高于和平与安全价值。但能否为国际社会所接受,则肯定会有不同的声音。

显然,作为一种特殊形式的使用武力或武力威胁,人道主义干涉合法与否直接与宪章第二(4)条的解释密切相关。针对这种新型的限制性解释,国际法学界提出了另外一种扩大性的解释。扩大解释论认为,只有根据第二(4)条起草者的真实意图,并在同宪章第三十九条、第五十一条和第五十三条规定相结合的基础上,才有可能对《联合国宪章》这一条款的规定做出全面和令人信服的解释。

首先,"领土完整或政治独立"的措辞是在旧金山会议上应弱小国家的要求加进去的,其目的是将禁止使用武力的规定更加具体化,而绝非是为所谓的人道主义干涉设定的条件。

其次,该条款所禁止的不是侵害一国"领土完整或政治独立"的目的,而是侵害一国"领土完整或政治独立"的行动本身。使用武力干涉一国的行为,即使是出于保护人权的人道主义动机,也侵害了

---

① 第五十五条:"为造成国际间以尊重人民平等权利及自决原则为根据之和平友好关系所必要之安定及福利条件起见,联合国应促进:(子)较高之生活程度,全民就业,及经济与社会进展。(丑)国际间经济、社会、卫生及有关问题之解决;国际间文化及教育合作。(寅)全体人类之人权及基本自由之普遍尊重与遵守,不分种族、性别、语言或宗教。"第五十六条:"各会员国担允采取共同及个别行动与本组织合作,以达成第五十五条所载之宗旨。"

被干涉国的"领土完整或政治独立",因为,干涉必然导致要求改变被干涉国的国内权力结构以保证对人权尊重的实现,从而也就破坏了被干涉国的政治独立。

基于以上两点,扩大解释论者认为,应将禁止使用武力或武力威胁原则扩大适用于一切干涉行为,人道主义干涉是违背宪章第二(4)条立法本意的非法武力,不能接受将其作为一项例外的观点。

对宪章第二(4)条的两种解释实质上是国际法两种价值观的争论,即人权与主权哪个是国际法的第一价值取向问题。限制性解释遵从于国际法的发展趋势,主张人权高于主权;扩大性解释则立足于在目前的国际现实,主张主权高于人权。由于《联合国宪章》对条款的解释问题并没有进行具体的规定,无论是哪种解释都难以在国际社会得到一致的认可。一般来说,发达国家持限制性解释,而发展中国家则持扩大性解释,双方各执一词。西方大国以限制性解释为自己单方面的人道主义干涉进行合法性辩护,发展中国家则以扩大性解释抵制外来的人权干涉,而这其中涉及的问题又不仅仅只是法律价值冲突这么简单。

(一) 授权武力干涉人道主义危机的法律问题

"冷战"后地区冲突升级,国内冲突也频繁出现,由此引发的难民潮、人道主义灾难等问题引起国际社会的关注,人权与和平之间的密切联系重构了许多政府与学者对人道主义干涉的观念,人权与民主议题成为人道主义干涉讨论中的重要组成部分。1992年安理会举行特别会议并发表声明,称:"国家间没有战争和军事冲突本身并不能确保国际和平与安全。在经济、社会、生态和人道主义等方面的非军事的不稳定因素已构成对和平与安全的威胁。联合国成员国作为一个整体,在相关机构的工作中,需要最优先解决这些问题。"基于这种观念,安理会在"冷战"后实施了一系列人道主义干涉行动。

安理会授权在索马里采取的武力行动被公认为第一次由安理会决定采取的人道主义行动。1992年12月3日安理会通过了第794号决议,断定"索马里的冲突导致了巨大的人类灾难,这种灾难由于分发

❖ 第六章 安理会授权使用武力机制的制度化问题 ❖

人道主义救援物资受阻而进一步加剧,从而构成了对国际和平与安全的威胁",该决议援引《联合国宪章》第七章,授权联合国秘书长和有关会员国"使用一切必要手段以尽快为在索马里的人道主义救援行动建立一个安全的环境",恢复索马里的"和平、稳定、法律和秩序"。该决议明显没有提及索马里局势已经或潜在地产生对外部的影响,而是认定索马里国内局势本身就能成为联合国行动的正当理由,这在安理会的历史上是没有先例的。以此为开端,一国内部的人道主义灾难从此成为安理会启动强制措施的事实依据。至目前,人道主义干涉已经成为联合国集体安全行动的惯例。安理会的实践事实上已经把国内冲突特别是侵犯人权与国际和平与安全联系起来,认定人道主义危机构成一种新的威胁形式。

相比于单方面的人道主义干涉,联合国对人道主义危机实施的集体干涉较少受到国际社会的批评。大部分国家认为,当人道主义干涉被联合国授权后,法律情况就发生了变化;这种多边行动如通过正式的国际程序,例如安理会投票表决的授权,就应当是合法的。虽然如此,但也有相当多的学者对联合国采用武力救济严重违反人权的情势及其中涉及的问题提出了质疑。

第一,安理会是否有权对人道主义危机适用宪章第三十九条?虽然《联合国宪章》序言也宣布,创建联合国是为了"重申对基本人权之信念",并"促成大自由中之社会进步及较善之民生",但对基本人权的保障却被规定为经济及社会理事会而不是安理会的职权,人类安全是被排除在联合国集体安全体制之外的,集体安全体制与人权保护体制在联合国系统内是互不相干、彼此独立的两种制度安排:一套是以主权为核心价值的国际法规范,另一套是以人权为核心价值的国内法规范。安理会对人权灾难发生国进行人道主义干预,即是以人权挑战主权,其合法性必定要受到质疑,甚至会被抵制。

第二,安理会依照何种标准对人道主义危机适用宪章第三十九条?即使从文本解释的角度可以为联合国人道主义干涉行动在宪章中找到相应的条款,认定安理会有权对人道主义危机采取强制措施,但毕竟宪章中相关条款的规定多是原则性的，集体使用武力以救济人权在宪章中仍然是个没有明确规定的问题。在法律规范缺失的情况下，安理会依照什么标准裁定一国境内的人道主义危机是对国际和平与安全的威胁？是把一国境内冲突和大规模的侵犯人权看作是正在构成对国际和平与安全的威胁？还是必须存在一些跨越国界的对外影响？或者另外设立标准？为什么欧洲的人道主义灾难就是对和平与安全的威胁，而非洲的同样情势却无人过问？

第三，安理会如何保证人道主义干涉的公正性和有效性？集体人道主义干涉的依据是《联合国宪章》第七章，但《联合国宪章》中并未出现"人道主义"这一措辞，更没有规定具体的操作规则。那么，一系列的实质性问题，如人道主义干涉的范围和规模，被授权干涉方的权利和义务，如何确定并使之不被强权控制？制度缺失是集体干涉的现实困境，只要这些问题尚未解决，集体干涉就难以实现其正义性和有效性。例如，1992年开始的联合国授权以美国为首的多国特种部队干涉索马里的行动，耗时27个月，耗资20多亿美元，夺去了132名维和士兵和1万多名索马里平民的生命，但是被干涉后的索马里局势反而迅速恶化，人道主义灾难加剧，国际社会至今依然为索马里问题困扰不已。

事实证明，联合国从20世纪90年代以来的人道主义干涉行动，并不尽如人意，甚至与初衷相距甚远，遭到很多国家和研究者的批评。安理会职权的扩大，带来了行动的随意性；人权情势断定法律标准的缺失，使安理会的决策常常被西方大国操纵；实施规则的缺失，难以保证干涉的效果。联合国人道主义干涉在实施多年后，已经步履维艰。

（二）规范联合国人道主义干涉的法律构想

人道主义干涉的再度复兴已经构成了对联合国集体安全武力使用制度的一种挑战，可以预见，随着人类社会的发展，人道主义干涉将会在国际关系中占有越来越重要的地位，也将会越来越频繁地出现。"尽管有许多国家反对，可如今在发生大规模严重侵犯人权（如种族

❖ 第六章　安理会授权使用武力机制的制度化问题 ❖

屠杀）时，进行人道主义干涉已经被认可。这一点也可以从认定基本人权为强制性国际法准则中反映出来。"① 基于人道主义干涉的价值，承认其法律地位已经不可避免。

虽然，安理会的实践事实上已经将人道主义干涉纳入集体安全制度的范畴，但是，国际法上人权与主权两套不同的规范系统，导致了在法律层面上的人权保护与尊重主权之间的长期冲突。这在实践上给联合国的集体安全行动带来了困难：面对巨大的人道主义灾难，要么因为制度设计上的"画地为牢"而行动迟缓，致使灾难扩大；要么迫于西方大国的压力，对灾难发生国进行人道主义干预，结果其合法性受到广泛质疑。② 由此造成几乎每一次联合国的人道主义干涉都伴随着质疑，甚至抵制，严重影响了行动的效果，只有通过立法解决人道主义干涉的合法性困境，进行规范化和制度化的管理，才能使之真正发挥保障人权、促进和平的作用。

在目前的国际关系中，以宪章第七章为依据采取干涉行动是唯一能以武力保护基本人权的可行性手段和可接受方式。当前，联合国集体人道主义干涉虽然获得了安理会的授权，在程序上具有了合法性，但在宪章的规定中找不到任何的实体规定作为依据，因此，应允许联合国集体人道主义干涉构成《联合国宪章》第二（4）条的例外，明确赋予联合国人道主义干涉的合法性地位。从而使依《联合国宪章》建立起来的集体安全体制在作为保护国家主权（国家安全）体制的同时，也成为一种保护基本人权（人类安全）的体制，使调整国家之间关系的国际法同时也具有协调国家权利与人民权利的宪法功能。③ 联合国大会可以就此提出一项原则性的草案提交各国讨论通过，形成决议，或者由安理会和国际法院通过对宪章有关条款的重新解释来

---

① ［德］马蒂亚斯·海尔德根：《联合国与国际法的未来——现代国际法体系基本价值及其有效保障》，《世界经济与政治》2004 年第 5 期。
② 古祖雪：《从伊拉克战争看国际法面临的冲击与命运》，《法律科学》2004 年第 3 期。
③ 古祖雪：《联合国改革与国际法的发展》，《武大国际法评论》第五卷，武汉大学出版社 2006 年版，第 19 页。

实现。

赋予人道主义干涉完全的合法性地位，其中最难解决的是人权与主权之间的冲突问题。在这一点上，广大发展中国家有必辨明理想与现实之间的矛盾，因为，无论如何义愤填膺地谴责单方面的人道主义干涉对主权的侵犯，也无损于西方大国的我行我素。承认国际关系人本化的发展趋势，承担主权保护人权的责任，思考怎样合理地、恰当地运用人道主义干涉才是务实的、理性的态度。把人道主义干涉制度化，纳入国际法治轨道，无论如何都要比任由大国推行其独断意志好得多。而联合国在对人道主义干涉立法规制的过程中，也必须注意人权的国际保护与国家主权之间的矛盾，应重申国家主权原则和不干涉原则，明确人道主义干涉是不干涉内政原则的一个例外。因为，在人权与主权相互制衡的关系上，主权仍是第一性的，人权的国内管辖、国际保护和国际合作都不可能脱离主权原则这一基石来进行。人道主义干涉只是非常情况下的非常措施，并非普遍性行为，仅仅只能作为主权原则的例外而必须予以严格的限制。

虽然，在法律上允许外力以人道的理由对一国内部事务进行武力干涉，但仅仅只能接受集体方式的干涉。在复杂的国际政治中，单方面人道主义干涉往往发生在伦理价值和强权政治利益交织的情况之下。① 因此，"不管《联合国宪章》文字上是怎样措辞的，其精神实质就是：如果需要进行人道主义干涉，就不应由某一国单方面来进行，而应由联合国代表国际社会来进行。"② 未经安理会授权而直接动用武力采取干涉行动，将危及建立在《联合国宪章》基础上的国际安全体系的核心。但法律地位的不明确使单方面人道主义干涉处在是与非之间的灰色地带，大大增加了滥用的危险性。为了杜绝种种辩解，联合国应明确宣告单方人道主义干涉属非法行为，任何绕过安理

---

① Aoi Chiyuki, Conditions for Change in the Norms Governing Humanritarian Intervention: National interest, Human Rights, and Justifiability of intervention, Columbia University, 2002, p. 1.

② ［加］约翰·汉弗莱：《国际人权法》，世界知识出版社1992年版，第92页。

◆ 第六章 安理会授权使用武力机制的制度化问题 ◆

会的干涉行动都应承担相应的国家责任。

综合人道主义干涉的历史和国际关系的现实,将人道主义干涉实现制度化,下列建议是值得考虑的。①

第一,一国如向安理会提出干涉请求,或安理会动议实施人道主义干涉,必须有充分的证据表明,确实存在已构成国际罪行的大规模侵害基本人权的行为,应明确"基本人权"仅限于"生命权、人身安全权","大规模"指侵害对象是某一广泛群体,"国际罪行"仅指处于国际刑法体系最高层次的严重危害人类和平安全的犯罪(如反人类罪、灭绝种族罪和种族隔离罪),并以相关公约的标准衡量之。

第二,干涉的对象只能指向实施、纵容侵害人权行为的政府或者是无力制止侵害行为的"失能政府"。内战不能成为人道主义干预的理由,只有发生交战方对平民、俘虏进行大规模屠杀、奴役等情形才可适用人道主义干涉,应区分内战与大规模侵犯基本人权的行为。

第三,除紧急情况外,须遵循"救济耗尽"原则,只有和平手段均告失败后,才能诉诸武力。武力使用应与情势的严重程度相称,应采取使被干涉国损失最小的方式。

第四,干涉前须进行预期评估,而且预期结果必须是有益的,起码是无害的,才可以实施行动,不得违反国际人道法。干涉权限仅限于制止人道主义灾难,不能扩大为重组国内政治机构。一旦干涉行动达到了预期效果,干涉方的武装力量应迅速从被干涉国撤出。

欲使人道主义干涉能够在联合国集体安全的轨道上进行,仅靠上述实体性规定还不够,还必须在程序规则上做相应的改革,并建立相应的配套机制。

---

① Michael Doyle, Ways of Peace and War: Realism, Liberalism and Socialism, Now York, 1997, pp. 396 - 402. Jonathan I. Charny, Anticipatory Humanitarian Intervention in Kosovo, The American Journal of international law, Vol. 93, 1999, pp. 834, 839 - 840. 杨泽伟:《人道主义干涉在国际法中的地位》,《法学研究》2000 年第 4 期。时殷弘、沈志雄:《论人道主义干涉及其严格限制——一种侧重于伦理和法律的阐析》,《现代国际关系》2001 年第 1 期。伍艳:《浅议人道主义干预的立法规制》,《现代国际关系》2002 年第 10 期。

首先，改革调查程序。对人道主义危机情势进行公正的调查，是保证干涉行动正义的前提。如果对事实没有一个统一而权威的认定，每一方都会根据自己的利益需要来描述情势，人道主义干涉的合法性就会陷入争执不休的困境。现行国际法缺乏对相应程序的明确规定，致使单边调查（即个别国家的自行取证）有机可乘，个别国家出于私利歪曲事实误导国际舆论，北约在科索沃的单边调查就是一个明证。为保证调查的公正性，应明确宣布单边调查是无效的，规定安理会或联合国大会是调查人道主义危机的唯一有权机构。依据《联合国宪章》第三十四条的规定，安全理事会享有调查任何国际安全情势的权力，应以此为法理依据，在安理会设立"人道主义危机调查委员会"，或者根据具体情势需要设立临时的、特别的调查机构。鉴于以往的经验，还应规定调查委员会组成人员的资格和条件，加强广泛性和代表性，规定利益相关国家回避制度，杜绝大国把持调查权的情况出现。

其次，构建紧急程序。对于人道主义危机的紧急情况，集体安全机制应有能力做出迅速的应对，因此，设计紧急程序殊为必要。当紧急发生人道主义灾难，联合国大会、成员国和意欲进行干涉的国家可以向安理会申请启动紧急程序，提交初始证据，申请实施武力，以阻止人道主义灾难的蔓延。安理会在接到申请后应立即成立调查委员会，并通知干涉目标国。鉴于安理会决策效率低下的现实，紧急程序应规定期限，要求安理会对是否立即使用武力做出初审决定，初审中安理会不适用"大国一致原则"，由安理会多数票通过，干涉目标国在此期间亦有权提供反证进行抗辩。初审决定做出前只可启动宪章第四十条的临时措施，禁止使用任何武力。若初审认为应予立即干涉，动议的干涉方因此获得初步授权。但初审决定不影响安理会最终决定确认权，安理会有权对初审进行审议，初审决议及依其做出的干涉行动应该无条件服从安理会终审。

再次，完善监督和报告制度。为防止大国及其控制的区域组织假联合国之名谋取自己私利之实，完善监督和报告制度是保证干涉公正性的必要条件，其程序设计可包括三个层面：一是安理会设立专门监督团对被授权国的军事行动进行实时、实地的监控，确保武力不被滥用，监督团直接对安理会负责，其成员组成应排除被授权国的代表。二是充分发挥联合国大会和秘书长在人道主义干涉中的监督和协调作用，对干涉行动的全过程（包括调查、决策、出兵等）进行监督，由其接受被干涉国和国际舆论的投诉，展开调查并提请安理会予以注意和纠正。三是对被授权的国家和区域组织向安理会的报告规定严格的格式、内容要求，杜绝以往被授权方报告含糊其辞、虚与委蛇的情况。

最后，建立评估制度和援助程序。人道主义干涉的初衷在于保护被侵犯者的基本人权，达到恢复人权、保护弱者、促进人权发展的人道主义目的。这必定要求干涉结果必须有益于至少是无害于被干涉国的人权。然而，良好的动机并不必然导致良好的结果，战争难免殃及无辜者，甚至可能引发更大的人道主义灾难。因此，联合国对每一次人道主义干涉的效果进行评估殊为必要。依照《联合国宪章》，大会具有审议机构的职能。安理会干涉行动结束后的一定期限内，必须将有关该次干涉的调查报告、所有决议、实施情况等做成汇报，提交联大审议，由大会组成专门机构进行评估并最终由大会多数票通过决议。对于干涉方滥用武力，违反国际人道法，情节严重构成国际罪行的应提交国际刑事法院审理。对干涉行动造成的不良性后果（如环境污染、饥荒、难民等），应作区别处理：若因干涉国过错所致，应责令其对被干涉国实施经济赔偿或采取其他补救措施；若并非干涉国责任，联合国则应对被干涉国进行援助或给予适当的经济补偿，甚至进行战后重建。

## 二　对国际恐怖主义授权使用武力的法律控制

在国际关系史上，以武力打击国际恐怖主义的行为屡有发生，但阿富汗战争则具有标志性意义——首开大规模武力打击国际恐怖主义之先河，并获得安理会的承认与支持。2001年"9·11"事件发生后，美国宣布基地组织头目本·拉登为恐怖袭击的主要嫌疑犯，要求为其提供庇护的阿富汗塔利班政权交出本·拉登，遭到拒绝后，于10月7日至12月16日，联合英国，以自卫权为法律依据，对阿富汗进行了军事打击，摧垮了阿富汗塔利班政权——是为阿富汗战争。阿富汗战争给联合国集体安全机制的武力制度提出了新的问题：如何规范在打击国际恐怖主义中的武力使用？

国际恐怖主义的产生有其深刻的政治、经济根源，武力打击并不能使问题从根本上得到解决，但是，完全排除一国使用武力措施反击恐怖主义袭击也是不合理的：恐怖主义以平民、非战斗员和设施为目标，采取极端的暴力行为，这种行为首先侵犯了人所具有的不可剥夺的权利，而现代恐怖主义活动中使用大规模杀伤性武器的可能性又使这种对人权的侵害有可能成为一种大规模的伤害，构成对相关国家的安全和人类和平的巨大威胁。① 随着国际恐怖主义的愈演愈烈，对之使用武力将越来越必要，越来越普遍，然而，现行的反恐怖主义法律体系侧重于对个人刑事责任的追究，它与调整国家间关系的现行国际法体系是两个不同的法律领域。② 也就是说，在现行的国际法体系下，难以找到适用于武力打击国际恐怖主义的法律依据，武力反恐实际上处于无法可依的状态，联合国因此陷入集体行动的困境：一方面，恐怖主义的肆虐需要对之采取武力措施，另一方面却找不到相应的法律依据。

国际立法一直跟不上恐怖主义的发展步伐，"9·11"事件中急剧升级的恐怖袭击更是令联合国措手不及，由于恐怖主义的滋生和蔓延与国际政治、经济、文化有着密切的关联，而国际政治、经济旧秩序却不可能在短时期内得以改变，打击恐怖主义任重道远，对其中的武力使用进行规范殊为必要。

---

① 余敏友、孙立文等：《武力打击国际恐怖主义的合法性问题》，《法学研究》2003年第6期。
② 古祖雪：《联合国改革与国际法的发展》，《武大国际法评论》第五卷，武汉大学出版社2006年版，第12页。

❖ 第六章 安理会授权使用武力机制的制度化问题 ❖

阿富汗战争已经过去数年,虽然,当时对阿富汗战争的合法性问题进行质疑的声音并不多,国际社会基于对美国的同情,默认甚至支持了美国的武力行动。但是,道义不能代替法律,美国此次军事行动中涉及的法律问题需要进行认真的反思。时至今日,阿富汗战争所提出的如何加强武力打击恐怖主义的合法性、提高其有效性的问题,并没有得到解决。实现对武力打击国际恐怖主义的法律控制,仍是国际社会必须努力的目标,"联合国必须对非国家使用武力问题和国家使用武力问题实现同等力度的规范。"①

显然,由联合国主持,制定一个专门性的关于武力打击国际恐怖主义的规范性公约,或者制定一个综合性的遏制国际恐怖主义的公约,其中包含着规范武力打击恐怖主义的内容,是对武力打击国际恐怖主义进行法律控制的最为理想的途径和形式。这种专门立法的方式将填补武力打击国际恐怖主义的法律空白,是联合国集体安全制度适应新的安全形势的发展。

事实上,自 1970 年以来,联合国就试图建立一个普遍性的反恐怖主义的国际公约,1972 年成立了一个"国际恐怖主义特设委员会"。从 1970 年到 1983 年,联合国大会 6 次呼吁国际社会对恐怖主义采取有效措施,1985 年联大第 40 届会议通过了第 4016 号决议,首次宣布恐怖主义活动是犯罪行为。其后,1990 年联合国预防犯罪和罪犯待遇大会通过了《打击国际恐怖主义的措施》,1998 年联合国开始将《制止恐怖爆炸公约》提交各个成员国签字,但未能生效。

国际社会就恐怖主义的定义达成共识,是制定一个普遍性的反恐怖主义国际公约的前提。在新一轮的联合国改革中,高级别小组报告建议将恐怖主义表述为"现有有关恐怖主义各方面的公约、日内瓦四公约和安全理事会第 1566(2004)号决议所列明的各种行动,以及任何有意造成平民或非战斗员死亡或严重身体伤害的行动,如果此种行动的目的就其性质和背景而言,在于恐吓人口或强迫一国或一个国

---

① 《威胁、挑战和改革高级别小组的报告》第 159 段。

际组织实施或不实施任何行为"。① 这个"西化"色彩浓厚的定义得到了《秘书长报告》的支持,但甫一问世就立即遭到绝大多数阿拉伯国家和其他许多发展中国家的抵制,它们反对的理由是,该定义没有把反对外国占领的斗争与恐怖主义区别开来,没有提及国家恐怖主义,也没有反对反恐中的双重标准。② 可是,美国明确反对在定义中提及国家恐怖主义。

由于国际社会对恐怖主义定义的分歧太大,将恐怖主义非政治化,建立一个武力打击恐怖主义袭击的法律制度,在短时期内的确是很难实现。尽管如此,联合国仍然应将之作为一个长期的奋斗目标,并在目前即采取相应的行动:第一,"大会应当迅速完成就一项关于恐怖主义的全面公约而进行的谈判,"③ 促进分歧各方实现相互妥协;第二,大会仍继续就恐怖主义某些方面的问题,制定针对性的专门公约,先期规范局部领域的反恐行动,为全面性公约的缔结做好准备。

由于专门立法难以实现,现阶段,对武力打击国际恐怖主义进行法律控制的唯一途径是通过《联合国宪章》第七章来实现:或是依据第五十一条的规定由国家采取自卫行为,或是由安理会采取或授权采取武力执行行动。而这两种方式,其中存在着很多问题值得我们深入研究。在当前自卫权法不完善,专门立法又不可能实现的情况下,由安理会对武力打击恐怖主义袭击以逐案的形式授权处理,在未来相当长一段时期是最为妥善的方案。集体安全制度是实现对武力打击国际恐怖主义法律控制的唯一可行途径,"大国一致原则"是防止别有

---

① 《威胁、挑战和改革高级别小组的报告》第164(d)段。
② 在联大辩论中,印度尼西亚代表说:任何一个无视殖民主义和外国占领下的人民的合法斗争的恐怖主义定义都是不能成立的。埃及代表强调,反恐应包括保护被外国占领下的人民!反对占领国对他们采用恐怖主义和镇压措施。叙利亚代表说:恐怖主义定义必须包括国家恐怖主义,《报告》提出的定义不可能导致对恐怖主义采取有效的战略性的行动。埃及代表认为恐怖主义定义中所说的平民不应包括那些镇压和占领他国的武装人员。恐怖主义的根源应包括外国占领、剥夺民族自决权以及政治和经济的不公正。参见 UN Press Release. www.un.org.
③ 《威胁、挑战和改革高级别小组的报告》第163段。

❖ 第六章 安理会授权使用武力机制的制度化问题 ❖

用心的国家利用遭到恐怖主义袭击为借口对他国"大打出手"的有力遏制。

以安理会授权执行的方式武力打击国际恐怖主义，必然需要安理会对《联合国宪章》第三十九条采取扩大性解释。就第三十九条的立法本意来看，所表述的"和平之威胁、和平之破坏或侵略"三种安全情势显然并不包括国际恐怖主义袭击，这就需要从实体上将之纳入联合国集体安全制度的范畴，解决武力行动的合法性问题；而即使国际社会接受了对国际恐怖主义适用第三十九条，后面仍然存在一系列的问题需要谨慎处理。

第一，安理会以何种标准判定一种行为属于恐怖主义袭击？虽然第一部反恐公约《防止和惩治恐怖主义公约》早在1937年就签订了，但近一个世纪以来，国际社会对恐怖主义还没有形成一个权威的法律定义，南北国家对此分歧很大，① 政治上的恐怖主义和法律上的恐怖主义并没有区别开来。安理会面对种类繁多的恐怖主义袭击，适用政治标准还是法律标准？维护南方国家的利益还是北方国家的利益？

第二，恐怖主义袭击的严重性达到何种程度才可以对其进行武力反击？对于侵略，安理会很容易做出判断，因为侵略至少有越过国界的武力行为，但对于恐怖主义袭击该如何判断？须知不是每一次恐怖主义袭击都能够达到如"9·11"事件般为国际社会所普遍接受为"武力攻击"的严重程度的。那么，多大规模、多深程度的恐怖主义袭击构成"武力攻击"，从而可以被视为对"和平之威胁、和平之破坏"？

第三，安理会如何保证武力打击恐怖主义的有效性？在制度缺失的情况下，武力打击恐怖主义的有效性标准如对恐怖主义袭击行使自

---

① 以美国为代表的西方发达国家认为，恐怖主义是个人或个人集团为变更特定政策或中止特定状态而攻击国际重要人物、破坏特定设施以及对普通民众施加暴力的行为。而一些激进的发展中国家认为，恐怖主义最重要的是国家恐怖主义，凡镇压反种族歧视、反殖民主义斗争、反对实现民族自决、独立及其他基本权利的帝国主义政策，都是恐怖主义；个人恐怖主义是国家恐怖主义的结果，国家恐怖主义是个人恐怖主义的元凶。双方的立场和认知，一从个体出发，一从国家出发，差异极大。

卫权的法律限度一样难以把握。武力打击国际恐怖主义是为了救济人权，如何保证不制造新的人道主义灾难？更为重要的是，授权会员国使用武力来执行安理会的决议，实质上是在第四十三条所设想的"联合国军"没有建立的情况下的一种变通方式，从"冷战"后的授权实践来看，出现了授权决议不明确、滥用武力、缺乏监督机制等一系列问题。在此情形下，如何保证授权使用武力的有效性和公正性，而不被异化为大国推行其国家政策的工具？

欲要有效地实现对武力打击国际恐怖主义的法律控制，这些问题必须予以通盘考虑。安理会在面对恐怖主义袭击进行决策时，必须就具体个案进行审慎的分析，做出准确的判断，保证武力使用的合理性、公正性和有效性。

由于国际恐怖主义袭击是一种与国家相联系的非国家武力，实践中，受害国总是将报复措施指向国家而不仅仅是恐怖组织及其个人，因此，安理会授权对恐怖主义使用武力，最为重要、最为困难的是清晰地区分恐怖主义袭击和国家之间的关联程度，这是确定武力打击对象的前提。不适当地将恐怖主义袭击归责于国家，将会导致武力的滥用。

按照国家责任法的原理，如果恐怖主义活动属于个人违法或刑事犯罪行为，则与国家没有联系，不构成恐怖分子的联系国或国籍国对受害国的武力攻击。因此，如果有证据表明国家没有支持或庇护、控制或指示恐怖主义袭击，如果国家是因为内政原因客观上无法有效遏制恐怖主义分子及其活动，安理会的武力措施只能够指向恐怖主义组织及其成员，而不应将该国作为打击对象。

如果有证据表明恐怖主义袭击是由一国政府控制和指示的，那么，根据国家责任制度，袭击可归于该国的国家行为。安理会的武力措施既可以指向恐怖主义组织及其成员，也可以指向该国。

如果国家只是对恐怖主义行为采取支持与鼓励、容忍与庇护的态度，那么该恐怖分子实施的袭击是否可以归责于该国？安理会是否可以对该国实施武力措施？这将是在武力反恐中最容易引起争议、最难以处理的情形。

## 第六章　安理会授权使用武力机制的制度化问题

联合国将侵略定义为"派遣或代表一国派遣武装集团、非正规军或雇佣军对另一国进行武装进攻",不包括对另外一国反对派的支持与鼓励行为。在"尼加拉瓜诉美国案"中,美国向尼加拉瓜反政府武装提供了武器和装备,反政府武装的行为可否归责于美国?国际法院判决指出,只有当尼加拉瓜举证证明美国实际上在所有方面完全控制了反政府武装时,才能够将之认定为美国的国家行为。在"伊朗人质案"中,国际法院认为,占领美国大使馆并扣押外交人员作为人质的学生,受伊朗政府的控制和指挥,伊朗为此须承担国家责任。司法实践证明,"国家只是放任或者鼓励恐怖轰动,该恐怖活动与该国的联系是不够充分的,不能构成《联合国宪章》第五十一条下的武力攻击。"[①] 虽然,该国必须承担相应的国家责任,安理会可以依据相关国际法对其实施制裁,但这种"窝藏或支持"恐怖主义的行为毕竟不同于可归于国家的恐怖主义行为。在国际法上,还不能成为安理会对其实施武力打击的理由,更不能成为恐怖主义受害国对之行使自卫权的理由。[②]

从现实看,由于恐怖主义还没有一个法律上的明确定义,将武力攻击的概念扩大到包括一个国家对恐怖主义的支持和庇护,将会扩大打击范围,导致武力的滥用,从而破坏了禁止使用武力或武力威胁原则,进而损害联合国集体安全制度。

---

[①] Richard Erichson, Ligitimate Use of Force Against State Sponsored Terrorism, 1998, pp. 100 – 103.
[②] 古祖雪:《从伊拉克战争看国际法面临的冲击与命运》,《法律科学》2004 年第 3 期。

# 结　　语

　　海湾战争以后，安理会授权使用武力机制在实践中出现了诸多变革。在合法性方面，加利秘书长的《和平议程》和安南秘书长的《千年报告》、2001年干预和国家主权委员会发布的《保护的责任》、2004年名人小组提交的《一个更安全的世界：我们共同的责任》及在此基础上生成的安南秘书长的《大自由：实现人人共享的发展、安全和人权》报告等重要文件均对安理会授权使用武力存在的必要性进行了解释，这些文件虽然不是由各国经过政治协商通过的正式文件，但在一定程度上仍然为安理会授权使用武力成为维持国际和平及安全的一种使用武力方式提供了合法性支持。在规范性方面的进步则是通过安理会内部权力格局的互相牵制、相互抵消所实现的，通常的方式是在安理会对某一安全情势磋商决策后，由意欲使用武力的成员提出授权决议草案，其他安理会成员则有意识地添加各种限制性规定，这恰好符合委托代理协议的限权性原则要求。

　　总体来说，授权的制度化"多年以来，经历了三个主要发展阶段。第一，安理会日益以一种更明确的方式界定授权国家使用武力的目的，第二，日益明确地界定授权行动的持续期限，第三，日益规定国家有义务经常地，并且详细地就其采取的军事行动向安理会做出报告"。① 然而，安理会授权使用武力机制仍然未能从根本上

---

① ［意］安东尼奥·卡塞斯：《国际法》，蔡从燕等译，法律出版社2009年版，第460—461页。

❖ 结　语 ❖

使行动实施得到规制，就最近的一次授权——在利比亚冲突中的人道主义援助来说，行动依然偏离预定目标，被北约扩大利用为谋取地缘政治利益的工具，从中可以看出安理会授权使用武力机制的进步甚是微小。从整体上看，授权决议及其实施的制度化仍然处于极其粗糙的状态，更谈不上法律化。所以，有学者提议应该组成一个由国际法专家组成的机构参与授权行动。① 这一提议是有益的，授权使用武力行动虽然是一次政治行动，但需要从法律上进行规制才能保证不被滥用，实现预期目标。但是，授权使用武力机制的改革，也就是"安理会正日益倾向于控制与监督有关国家实施有关使用武力之授权的办法，受到了一些国家的反对。在参与军事行动时，这些国家更愿意在国际限制和监督之外行事"。② 这是改革阻力的根本症结所在，也是长期以来安理会授权制度化发展缓慢的原因。

　　西方国家对安理会授权的刻意甚至执意滥用加剧了国际社会的担忧和安理会常任理事国之间的猜忌与隔阂，所带来的政治上的对立和分歧容易使安理会决策陷入僵局，这在利比亚危机时就已经凸显。在讨论利比亚局势时，安理会各方都"宣称没有任何进行大规模军事干预的意图，设立禁飞区是为了保护利比亚平民不受大规模的迫害"。③ 但是，在第1973（2011）号决议通过后，北约国家却辩称禁飞令的有效执行需要实施大规模空袭，将人道主义援助目的的安理会授权演变成为推翻卡扎菲政权的战争。在随后发生、迄今仍未停止的叙利亚危机中，中国、俄罗斯坚决反对西方国家武力干预叙利亚局势的企

---

　　① Tamar Hostovsky Brandes & Ariel Zemach, "Controlling the Execution of a Security Council Mandate to Use Force: Does the Council Need a Lawyer？", *Frodham International Law Journal*, Vol. 36, No. 3, 2013, p. 704.
　　② ［意］安东尼奥·卡塞斯：《国际法》，蔡从燕等译，法律出版社2009年版，第461页。
　　③ 俄罗斯代表丘尔金在安理会第6498次会议上的发言，参考《安理会2011年3月17日第6498次会议记录》，联合国官网（http：//www. un. org/zh/documents/view_doc. asp？symbol = S/PV. 6498）。

图，否决了其寻求安理会授权的决议提案。① 显然，北约在利比亚的行为引起了中、俄的高度警惕。只要西方国家依然坚持"根据自身利益需要或凭借一时喜好，把多边主义当作是一个单纯的策略"，② 坚持将其私利凌驾于国际社会的共同利益之上，"未来最有可能的情况是，即使出现像叙利亚局势一样的紧迫情况，安理会也不会做出授权，集体安全机制面临着退回到'冷战'时期停滞状态的风险。"③

即便如此，安理会授权使用武力的改革仍然是历史发展的大趋势。集体安全机制是国际关系经过几百年血与火的经验教训探索出的安全困境解决之道，承载着人类社会的理想和希望；而单边主义的武力行为，无论冠以多么崇高的名目，都是难以让人信服的，因为其潜藏的动机是利己主义。在国际安全情势恶化到一定程度时，武力手段是必不可少的，而安理会授权使用武力机制是当前乃至未来相当长的一段历史时期，集体安全机制的武力强制措施得以实现的唯一方式，是恢复或维护国际和平及安全的最后保障，只有经过改革完善才能够更好地服务于国际和平及安全的需要。

对于授权使用武力机制的改革，我们要明白其核心与关键所在。安理会授权使用武力的实质是联合国在自身力量不足的情况下，试图借助会员国的力量来恢复或维护国际和平与安全的一种变通办法，是安理会为了履行维护国际和平与安全的职能，在当前国际政治现实下的一种务实性选择。然而，授权委托代理的实施方式蕴含着矛盾与冲突：一方面，它不得不借助大国来具体实施，因为唯有大国才有实力

---

① 俄罗斯在2011年10月4日、2012年2月4日和7月19日、2014年5月22日、2016年10月8日和12月5日、2017年2月28日和4月12日共八次否决关于针对叙利亚问题的安理会决议，中国则在除第五次和第八次投弃权票之外都投了否决票。

② Jules Lobel & Michael Ratner, "Bypassing the Security Council: Ambiguous Authorizations to Use Force, Cease-Fires and the Iraqi Inspection Regime", *The American Journal of International Law*, Vol. 93, No. 1, 1999, p. 124.

③ Editorial, "A Black Hole in the System of Collective Security", *Journal of Conflict and Security Law*, Vol. 16, No. 3, 2011, p. 416; Julian M. Lehmann, "All Necessary Means to Protect Civilians: What the Intervention in Libya Says About the Relationship Between the Jus in Bello and the Jus ad Bellum", *Journal of Conflict and Security Law*, Vol. 17, No. 1, 2012, p. 145.

❖ 结　语 ❖

接受授权,实践也证明,总是大国基于国家利益所在主动响应安理会的授权;另一方面,授权是在实践中发展起来的一种武力使用方式,仅仅是形成了一些惯例,核心性的原则、准则、规则和决策程序都不明确,无章可循,极易被滥用,这又为大国借此谋取私利打开了方便之门。要使授权使用武力机制发挥预期的作用,就必须对相关的规则制度进行创制与完善,形成明确、健全的国际机制,包括授权任务的范围、时限和报告制度等,[1] 以实现对授权的监管,确保大国利益不突破国际社会的共同利益。

在民族国家时代,授权使用武力机制的改革必定受制于国际政治的现实。改革首先是权力之争。西方国家凭借其强大的实力推动联合国安理会授权使用武力,而对于联合国来说,维持国际和平及安全的需要和安理会武装力量的缺乏这一矛盾迫使安理会向会员国开放更多的便利,以换取会员国提供武装力量来使武力强制措施得以实现,西方大国便借此控制了授权行动的实施,使之为自己的国家利益服务。这一情形使安理会授权使用武力事实上沦为集体名义下的单边主义行动,削弱了朝向国际社会共同利益取向的有效性。在改革中,西方国家坚持粗糙、随意的"合同外包"的实施形式,拒绝将其规范化;即使要规范化,也只能按照其要求进行。显然,只有在国际权力格局多元化达到基本均衡时,授权行动才能在权力的牵制中受到制约,改革才有可能取得突破性的进展。这是改革进行的政治前提。

授权使用武力机制的改革也是思想之争。西方的国际共同体思想有两个基本要点,第一是国家利益至上,第二是西方理念具有普世价值。以这种思想指导联合国改革,集体安全行动要么因为国家利益的纷争难以启动,要么被西方大国劫持成为其干涉别国内政、打击政治异己的工具。毫无疑问,这是广大中小国家和发展中国家不能接受

---

[1] N. D. White & Özlem Ülgen, "The Security Council and the Decentralised Military Option: Constitutionality and Function", *Netherlands International Law Review*, Vol. 44, No. 3, 1997, pp. 401–411.

的，以这种指导思想建立的集体安全机制也是不能实现国际和平与安全的目标的。人类命运共同体指出了全球化的深入发展已经使世界各国休戚相关、命运与共的现实，在这个新的历史环境中，国家利益已经寓于全人类的共同利益之中，国家利益的实现必须通过人类共同利益的实现来实现，主张将联合国进一步打造成为一个服务人类共同利益的平台，而不是成为某些国家实现其国家利益的工具。显然，这是符合世界最广大的民族群体利益的。与西方传统的国际共同体的"从国家到世界"思想相比，人类命运共同体是"从世界看国家"，这一观念既有现实基础，也符合历史发展趋势，能够成为联合国改革的指导思想。

  作为联合国改革的一个重要问题，安理会授权使用武力机制的改革如同联合国改革一样逡巡不进，仍然处在探索之中。安南任秘书长时期的联合国改革系列报告对其中的不少问题提出了改进建议，但都未落实。近年来，安理会在实践也采取了一些改进措施，以图对授权加强监督和控制。授权已经开始变得不再那么宽泛，权限规定更加详细具体，开始有了时限规定和相关的监督制度。例如，2008年授权武力打击索马里海盗的系列决议对任务范围、决议时效、报告制度有了较为具体的规定，并采取了分阶段授权的方法，取得了一定的成效。然而，这些改进仍是局部的、个案性的，授权制度需要进行全方位的整体改革才能发挥预想的作用。鉴于国际社会的分歧，授权机制发展极其缓慢，将是一个长期的过程。改革之路，表面上是方案之争，实质是权力之争、思想之争。大国对于国际组织是有着引领作用的，联合国未来走向何方，取决于大国的意志及其相互间的协调。以美国为首的西方国家坚持以西方的思想观念指导联合国改革，并将其付诸实践；中国也应将人类命运共同体思想贯彻到改革之中，争取改革的话语权。①

---

  ① 戴轶：《论人类命运共同体的构建：以联合国改革为视角》，《法学评论》2018年第4期。

# 附录：英文摘要

The UN Security Council's Authorization to Use Force (SCAUF) means the Security Council authorizes member states to use force coercive measure against a security situation. This mode of use force originated from the Korean War in 1950 and was formed in the Gulf War in 1991, and expanded its application to internal conflicts and the humanitarian crises they cause as a means of coercive peace of United Nations Peacekeeping Operation in the post-coldwar period. The military action against Somalia pirates which began in 2008, marked SCAUF expanding application to non-traditional security issues. This paper analyzes the problems existing in it from the perspective of international law and international mechanism theory, and puts forward the improvement measures.

The fundamental reason for the authorization of the use of force was the failure to establish the "United Nations Army", as envisaged in Article 43 of the Charter of the United Nations, and the Security Council had to authorize member states to use the coercive measures of force provided for in Article 42 on behalf of the UN. Therefore, it is an alternative measure. In long-standing practice, the SCAUF has preliminarily formed a mechanism. Clearly, this is a special mechanism for the use of force derived from the Collective Security Mechanisms of the United Nations. This mechanism is implemented in the form of "entrustment agency" -The Security Council entrusts the right to use force to Member States and Member States participate voluntarily. While the Security Council is the only body in the United Nations system with the authority to make legally binding resolutions, since Member States do not have the obligation to accept and participate in the mandate, the Security Council's mandate is not "an order" but a "recommendation" in the legal nature.

The reform proposition of SCAUF began with the United Nations crisis caused by the United States military action against Iraq in 2003, and the report of the Panel of Eminent Persons and the report of the Secretary-General set out proposals for strengthening the legality and legitimacy of the Security Council's authorization to expand the application of force, but did not propose any specific reform measures. With the comprehensive view of the theoretical integration of international mechanisms, the reform of the SCAUF is the process of strengthening legality, enhancing normalization and improving effectiveness. For the significance of the existence of an international mechanism lies in the effective governance of certain areas of international problems, and the effectiveness depends on the legality and the normalization in operation of the international mechanism.

Lack of effectiveness is the driving force of reform. The effectiveness of the SCAUF can be analyzed in two ways: First, effectiveness as problem solving, that is, the extent to which specific security issues are addressed. There are successful cases, and also typical failures. Second, effectiveness as goal attainment, that is, the extent to which the objective of maintaining international peace and security has been achieved. While there are differences in understanding the concept of "international peace and security", we can still judge the value orientation of the effectiveness as collective Optima, most of which, while achieving peace, do not bring security, which is true even in cases that have contributed to the successful resolution of the problem. After the Gulf War, SCAUF has brought hope for the revival of the Collective Security Mechanism of the United Nations, but the expansion and application under the guidance of the concept of Western powers has not been widely recognized, legitimacy and effectiveness have weakened each other, and the normative inadequacies in its implementation have limited the improvement of effectiveness. More seriously, because the resources required for authorized action are provided by Western powers, Western powers have taken control of the implementation of the operation and made it serve its own national interests. This has become the greatest constraint on the effectiveness of the SCAUF.

Legitimacy is the primary topic of reform of the SCAUF, since legality is the fundamental condition for the effectiveness of international mechanisms. Although the Security Council stated in the resolution that the mandate was " Acting under Chapter VII of the Charter of the United Nations ", in practice the Charter did not have such a provision. Moreover, the SCAUF is inconsistent with the Collective Security Mechanism envisaged in the Charter: first, successive acts authorizing the use of force are carried out by the forces of great powers and are incompatible with the principle of universality and the principle of deterrence which relies on collective forces. Secondly, the authorization to separate the decision-making power and the right to use force is contrary to the Charter's principle of centralized control over the use of force. In practice, the SCAUF is challenged by many legality, whether in response to aggression or extended application. At present, a reasonable interpretation of the legal basis for the SCAUF is the "implicit power" of the Security Council in the Charter of the United Nations, but "implicit power" is a matter of treaty interpretation and is not a clearindependent power.

Normative is another important topic on the SCAUF. The so-called standardization refers to the degree of conformity of the operation of the international mechanism to the established principles, rules, procedures, etc. The mechanism authorized by the Security Council to use force is a kind of creation of the United Nations in the maintenance of international peace and security practice, its own institutionalization is insufficient, and its operation is a lot of serious irregularities.

First, the irregularities in authorizing decision-making. Authorization is the decision of the Security Council under the 39th Charter of the United Nations, on the shortcomings and reform of the Council's decision-making, there have been a lot of research results at home and abroad, this article will not dwell on.

Secondly, the authorization of the text of the resolution is not standardized. The enabling resolution is the basis for action by Member States to exercise force and is a "proxy agreement" between the United Nations and Member States. Therefore, the normative nature of the text of the resolution itself and the normative role it can play are extremely important, and it determines the compliance of participating States with the agreement. Resolution No. 678 (1990) authorizing the use of force in the Gulf situation created a model for the wording of the text that was later followed: " acting under Chapter VII of the Charter the United Nations ", "authorizes Member States to ", " to use all necessary means", " to restore international peace and security in the area " . The fixed collocation of the four terms has become the standard wording and presentation model for the resolution authorizing the use of force, providing a yardstick for judging whether an operation falls within the scope of the Council's mandate to use force. However, this model is the product of the diplomatic compromise between the United States and the Soviet Union, expressing the content, purpose and competence of the authorization in general and generalization terms, lacking the accuracy necessary for the legal text, making it difficult to realize the effective regulation of the action of force, and giving the authorized participating state a wide range of discretion, which provides a great space for its self-interest.

Third, the irregularities in the implementation of authorized actions. The command of authorized operations is in the hands of the participating States, while the United Nations is crude in the establishment of oversight measures. Looking at the whole authorization mechanism and its development course, the United States holds the leading power. The United States has pushed the Security Council to authorize the useof force and to cloak its actions of force in the guise of collective action, making it more like a police operation of international public welfare. In concrete actions, the United States has deliberately used the broad nature of the authority to authorize resolutions to break through the goals of public welfare as a means of seeking geopolitical interests and establishing a "new international order". Practice has proved that authorization can only be initiated and implemented if it is in the interest of the United States, and that the United States takes unilateral action of force once it has sought authorization from the Security Council.

Institutionalization is the basic way in which the Council authorizes the reform of mechanisms for the use of force. The so-called institutionalization refers to the establishment of a comprehensive enabling legal system to transform the use of force by the Council into a formal international mechanism to enhance legitimacy and normative and achieve the goal of improving effectiveness. The most desirable approach to such reform would be to amend the Charter of the United Nations to explicitly include the enabling provisions and to turn implied powers into express powers. However, in view of the difficulty of amending the Charter, the most practical way to do so was to implement reforms through the interpretation of the provisions of the Charter.

With regard to institutionalized design, rationalism tells us that the State always participates in international relations in the way of an "economic one", choosing the best action plan between the objectives of interests and the constraints. The specificity of theSCAUF lies in the fact that it must be implemented with the help of the power of Member States, in particular the great Powers, and must recognize the interests of the participating States and the possibility of their realization through collective action. Therefore, the focus of the reform is to improve the implementation of the "constraints", to prevent the emergence of damage to the public interest and success of self-interest, to achieve the self-interest of the participating countries and the public interests of the international community. Normativismus tells us that the State always participates in international relations in the way of "social one", and the pursuit of interests by international actors is always inevitable through the "normative filtering". Therefore, the design of the international mechanism is not only the result of rational choice, but also under the guidance of social norms such as existing social and cultural concepts and value orientation. Although the norms referred to in constructivism are essentially Western, in the context of globalization, the acceptance of issues such as intra-State conflicts and the resulting humanitarian crises, non-traditional security, etc., is a necessary concept of new threats to international peace and security, focusing on how to institutionalize interference and keep it within the scope of collective action.

The reforming requires, first and foremost, a sound legal basis based on the new international security situation. And there is a need for legal control over current major and controversial issues, such as humanitarian intervention and the use of force against international terrorism. From a complete process of authorizing action, the institutionalization of mechanisms of SCAUF should be carried out in the following areas:

First, reform the authorization decision-making mechanism. In the context of the reform of the Council, the extent to which coercive measures of force can be applied to a security situation, legal standards or corresponding judgement mechanisms should be established. Measures of force should not be allowed to be manipulated by large powers and used without distinction. An effective approach would be to establish a dedicated panel of experts to assess the possibility and effectiveness of the peaceful settlement of international disputes and to advise the Council on its mandated decision-making.

Second, standardize the text of the resolution. As the basis and blueprint for the implementation of the entire mandated operation, the language of the mandate resolution must be precise, rigorous and not ambiguous, and the provisions on the mandate and competence of the target must be specific, clear for the state implementing the authorization to act in accordance with the rules and avoid deviations from the implementation resulting from the lack of clarity of the enabling resolution. It is also important to pay attention to the relativity of the norms of the text of the resolution, to achieve the flexibility and normative unification of military operations, and to achieve the will of Member States to accept mandates and the unity of collective.

Third, improve the action supervision mechanism. The implementation of each mandated operation requires the establishment of a dedicated oversight committee to act in the army, to oversee the entire course of operations, and to provide for a mandatory regular reporting system. To that end, the Military Staff Committee could be transformed into an oversight body for mandated operations or given its relevant authority, and the role of the Secretary-General would be an important means of monitoring.

Fourth establishment of an impact assessment mechanism. At the end of each mandated action, the effectiveness is assessed and the problems that exist are reviewed. Once ultra vires acts are found, they should be referred to the International Court of Justice, which will rule and hold violators accountable. This is an effective means of deterring attempts by the perpetrators of authorization and restricting the abuse of authority.

After the Gulf War, the SCAUF mechanism in practice has been a lot of changes, legitimacy, standardization has been improved to a certain extent. But it is still impossible to fundamentally regulate action, and the root cause is that Western powers are more willing to act outside of supervision. The deliberate and even determined misuse of the Security Council mandate by Western countries has heightened the concerns of the international community and the suspicion and estrangement among the permanent members of the Security Council, which will make the Council's decision-making deadlocked, the mandate can no longer be activated, and the Collective Security Mechanism faces the risk of returning to a state of stagnation during the Cold War. Even so, the SCAUF is the only way to achieve the coercive measures of force of the United Nations Collective Security Mechanism in the current and future long period of history, which remains the common need of the international community and the general trend of historical development.

# 参考文献

## 一 中文版著作

陈东晓等：《联合国：新议程和新挑战》，时事出版社2005年版。

陈东晓主编：《全球安全治理与联合国安全机制改革》，时事出版社2012年版。

陈海涛：《美军伊拉克战场大解密》，凤凰出版社2012年版。

戴轶：《联合国集体安全制度改革问题研究》，中国社会科学出版社2014年版。

郭寒冰：《当代国际社会合法使用武力问题研究》，时事出版社2012年版。

黄惠康：《国际法上的集体安全制度》，武汉大学出版社1990年版。

黄瑶：《论禁止使用武力原则：联合国宪章第二条第四项法理分析》，北京大学出版社2003年版。

李伯军：《联合国集体安全制度面临的新挑战——以武力打击索马里海盗为视角》，湘潭大学出版社2013年版。

梁西著，杨泽伟修订：《梁著国际组织法》（第六版），武汉大学出版社2011年版。

刘德斌主编：《国际关系史》，高等教育出版社2011年版。

门洪华：《和平的纬度：联合国集体安全机制研究》，上海人民出版社2002年版。

倪世雄等：《当代西方国际关系理论》，复旦大学出版社2001年版。

聂军：《冲突中的守望——联合国维和行动成功条件研究》，世界知识出版社 2010 年版。

秦亚青：《权力·制度·文化：国际关系理论与方法研究文集》，北京大学出版社 2005 年版。

王杰主编：《国际机制论》，新华出版社 2002 年版。

王明国：《因果关系与国际制度有效性研究》，世界知识出版社 2014 年版。

徐能武：《国际安全机制理论与分析》，中国社会科学出版社 2008 年版。

杨永康：《美国宪法军事条款的渊源与变迁》，法律出版社 2012 年版。

朱杰进：《国际制度设计：理论模式与案例分析》，上海人民出版社 2011 年版。

［奥］菲德罗斯等：《国际法》，李浩培译，商务印书馆 1981 年版。

［德］奥特弗里德·赫费：《政治的正义性——法与国家的批判哲学基础》，上海译文出版社 1998 年版。

［德］沃尔夫刚·格拉夫·魏智通主编：《国际法》，吴越、毛晓飞译，法律出版社 2002 年版。

［美］阿伦·米利特等：《美国军事史（1607—2012）》，张淑静等译，解放军出版社 2014 年版。

［美］奥兰·扬：《世界事务中的治理》，陈玉刚、薄燕译，上海世纪出版集团 2007 年版。

［美］弗雷德里克·埃克哈德：《冷战后的联合国》，J. Z. 爱门森译，浙江大学出版社 2010 年版。

［美］汉斯·摩根索：《国际纵横策论——争强权，求和平》，卢明华译，上海译文出版社 1995 年版。

［美］汉斯·摩根索：《国家间政治：权力斗争与和平》，徐昕、郝望、李保平译，北京大学出版社 2006 年版。

［美］路易斯·亨金：《强权与真理——国际法与武力的使用》，胡炜、徐敏等译，武汉大学出版社 2004 年版。

［美］萨利·马丁、贝思·西蒙斯编：《国际制度》，黄仁伟、蔡鹏鸿等译，上海人民出版社2006年版。

［意］安东尼奥·卡塞斯：《国际法》，蔡从燕等译，法律出版社2009年版。

［英］蒂莫西·希利尔：《国际公法原理》（第二版），曲波译，中国人民大学出版社2006年版。

［英］詹宁斯、瓦茨修订：《奥本海国际法》第一卷第一分册，王铁崖等译，中国大百科全书出版社1995年版。

## 二　中文版论文

陈东晓：《联合国集体安全机制与中国安全环境》，《现代国际关系》2004年第9期。

陈东晓：《试述国际安全体系转型中的联合国改革》，《国际观察》2007年第5期。

陈晓红：《论波黑冲突的根源——兼评代顿协议的前景》，《湘潭大学学报》（哲学社会科学版）1996年第1期。

戴轶：《联合国集体安全制度改革与中国和平发展的交互影响》，《武汉大学学报》（哲学社会科学版）2006年第6期。

戴轶：《论人类命运共同体的构建：以联合国改革为视角》，《法学评论》2018年第4期。

戴轶：《请求（同意）原则与武力打击"伊斯兰国"的合法性》，《法学评论》2015年第1期。

戴轶、李文彬：《试论安理会授权使用武力的法律规制》，《现代国际关系》2008年第4期。

古祖雪：《从伊拉克战争看国际法面临的冲击与命运》，《法律科学》2004年第3期。

古祖雪：《联合国改革与国际法的发展》，《武大国际法评论》第五卷，武汉大学出版社2006年版。

海泽龙：《"保护的责任"：法制良心与严峻现实——以利比亚冲突为

案例》,《国际政治研究》2014年第3期。

韩长青:《联合国军队构想的缘起及命运——〈联合国宪章〉第四十三条的实施进程》,《世界历史》2014年第2期。

何志鹏:《从强权入侵到多元善治——武力干涉领域国际法的现存框架与演进方向》,《法商研究》2011年第4期。

贺鉴、汪翱:《从冷战后非洲维和看联合国维和机制的发展——由卢旺达大屠杀与达尔富尔危机引发的思考》,《当代世界与社会主义》2007年第5期。

黄瑶:《从使用武力法看保护的责任理论》,《法学研究》2012年第3期。

贾珺:《高技术条件下的人类、战争和环境——以1991年海湾战争为例》,《史学月刊》2006年第1期。

贾烈英:《国际体系、国际联盟与集体安全》,《中共中央党校学报》2010年第5期。

李伯军:《联合国安理会授权会员国使用武力的新变化——以武力打击索马里海盗为例》,《湘潭大学学报》(哲学社会科学版)2011年第2期。

李红云:《人道主义干涉的发展与联合国》,《北大国际法与比较法评论》第1卷,北京大学出版社2002年版。

李鸣:《联合国安理会授权使用武力问题研究》,《法学评论》2002年第3期。

刘宏松:《正式与非正式国际机制的概念辨析》,《欧洲研究》2009年第3期。

刘建飞:《联合国在国际关系中的地位与作用的演变》,《国际问题研究》2005年第5期。

刘鹏:《浅析打击索马里海盗授权对国际法的冲击》,《现代国际关系》2009年第4期。

刘铁娃:《从否决权的使用看美国在联合国安理会中影响力的变化》,《国际关系学院学报》2012年第6期。

刘志云：《国际机制理论与国际法的发展》，《现代国际关系》2004 年第 10 期。

刘志云：《国际机制理论与国际法的互动：从概念辨析到跨学科合作》，《法学评论》2010 年第 2 期。

门洪华：《国际机制的有效性和局限性》，《美国研究》2001 年第 4 期。

门洪华：《联合国集体安全机制的困境》，《国际观察》2002 年第 3 期。

门洪华：《论国际机制的合法性》，《国际政治研究》2002 年第 1 期。

倪世雄、信强：《"二元民主"权力架构下的美国府会战争权》，《复旦学报》（社会科学版）2007 年第 6 期。

钮松：《"越境打击"索马里海盗与中国外交转型》，《太平洋学报》2012 年第 9 期。

钱文荣：《安南联合国改革报告评析》，《外交评论》2005 年第 3 期。

秦天：《利比亚新一波政治危机探析》，《国际研究参考》2014 年第 6 期。

邱桂荣：《名人小组与联合国改革》，《现代国际关系》2003 年第 12 期。

饶戈平、蔡文海：《国际组织暗含权力问题初探》，《中国法学》1993 年第 4 期。

邵沙平、赵劲松：《伊拉克战争对国际法治的冲击和影响》，《法学论坛》2003 年第 3 期。

盛红生、汪玉：《国际法上的"使用武力"问题与联合国集体安全机制的改革和完善》，《国际关系学院学报》2012 年第 6 期。

时殷弘、沈志雄：《论人道主义干涉及其严格限制——一种侧重于伦理和法理的阐析》，《现代国际关系》2001 年第 8 期。

孙萌：《论集体安全制度对禁止使用武力原则的实施》，《外交评论》2008 年第 2 期。

唐永胜：《联合国维和机制的演变及决定其未来走势的主要因素》，

《世界经济与政治》2001年第5期。

陶文钊：《从伊拉克战争看美国的单边主义》，《国际观察》2004年第1期。

万霞：《冷战后联合国维持和平行动的法律分析》，《外交评论》2005年第3期。

王睿：《从联合国看集体安全理论与实践的七大矛盾》，《国际论坛》2004年第6期。

温树斌：《联合国集体安全体制的内在缺陷剖析》，《政治与法律》2006年第5期。

徐崇利：《人道主义干涉：道德与政治"合法婚姻"的产儿？——以北约空袭利比亚为例》，《法商研究》2011年第4期。

徐弃郁、唐永胜：《从国际联盟到联合国——全球性安全机制的演变及前景》，《欧洲研究》2005年第3期。

泽伟、晓红：《海湾战争：联合国安理会授权的一次滥用——对一位美国学者观点之评介》，《法学评论》1996年第1期。

叶江、谈谭：《试论国际制度的合法性及其缺陷——以国际安全机制与人权机制为例》，《世界经济与政治》2005年第12期。

余民才：《"武力攻击"的法律定性》，《法学评论》2004年第1期。

余敏友、马冉：《试析法律在联合国集体安全体制中的作用》，《外交评论》2006年第4期。

余敏友、孙立文、汪自勇、李伯军：《武力打击国际恐怖主义的合法性问题》，《法学研究》2003年第6期。

曾令良：《论伊拉克战争的合法性问题与国际法的困惑》，《珞珈法学论坛》（第四卷），武汉大学出版社2005年版。

张建宏、郑义炜：《国际组织研究中的委托代理理论初探》，《外交评论》2013年第4期。

赵广成：《从禁飞区实践看人道主义干涉的效力与局限性》，《国际问题研究》2012年第1期。

朱立群：《联合国投票变化与国家间关系（1990—2004）》，《世界经济与政治》2006年第4期。

朱文奇:《北约对利比亚采取军事行动的合法性研究》,《法商研究》2011年第4期。

[奥] 汉斯·科勒:《联合国、国际法治与恐怖主义》,何志鹏译,《法制与社会发展》2003年第6期。

[德] 马蒂亚斯·海尔德根:《联合国与国际法的未来》,《世界经济与政治》2004年第5期。

[美] 托马斯·皮克林:《美国在安理会的行为——以海湾战争为例》,《外交评论》2006年第8期。

## 三 英文版著作

Antonio Cassese, *International Law*, Oxford: Oxford press (2nd ed), 2005.

Aoife O'Donoghue, *Constitutionalism in Global Constitutionalisation*, Cambridge University Press, 2014.

A. Le Roy Bennett, International Organization (5th ed), New Jersey: Prentice-Hall, Inc., 1991.

Arnold Wolfers, "Collective Security and the War in Korea", In Arnold Wolfers (ed.), *Discord and Collaboration: Essays on International Politics*, Baltimore: Johns Hopkins University Press, 1962.

C. Uday Bhaskar & K. Santhanam eds., *United Nations, Multilateralism and international Security*, Delhi: Shipra, 2005.

Cf. Khan, *Implied Powers of the United Nations*, Delhi: Vikas Publications, 1970.

Cf. J. Frowein, "Article 39" in B. Simma, (ed.), *Charter of the United Nations: A Commentary*, Oxford: Oxford University Press, 1994.

Cf. B. Conforti, *The Law and Practice of the United Nations* (2nd Revised Edition), Hague: Kluwer Law International, 2000.

Clarke et al, *Accidental Heroes: Britain, France and the Libya operation* (*Royal United Services Institute Campaign Report*), London: Rusi, 2011.

Christian Henderson, *The Persistent Advocate and the Use of Force: The Impact of the United States upon the Jus ad Bellum in the Post-Cold War Era*, Farnham: Ashgate Publishing Ltd., 2010.

Danesh Sarooshi, *The United Nations and the Development of Collective Security: The Delegation by the UN Security Council of its Chapter VII Powers*, Oxford: Clarendon Press, 1999.

David M. Malone, *Decision-Making in the UN Security Council: The Case of Haiti, 1990 – 1997*, Oxford: Clarendon Press, 1998.

David M. Malone, *The UN Security Council from the Cold War to the 21st Century Boulder*, CO: Lynne Rienner, 2004.

Erika de Wet, *The Chapter VII Power of the United Nations Security Council*, Oxford: Hart Publishing, 2004.

G. Danilenko & R. Mullerson, eds., *Beyond Confrontation: International Law for the Post-Cold War Era*, Boulder: Westview Press, 1995.

Higgins, *United Nations peace-keeping 1946 – 1967, Documents and Commentary*, London: Oxford University Press, 1970.

H. Schermers & N. Blokker, *International Institutional Law, Unity within Diversity* (3rd revised edition), Hague: Martinus Nijhoff Publishers, 1995.

Hoogh, *Obligations Erga Omnes and International Crimes, A Theoretical Inquiry into the Implementation and Enforcement of the International Responsibility of States*, Hague: Kluwer Law International, 1996.

Hans Kelsen, *The Law of the United Nations: A Critical Analysis of its Fundamental Problems*, London: Stevens & Sons Limited, 1950.

Inis L. Claude, Jr., *Swords into Plowshares: The Problems and Progress of International Organization*, McGraw-Hill, Inc., 1984.

Jeffrey L. Dunoff and Joel p. Trachtman eds., *Ruling the World? Constitutionalism, International law, and Governance*, Cambridge University Press, 2009.

Jeremy A. Rabkin, *Law without Nations? Why Constitutional Government

*Requires Sovereign States*, Princeton: Princeton University Press, 2005.

Jonathan Glover, *Humanity: A moral history of the twentieth century*, London: Pimlico, 2001.

John Janzekovic, *The Use of Force in Humanitarian Intervention: Morality and Practicalities*, Hampshire: Ashgate Publishing Limited, 2006.

Jost Delbruck, *Collective Security*, in Rudolf Bernhardt, ed., *Encyclopedia of Public International Law*, North-Holland Publishing Company, 1992.

Judith Gail Gardam, *Necessity, Proportionality and the Use of Force by States*, Cambridge: Cambridge University Press, 2004.

Kelly Kate & S. Pease, *International Organizations: Perspective in the Twenty-first Century*, New Jersey: Pearson Prentice Hall, 2012.

K. Skubiszewski, "Implied Powers of International Organizations", in Y. Dinstein, (ed.), *International Law at a Time of Perplexity, Essays in Honour of Shabtai Rosenne*, Dordrecht: Martinus Nijhoff Publishers, 1989.

Leland Goodrich & Edvard Hambro, *Charter of The United Nations: Commentary and Documents* (3rd ed), New York: Columbia University Press, 1969.

Larson and Savych, *Misfortunes of war: Press and public reactions to civilian deaths in wartime*, Santa Monica/Cal: Rand Corporation, 2007.

M. Shaw, *International Law* (6th ed), Cambridge: Cambridge University, 2008.

Murphy, S. D., *Humanitarian intervention: The United Nations in an evolving world order*, Philadelphia: University of Pennsylvania Press, 1996.

Norman Bentwich & Andrew Martin, *A commentary on the Charter of the United Nations* (2nd ed), London: Routledge and K. Paul, 1969.

N. D. White, *The Law of International Organisations*, Manchester: Manchester University Press, 1996.

Peter Katzenstein (ed.), *The Culture of National Security: Norms and Identity in World Politics*, New York: Columbia University Press, 1996.

Robert Keohane, *After Hegemony*: *Cooperation and Discord in the World Political Economy*, Princeton: Princeton University Press, 1984.

Robert Keohane, *Internatioanl Institutions and State Power*, Boulder: Westview Press, 1988.

Stephen Krasner, *International Regimes*, Ithaca: Cornell University Press, 1983.

Sabine C. Carey & Mark Gibney & Steven C. Poe, *The Politics of Human Rights*: *The Quest for Dignity*, Cambridge: Cambridge University Press, 2010.

Tarcisio Gazzini, *The Changing Rules on the Use of Force in International Law*, Manchester: Manchester University Press, 2006.

Thomas Franck, "The United Nations as Guarantor of International Peace and Security: Past, Present and Future" in Christian Tomuschat (ed), *The United Nations at the Age of Fifty*: *A Legal Perspective*, Leiden: Brill Academic Publishers, 1995.

Thomas Franck, *The Power of Legitimacy Amongst Nations*, New York: Oxford University Press, 1990.

Y. Dinstein, *War, Aggression and Self-Defence* (5th ed), Cambridge: Cambridge University Press, 2011.

## 四 英文版论文

Acacia Mgbeoji, "Prophylactic Use of Force in Internatioanl Law: The Illegitimacy of Canada's Participation in 'Coalitions of the Willing' Without United Nations Authorization and Parliamentary Sanction", *Review of Constitutional Studies*, Vol. 8, No. 2, 2003.

Alexander Wendt, "Driving With Rearview Mirror: On the Rational Science of Institutions Design", *International Organization*, Vol. 55, No. 4, 2001.

Anders Henriksen, "Jus ad bellum and American Targeted Use of Force to

Fight Terrorism Around the World", *Journal of Conflict & Security Law*, Vol. 19, No. 2, 2014.

Andre J. J. de Hoogh, "Attribution or Delegation of (Legislative) Power by the Security Council? The Case of the United Nations Transitional Administration in East Timor (UNTAET)", *International Peacekeeping, The Yearbook of International Peace Operations*, Vol. 7, 2001.

Arend, "The UN and the New World Order", *Georgetown Law Journal*, Vol. 81, 1992.

Arild Underdal, "The Concept of Regime Effectiveness", *Cooperation and Conflict*, Vol. 27, No. 3, 1992.

AJ Carswell, "Unblocking the UN Security Council: The Uniting for Peace Resolution", *Journal of Conflict & Security Law*, Vol. 18, No. 3, 2013.

Barbara Koremenos, "Charles lipson and Duncan Snidal, The Rational Design of International Institutions", *International Organization*, Vol. 55, No. 4, 2001.

Burns H. Weston, "Security Council Resolution 678 and Persian Gulf Decision Making: Precarious Legitimacy", *The American Journal of International Law*, Vol. 85, No. 3, 1991.

Christian Henderson, "International Measures for the Protection of Civilians in Libya and Cote d'Ivoire", *International and Comparative Law Quarterly*, Vol. 60, No. 3, 2011.

Christian Henderson, "Authority without Accountability? The UN Security Council's Authorization Method and Institutional Mechanisms of Accountability", *Journal of Conflict & Security Law*, Vol. 19, No. 3, 2014.

Cairolyn L. Willson, "Changing the Charter: The United Nations Prepares for the Twenty-first Century", *The American Journal of International Law*, Vol. 90, No. 1, 1996.

Christopher John Sabec, "The Security Council Comes of Age: An Analysis of the International Legal Response to the Iraqi Invasion of Kuwait", *Geor-*

gia *Journal of International and Comparative Law*, Vol. 21, No. 1, 1991.

Charles Krauthammer, "The Unipolar Moment", *Foreign Affairs*, Vol. 70, No. 1, 1990.

David D. Caron, "The Legitimacy of the Collective Authortiy of the Security Council", *The American Journal of International Law*, Vol. 87, No. 4, 1993.

David D. Caron, "Governance and Collective Legitimation in the New World Order", *Hague Yearbook of International Law*, Vol. 6, 1994.

Donald E. King & Arthur B. Leavans, "Curbing the Dog of War: The War Powers Resolution", *Harvard International Law Journal*, Vol. 18, No. 1, 1977.

D. Akande, "The International Court of Justice and the Security: Is there Room for Judicial Control of Decisions of the Political Organs of the United Nations?", *International & Comparative Law Quarterly*, Vol. 46, No. 2, 1997.

David Raic, "The Gulf Crisis and the UN", *Leiden Journal of International Law*, Vol. 4, No. 1, 1991.

Eric Grove, "UN Armed Forces and the Military Staff Committee: A Look Back", *International Security*, Vol. 17, No. 4, 1993.

Elina Kalkku, "The United Nations Authorization to Peace Enforcement With the Use of Armed Forces in the Light of the Practice of the UN Security Council", *Finnish Yearbook of International Law*, Vol. 9, 1998.

Editorial, "A Black Hole in the System of Collective Security", *Journal of Conflict and Security Law*, Vol. 16, No. 3, 2011.

Greenwood, "New World Order or Old? The Invasion of Kuwait and the Rule of Law", *The Modern Law Review*, Vol. 55, No. 2, 1992.

Helmut Freudenschu, "Between Unilateralism and Collective Security: Authorizations of the Use of Force by the UN Security Council", *European Journal of International Law*, Vol. 5, No. 1, 1994.

Hoogh, "Attribution or Delegation of (Legislative) Power by the Security

Council? The Case of the United Nations Transitional Administration in East Timor (UNTAET)", *International Peacekeeping*, *The Yearbook of International Peace Operations*, Vol. 7, 2001.

Inis Claude, "Collective Legitimation as a Political Function of the United Nations", *International Organization*, Vol. 20, 1966.

James Bohman, "Republican Cosmopolitanism", *Journal of Political Philosophy*, Vol. 12, No. 3, 2004.

Jules Lobel & Michael Ratner, "Bypassing the Security Council: Ambiguous Authorizations to Use Force, Cease-Fires and the Iraqi Inspection Regime", *The American Journal of International Law*, Vol. 93, No. 1, 1999.

John Mearsheimer, "The False Promise of International Institutions", *International Security*, Vol. 19, No. 3, 1994/1995.

John Quigley, "The US and the UN in the Persian Gulf War: New Order or Disorder", *Cornell Journal of International Law*, Vol. 25, No. 1, 1992.

John Quigley, "The United States and the United Nations in the Persian Gulf War: New Order or Disorder?", *Cornell International Law Journal*, Vol. 25, No. 1, 1992.

John Quigley, "The 'Privatisation' of Security Council Enforcement Action: A Threat to Multilateralism", *Michigan Journal of International Law*, Vol. 17, 1995.

Judith Gail Gardam, "Proportionality and Force in International Law", *The American Journal of International Law*, Vol. 87, No. 3, 1993.

Judith Gail Gardam, "Legal Restraints on Security Council Military EnforcementAction", *Michigan Journal of International Law*, Vol. 17, No. 2, 1996.

Julian M. Lehmann, "All Necessary Means to Protect Civilians: What the Intervention in Libya Says About the Relationship Between the Jus in Bello and the Jus ad Bellum", *Journal of Conflict and Security Law*, Vol. 17, No. 1, 2012.

John Yoo, "International Law and the War in Iraq", *The American Journal of International Law*, Vol. 97, No. 3, 2003.

J. E. Alvarez, "Judging the Security Council", *The American Journal of International Law*, Vol. 90, No. 1, 1996.

Kenneth W. Abbott & Robert O. Keohane & Andrew Moravcsik & Anne-Marie Slaughter & Duncan Snidal, "The Concept of Legalization", *International Organization*, Vol. 54, No. 3, 2000.

Louis Henkin, "International Organization and the Rule of Law", *International Organization*, Vol. 23, No. 3, 1996.

Lewis, "The War of Aerial Bombardment in the 1991 Gulf War", *The American Journal of International Law*, Vol. 97, No. 3, 2003.

Lopez, "The Gulf War: Not so clean", *The Bulletin of The Atomic Scientists*, Vol. 47, No. 7, 1991.

Marcelo Kohen, "The Principle of Non-Intervention 25 Years After the Nicaragua Judgment", *Leiden Journal of International Law*, Vol. 25, No. 1, 2012.

Mathew Truscott, "The Effect of Security Council Mandates on the Proportionality Analysis in Humanitarian Interventions", *South African Yearbook of International Law*, Vol. 37, 2012.

Matthew D. Berger, "Implementing a United Nations Security Council Resolution: The President's Power to Use Force Without the Authorization of Congress", *Hastings International and Comparative Law Review*, Vol. 15, No. 1, 1991.

Martin Kunschak, "The African Union and the Right to Intervention: Is There a Need for UN Security Council Authorization?", *South Africa Yearbook of International Law*, Vol. 31, 2006.

Mehrdad Payandeh, "The United Nations, Military Intervention, and Regime Change in Libya", *Virginia Journal of International Law*, Vol. 52, No. 2, 2012.

Michael C. Wood, "The Interpretation of Security Council Resolutions", *Max Planck Yearbook of United Nations Law*, Vol. 2, 1998.

Monica Hakimi, "To Condone or Condemn? Regional Enforcement Actions in the Absence of Security Council Authorization", *Vanderbilt Journal of Transnational Law*, Vol. 40, No. 3, 2007.

Naghmeh Nasiritousi, "Assessing legitimacy and effectiveness in a fragmented global climate and energy governance landscape", *Climengo Working Paper Series*, No. 1, 2017.

Ned Dobos, "Is U. N. Security Council Authorization for Armed Humanitarian Intervention Morally Necessary?", *Philosophia*, Vol. 38, No. 3, 2010.

Neils Blokker, "Is the Authorization Authorized: Powers and Practice of the UN Security Council to Authorize the Use of Force by 'Coalitions of the Able and Willing'", *European Journal of International Law*, Vol. 11, No. 3, 2000.

Note, "Congress, the President, and the Power to Commit Forces to Combat", *Harvard Law Review*, Vol. 81, No. 8, 1968.

Nye, "What New World Order?", *Foreign Affairs*, Vol. 71, No. 2, 1992.

N. D. White & Özlem Ülgen, "The Security Council and the Decentralised Military Option: Constitutionality and Function", *Netherlands International Law Review*, Vol. 44, No. 3, 1997.

Oscar Shachter, "United Nations Law in the Gulf Conflict", *The American Journal of International Law*, Vol. 85, No. 3, 1991.

Oran Young, "The Politics of International Regime Formation: Managing Natural Resources and the Environment", *International Organization*, Vol. 43, No. 3, 1989.

Rob McLaughlin, "The Legal Regime Applicable to Use of Lethal Force When Operating under a United Nation Security Council Chapter VII Mandate Authorising 'All Necessary Means'", *Journal of Conflict & Security Law*, Vol. 12, No. 3, 2008.

Rosemary Durward, "Security Council Authorization for Regional Peace Operations: A Critical Analysis", *International Peacekeeping*, Vol. 13, No. 3, 2006.

R. D. Glick, "Lip Service to the Laws of War: Humanitarian Law and United Nations Armed Forces", *Michigan Journal of International Law*, Vol. 17, No. 1, 1995.

Roberts, "The UN and International Security", *Survival*, Vol. 35, No. 2, 1993.

Robert Jervis, "Security Regimes", *International Organization*, Vol. 36, 1982.

Susan Strange, "Gravel Hic Dragones: A Critique of Regime Analysis", *Internatioanl Organization*, Vol. 36, No. 2, 1982.

Stephen D. Krasner, "Structural Cause and Regime Consequences: Regimes as Intervening Variables", *International Organization*, Vol. 36, No. 2, 1982.

Saira Mohamed, "Taking Stock of the Responsibility to Protect", *Stanford Journal of International Law*, Vol. 48, No. 2, 2012.

Samuel P. Huntington, "The Clash of Civilizations?", *Foreign Affairs*, Vol. 72, No. 3, 1993.

Simon Chesterman, "Legality Versus Legitimacy: Humanitarian Intervention, the Security Council, and the Rule of Law", *Security Dialogue*, Vol. 33, No. 3, 2002.

Tamar Hostovsky Brandes & Ariel Zemach, "Controlling the Execution of a Security Council Mandate to Use Force: Does the Council Need a Lawyer?", *Frodham International Law Journal*, Vol. 36, No. 3, 2013.

Thomas Cusack and Richard Stoll, "Collective Security and State Survival in the International System", *International Studies Quarterly*, Vol. 38, No. 1, 1994.

Thomas Franck & Faiza Patel, "UN Police Action in Lieu of War: 'The Old Order Changeth'", *The American Journal of International Law*, Vol. 85,

No. 1, 1991.

Thomas Franck, "When, If Ever, May States Deploy Military Force Without Prior Security Council Authorization?", *Washington University Journal of Law & Policy*, Vol. 5, 2001.

Ugo Villani, "The Security Council's Authorization of Enforcement Action by Regional Organizations", *Max Planck Yearbook of United Nations Law*, Vol. 6, 2002.

William H. Taft IV & Todd F. Buchwald, "Preemption, Iraq, and International Law", *The American Journal of International Law*, Vol. 97, No. 3, 2003.

Yehuda Z. Blum, "Proposals for UN Security Council Reform", *The American Journal of International Law*, Vol. 99, No. 3, 2005.

## 五　联合国文件

《联合国宪章》
安理会历次授权决议
联合国信件和会议记录
布特罗斯·布特罗斯—加利：《秘书长关于联合国工作的报告》
布特罗斯·布特罗斯—加利：《和平纲领》
科菲·安南：《联合国秘书长千年报告》
科菲·安南：《大自由：实现人人共享的发展、安全和人权》
《保护的责任》
《一个更安全的世界：我们共同的责任》
《2005年9月大会高级别全体会议成果文件》